Wehinger/Kleb **Schuldrecht Allgemeiner Teil II**

JURIQ Erfolgstraining

Schuldrecht Allgemeiner Teil II

Pflichtverletzung

von

Achim Wehinger (vormals Bönninghaus)

und

Tomasz Kleb

5., neu bearbeitete Auflage

Bibliografische Information der Deutschen Nationalbibliothek
Die Deutsche Nationalbibliothek verzeichnet diese Publikation in der Deutschen Nationalbibliografie; detaillierte bibliografische Daten sind im Internet über <https://portal.dnb.de> abrufbar.

Print: ISBN 978-3-8114-6409-4
ePub: ISBN 978-3-8114-6658-6

E-Mail: kundenservice@cfmueller.de
Telefon: +49 6221 1859 599
Telefax: +49 6221 1859 598

www.cfmueller.de

Satz: TypoScript, München
Illustrationen: Mattfeldt & Sänger, München
Druck: CPI books, Leck

Liebe Leserinnen und Leser,

die Reihe „JURIQ Erfolgstraining" zur Klausur- und Prüfungsvorbereitung verbindet sowohl für Studienanfänger als auch für höhere Semester die Vorzüge des klassischen Lehrbuchs mit meiner Unterrichtserfahrung zu einem umfassenden Lernkonzept aus Skript und Online-Training.

In einem ersten Schritt geht es um das **Erlernen** der nach Prüfungsrelevanz ausgewählten und gewichteten Inhalte und Themenstellungen. Einleitende Prüfungsschemata sorgen für eine klare Struktur und weisen auf die typischen Problemkreise hin, die Sie in einer Klausur kennen und beherrschen müssen. Neu ist die **visuelle Lernunterstützung** durch

- ein nach didaktischen Gesichtspunkten ausgewähltes Farblayout
- optische Verstärkung durch einprägsame Graphiken und
- wiederkehrende Symbole am Rand

= Definition zum Auswendiglernen und Wiederholen

 = Problempunkt

 = Online-Wissens-Check

Illustrationen als „Lernanker" für schwierige Beispiele und Fallkonstellationen steigern die Merk- und Erinnerungsleistung Ihres Langzeitgedächtnisses.

Auf die Phase des Lernens folgt das **Wiederholen und Überprüfen** des Erlernten im **Online-Wissens-Check**: Wenn Sie im Internet unter **www.juracademy.de/skripte/login** das speziell auf das Skript abgestimmte Wissens-, Definitions- und Aufbautraining absolvieren, erhalten Sie ein direktes Feedback zum eigenen Wissensstand und kontrollieren Ihren individuellen Lernfortschritt. Durch dieses aktive Lernen vertiefen Sie zudem nachhaltig und damit erfolgreich Ihre zivilrechtlichen Kenntnisse!

Frage 1 (Punkte: 1)

Die Pflichtverletzung in der Form der "Leistungsverzögerung" setzt voraus, dass

Antwort

Aussagen	Antwort	Aussagerichtigkeit und Kommentar
a) die Leistung fällig i.S.d. § 271 BGB ist.	☑ ✓	Richtig, vgl. die Formulierungen in §§ 281 Abs. 1 S. 1, 286 Abs. 1, 323 Abs. 1 BGB.
b) der Schuldner nicht leistet.	☑ ✓	Richtig. Sonst wäre ja eine Verzögerung logisch ausgeschlossen.
c) sich der Schuldner im Verzug befindet.	☐ ✓	Falsch. Es ist genau umgekehrt: Verzug kann nur eintreten (§ 286 BGB), wenn eine Leistungsverzögerung gegeben ist. Mit einer Leistungsverzögerung ist aber nicht unbedingt Verzugseintritt nach § 286 BGB verbunden.
d) der Schuldner nicht zur Leistungsverweigerung berechtigt ist.	☑ ✓	Richtig. Einreden schließen die Pflichtverletzung der Verzögerung aus, wobei dies mit Ausnahme des § 273 BGB bereits dann gilt, wenn der objektive Einredetatbestand verwirklicht ist.
e) der Schuldner schuldhaft handelt.	☐ ✓	Falsch. Auf ein Verschulden kommt es überhaupt nicht an.

→ **Richtig**
Punkte für diese Antwort: 1/1.

Schließlich geht es um das **Anwenden und Einüben** des Lernstoffes anhand von Übungsfällen verschiedener Schwierigkeitsstufen, die im Gutachtenstil gelöst werden. Die JURIQ **Klausurtipps** zu gängigen Fallkonstellationen und häufigen Fehlerquellen weisen Ihnen dabei den Weg durch den Problemdschungel in der Prüfungssituation.

Das **Lerncoaching** jenseits der rein juristischen Inhalte ist als zusätzlicher Service zum Informieren und Sammeln gedacht: Ein erfahrener Psychologe stellt u.a. Themen wie Motivation, Leistungsfähigkeit und Zeitmanagement anschaulich dar, zeigt Wege zur Analyse und Verbesserung des eigenen Lernstils auf und gibt Tipps für eine optimale Nutzung der Lernzeit und zur Überwindung evtl. Lernblockaden.

Dieses Skript behandelt das Thema Pflichtverletzung in Schuldverhältnissen nach den Regeln des Allgemeinen Schuldrechts. Die Pflichtverletzung in Form der Schlechtleistung bleibt hingegen dem Besonderen Schuldrecht vorbehalten, wo sie bei den verschiedenen Vertragstypen eingehend behandelt wird.

Das Anliegen dieser Skriptenreihe besteht darin, den Stoff möglichst so aufzubereiten, wie er in einer Klausur, deren Lösung sich an der Begutachtung von Anspruchsbeziehungen orientiert, gedanklich abzuarbeiten ist. Die Darstellung gehorcht daher den gedanklichen Schritten im Rahmen einer Anspruchsprüfung und nicht der Gliederung des Gesetzgebers. Das Skript will kein Lehrbuch sein: Die einzelnen Rechtsinstitute werden nicht einzeln und in sich geschlossen behandelt, sondern stets von den Tatbeständen aus, die in der Klausur den Einstieg bilden. Erläuternde Einführungen erleichtern naturgemäß das Verständnis, doch sind sie auf das notwendige Mindestmaß beschränkt.

Dieses Skript richtet sich an Anfänger, Fortgeschrittene und Examenskandidaten. Dies liegt in der Natur des Themas, das vom ersten Semester an Bestandteil des zivilrechtlichen Lehrstoffs ist. Das Allgemeine Schuldrecht gehört zu den Kernbereichen des Prüfungsstoffes.

Zu den Fußnoten: Sie werden feststellen, dass Literaturverzeichnis und Fußnotenapparat „übersichtlich" gehalten sind, um es noch milde zu formulieren. Das Skript will gar nicht den Anspruch erheben, das Schrifttum auch nur annähernd vollständig zu belegen. Das kann es gar nicht leisten. Betrachten Sie die Literaturangaben eher als persönliche Leseempfehlungen. Das gilt übrigens auch für die zitierte Rechtsprechung.[1] Wir würden uns freuen, wenn Sie die eine oder andere Entscheidung nachlesen. Urteile gehören in vielen Bereichen faktisch zu den Primärquellen unserer Rechtsordnung, so dass Sie sich möglichst frühzeitig an Stil und Aufbereitung des Stoffes im Urteil gewöhnen sollten. Gerade das „neue" Schuldrecht erfährt seit Inkrafttreten der Schuldrechtsreform(en) eine laufende Ausgestaltung und Prägung durch die höchstrichterliche Rechtsprechung. Nicht selten werden Examensklausuren neuen Entscheidungen nachgebildet, so dass ich auch unter diesem Aspekt nur dringend raten kann, die Rechtsprechungsentwicklung genau zu verfolgen und insb. aktuelle Urteile im Blick zu behalten. Zur Erleichterung haben wir uns bemüht, die „Hausnummer" der Fundstelle innerhalb der Entscheidung anzugeben.

Auf geht's – wir wünschen Ihnen viel Freude und Erfolg beim Erarbeiten des Stoffs!

---

1 Die in den Fußnoten mit Aktenzeichen zitierten Entscheidungen des *BGH* können Sie kostenlos auf der Homepage des *BGH* unter www.bundesgerichtshof.de (Rubrik: „Entscheidungen") abrufen.

Und noch etwas: Das Examen kann jeder schaffen, der sein juristisches Handwerkszeug beherrscht und kontinuierlich anwendet. Jura ist kein „Hexenwerk". Setzen Sie nie ausschließlich auf auswendig gelerntes Wissen, sondern auf Ihr Systemverständnis und ein solides methodisches Handwerk. Wenn Sie Hilfe brauchen, Anregungen haben oder sonst etwas loswerden möchten, sind wir für Sie da. Wenden Sie sich gerne an C.F. Müller GmbH, Waldhofer Straße 100, 69123 Heidelberg, E-Mail: kundenservice@cfmueller.de oder schreiben Sie uns direkt unter Rechtsanwaltskanzlei-Kleb@email.de. Dort werden auch Hinweise auf Druckfehler sehr dankbar entgegen genommen, die sich leider nie ganz ausschließen lassen.

Frankfurt, im Juli 2024 *Achim Wehinger und Tomasz Kleb*

JURIQ Erfolgstraining – die Skriptenreihe von C.F. Müller mit Online-Wissens-Check

Mit dem Kauf dieses Skripts aus der Reihe **„JURIQ Erfolgstraining"** haben Sie gleichzeitig eine Zugangsberechtigung für den Online-Wissens-Check erworben – ohne weiteres Entgelt. Die Nutzung ist freiwillig und unverbindlich.

Was bieten wir Ihnen im Online-Wissens-Check an?

- Sie erhalten einen individuellen Zugriff auf **Testfragen zur Wiederholung und Überprüfung des vermittelten Stoffs**, passend zu jedem Kapitel Ihres Skripts.
- Eine individuelle **Lernfortschrittskontrolle** zeigt Ihren eigenen Wissensstand durch Auswertung Ihrer persönlichen Testergebnisse.

Wie nutzen Sie diese Möglichkeit?

Online-Wissens-Check

Registrieren Sie sich einfach für Ihren kostenfreien Zugang auf **www.juracademy.de/skripte/login** und schalten sich dann mit Hilfe des Codes für Ihren persönlichen Online-Wissens-Check frei.

Ihr persönlicher User-Code: 252068978

Der Online-Wissens-Check und die Lernfortschrittskontrolle stehen Ihnen für die **Dauer von 24 Monaten** zur Verfügung. Die Frist beginnt erst, wenn Sie sich mit Hilfe des Zugangscodes in den Online-Wissens-Check zu diesem Skript eingeloggt haben. Den Starttermin haben Sie also selbst in der Hand.

Für den technischen Betrieb des Online-Wissens-Checks ist die JURIQ GmbH, Littenstraße 11, 10179 Berlin zuständig. Bei Fragen oder Problemen können Sie sich jederzeit an das JURIQ-Team wenden, und zwar per E-Mail an: team@juriq.de.

Inhaltsverzeichnis

Literaturverzeichnis

Looschelders, Dirk	Schuldrecht Allgemeiner Teil, 21. Aufl. 2023
Medicus, Dieter/Petersen Jens	Allgemeiner Teil des BGB, 12. Aufl. 2024
Medicus, Dieter/Petersen, Jens	Bürgerliches Recht, 29. Aufl. 2023
Medicus, Dieter/Lorenz, Stephan	Schuldrecht I, 22. Aufl. 2021
Münchener Kommentar zum Bürgerlichen Gesetzbuch	Band 2 (Schuldrecht Allgemeiner Teil), 9. Aufl. 2022
Grüneberg, Christian	Bürgerliches Gesetzbuch, 83. Aufl. 2024 (zitiert: Grüneberg-*Bearbeiter*)
Petersen, Jens	Allgemeines Schuldrecht, 11. Aufl. 2023

Tipps vom Lerncoach

Warum Lerntipps in einem Jura-Skript?

Es gibt in Deutschland ca. 1,6 Millionen Studierende, deren tägliche Beschäftigung das Lernen ist. Lernende, die stets ohne Anstrengung erfolgreich sind, die nie kleinere oder größere Lernprobleme hatten, sind eher selten. Besonders juristische Lerninhalte sind komplex und anspruchsvoll. Unsere Skripte sind deshalb fachlich und didaktisch sinnvoll aufgebaut, um das Lernen zu erleichtern.

Über fundierte Lerntipps wollen wir darüber hinaus all diejenigen ansprechen, die ihr Lern- und Arbeitsverhalten verbessern und unangenehme Lernphasen schneller überwinden wollen.

Diese Tipps stammen von *Frank Wenderoth,* der als Diplom-Psychologe seit vielen Jahren in der Personal- und Organisationsentwicklung als Berater und Personal Coach tätig ist und außerdem Jurastudierende in der Prüfungsvorbereitung und bei beruflichen Weichenstellungen berät.

Wie lernen Menschen?

Die Wunschvorstellung ist häufig, ohne Anstrengung oder ohne eigene Aktivität „à la Nürnberger Trichter" lernen zu können. Die modernen Neurowissenschaften und auch die Psychologie zeigen jedoch, dass Lernen ein aktiver Aufnahme- und Verarbeitungsprozess ist, der auch nur durch aktive Methoden verbessert werden kann. Sie müssen sich also für sich selbst einsetzen, um Ihre Lernprozesse zu fördern. Sie verbuchen die Erfolge dann auch stets für sich.

Gibt es wichtigere und weniger wichtige Lerntipps?

Auch das bestimmen Sie selbst. Die Lerntipps sind als Anregungen zu verstehen, die Sie aktiv einsetzen, erproben und ganz individuell auf Ihre Lernsituation anpassen können. Die Tipps sind pro Rechtsgebiet thematisch aufeinander abgestimmt und ergänzen sich von Skript zu Skript, können aber auch unabhängig voneinander genutzt werden.

Verstehen Sie die Lerntipps „à la carte"! Sie wählen das aus, was Ihnen nützlich erscheint, um Ihre Lernprozesse noch effektiver und ökonomischer gestalten zu können!

Lernthema 4
Grundlagen: Lernen, Behalten und Erinnern

Die Lern- und Gedächtnispsychologie hat einige praktische Ideen, die Ihr Lernen erleichtern werden. Sie können damit effektiver lernen, mehr behalten und später den Lernstoff wieder gut abrufen. Sie können diese Methoden und Techniken sofort in die Praxis umsetzen und deren Erfolg unmittelbar feststellen. Lerntipps gibt es zu den Themen Arbeitsplanung, Techniken zum Warmlaufen, Einteilung des Lernpensums, Pausenmanagement und positive Abschlussgestaltung. Übrigens: Sie brauchen nicht alle Tipps auf einmal anzuwenden. Testen Sie ruhig einen nach dem anderen!

Lerntipps

Fangen Sie nicht einfach an!

Viele wollen das große Arbeitspaket möglichst schnell hinter sich bringen und fangen einfach an. Verschaffen Sie sich besser zu Beginn eine Übersicht über folgende Punkte:

- Inhalte, die erarbeitet werden müssen
- Tätigkeiten, die erbracht werden müssen (Lesen, Schreiben, Sammeln, Gliedern, Auswendiglernen)
- Benötigte Arbeitszeiten
- Dringlichkeit und Priorisierung einzelner Inhalte und Tätigkeiten

Schreiben Sie auf Arbeitskarten (Karteikartengröße), welche Arbeiten im folgenden Zeitabschnitt von ca. 2 bis 4 Stunden zu erledigen sind. Sie können das Ganze in eine optimale Reihenfolge bringen und an eine Pin-Wand heften. Damit bekommen Sie eine sinnvolle Ordnung, die Ihr Lernleben erleichtert. Und immer, wenn eine Tätigkeit beendet ist, vernichten Sie die Zettel als positiven Abschluss. Die Planungstechnik eignet sich auch für langwierige schriftliche Ausarbeitungen sehr gut.

Machen Sie Ihren Denkapparat warm!

Ein Sportler macht sich vor Beginn des Wettkampfes warm, um körperlich, aber auch mental auf „Betriebstemperatur“ zu kommen. Ein Musiker spielt sich vor seinem Konzert ein. Auch der Denkapparat braucht eine Warmlaufphase, da zu Beginn einer Lerneinheit die Aufnahmefähigkeit noch relativ gering ist. Starten Sie also mit möglichst einfachen Tätigkeiten, Dingen, die Ihnen persönlich eher leicht von der Hand gehen.

Startarbeiten können sein:

- Definitionen erst einmal nur durchlesen
- Begriffe aus einem Buch zu einem Thema heraussuchen, kennzeichnen, mit Seitenzahlen versehen
- Einfache Texte lesen
- Karteikarten schreiben und ordnen
- Material abheften

Bei umfassenderen Arbeiten das wiederholte Warmlaufen nicht vergessen!

Wenn Sie an einer Hausarbeit oder an einem umfangreicheren Lernstoff sitzen, starten Sie nach Pausen immer wieder neu. Sie können sich das Denken für einen Neustart erleichtern, wenn Sie sich am Ende einer Arbeitsphase kurze Merksätze notieren, was Sie nach der Pause konkret lesen, erarbeiten, vergleichen oder welche Fragen Sie beantworten wollen. Mit diesen Notizen können Sie sehr schnell wieder Gedankengänge aktivieren und in Ihr Gesamtkonzept einsteigen. Sie können aber auch die Feingliederung für den geplanten Teil noch einmal durchgehen oder zwei Seiten zurückzublättern, um sich wieder einzulesen.

Den Lernstoff in 5 bis 7 Lernportionen einteilen!

Es gibt auch beim Lernen eine optimale Menge der „akuten Lernbelastbarkeit“. Ein Lernumfang von 5 bis 7 Elementen („Chunks“) kann leicht auf einmal gespeichert werden. Wird diese Menge überschritten, ist Ihr Arbeitsspeicher (Speicherdauer 15 bis 30 Sekunden) überfordert, und es wird weniger ins Langzeitgedächtnis („Festplatte“) befördert, also behalten. „Chunks“ sind sinnvolle Gruppierungen von Informationen, – z. B. 7 Aufbauschemata, 7 Definitionen etc. Der mögliche Umfang Ihrer „Chunks“ hängt von Ihrem Vorwissen zu einem Lerngebiet ab.

Fazit für die Praxis:

- Bereiten Sie Ihr Lernmaterial so auf, dass die Zahl von 5 bis 7 Fachbegriffen, Definitionen, Merksätzen, Kategorien nicht überschritten wird.
- Teilen Sie umfangreicheres Material in Einheiten mit Untereinheiten (ebenfalls max. 7), die sinnvoll miteinander in Beziehung stehen.
- Denn: Sinnvoll gruppiertes Material wird besser behalten als beziehungslos nebeneinanderstehendes.
- Stabilisieren Sie das Wissen durch regelmäßiges Wiederholen in kleineren Portionen.

Testen Sie den Positionseffekt beim Lernen!

Es gibt nicht nur bevorzugte Plätze im Stadion oder Konzertsaal, sondern auch in einer Reihe von Lernelementen. Der Anfang und das Ende werden besser behalten und erinnert (Erfahrung des Autors als Coach: auch die ersten und letzten Stellenbewerber werden besser erinnert als die in der Mitte eines Bewerbungsprozesses). Stellen Sie sich vor, Sie müssen 20 Aufbauschemata oder Definitionen lernen. Die erste und die letzte Definition machen 10% des Lernmaterials aus, das Sie sich ohne besonderes Zutun besser einprägen können. Bei 2 Lernpaketen wären das 20%, bei 4 Paketen à 5 Definitionen schon 40% erleichterte Aufnahme.

Fazit für die Praxis:

- Nutzen Sie den Vorteil, dass Anfang und Ende einer Reihe leichter behalten werden!
- Teilen Sie Ihre Gesamtmenge in Portionen von 5 bis 7 Elementen auf, dann haben Sie entsprechend mehr Randelemente!
- Lernen Sie die Einheiten stets mehrfach in einer jeweils anderen Reihenfolge, dadurch wird der Positionseffekt mehrfach genutzt und sie werden damit flexibler bereitgestellt!

Beseitigen Sie die „Ähnlichkeitshemmung“!

Sind Lernelemente einander sehr ähnlich, so hemmen sie sich gegenseitig beim Lernen (= Ähnlichkeitshemmung). Man kann z. B. 5 unterschiedliche Begriffe besser abspeichern als 5 ähnliche. Lernen Sie ähnliche Inhalte stets zeitlich voneinander getrennt. Sie können diese dann „verwechslungssicherer“ abrufen. Machen Sie sich also keine Sorgen, wenn Sie inhaltlich unterschiedliche Dinge lernen. Das ist sogar eher förderlich.

Lernen, Behalten, Erinnern

Mit verteiltem Lernen behalten Sie auf die Dauer mehr!

Unsere Aufnahmefähigkeit ist begrenzt. Das haben Sie und ich schon mehrfach festgestellt. Selbst nach einem Warmstart dürfen wir nicht mit einer gleichmäßig ansteigenden Zunahme unseres Wissens rechnen. Es mag Sie zwar enttäuschen, aber wir behalten nach längerer Lernzeit immer weniger. Wir erreichen dann ein Lernplateau, wenn wir zu lange oder zu häufig denselben Stoff wiederholen. Es wird dann oft ohne Gewinn unnötiger Energieaufwand betrieben. Es kann sogar zu einer Abnahme schon erworbenen Wissens führen. Mehrarbeit kann also auch schaden. Das Gehirn braucht zum effektiven Lernen Zeit, um neue neuronale Verknüpfungen zu bilden, damit das Lernen auch „Spuren" hinterlässt.

Die Konsequenz heißt „verteiltes statt massiertes Lernen", den Lernstoff also mit Zwischenpausen bearbeiten.

- Zuerst langsam und aufmerksam lesen und nicht direkt einprägen wollen.
- Pause: Etwas ganz anderes tun.
- Wesentliche einzelne Begriffe und Zusammenhänge aufschreiben.
- Pause: Wieder ganz andere Dinge tun, auch Geistiges, jedoch möglichst unähnlich zu dem bisherigen Lernstoff.
- Wieder Begriffe und Zusammenhänge einprägen.
- usw.

Für Definitionen und Aufbauschemata zu einem Thema sind Abstände von 20 bis 40 Minuten zu empfehlen, bei größeren Textabschnitten wie Buchkapiteln können das auch mehrere Stunden sein.

Den Lernmotor und Ihre Motivation vor Überbelastung schützen!

Die maximale Leistungsfähigkeit kann nur in einem begrenzten Zeitraum erreicht werden. Bei Überschreitung passieren Fehler, die Leistung wird gemindert und die Motivation möglicherweise dauerhafter geschädigt. Vor Eintritt in eine solche Negativphase sollten Sie ein für Sie passendes Pausenmanagement einrichten.

Generell gilt:

- Häufige Pausen von weniger als 20 Minuten sind besonders effektiv und besser als wenige lange Pausen.
- Pausen sollten nicht mit lernnahen Tätigkeiten oder speicherbelastenden Aktivitäten (PC-Spiele) ausgefüllt werden.

Beispiele für unterschiedliche Pausenarten, die in den Tages- und Lernablauf integriert werden sollten:

- Abspeicherpausen (Augen zu): 10 bis 20 Sekunden nach Definitionen, Begriffen und komplexen Lerninhalten zum sicheren Abspeichern und zur Konzentration.
- Umschaltpausen: 3 bis 5 Minuten nach ca. 20 bis 40 Minuten Arbeit, um Abstand zum vorher Gelernten zu bekommen und dadurch besser Neues aufzunehmen.
- Zwischenpausen: 15 bis 20 Minuten nach 90 Minuten intensiver Arbeit, also nach zwei Arbeitsphasen, dient dem Erholen und Abschalten.

Und nicht vergessen:

- Die lange Erholungspause von 1 bis 3 Stunden, z. B. mittags oder zum Feierabend nach 3 Stunden Arbeit sollten Sie ebenfalls zum richtigen Abschalten, Regenerieren, Sich-Belohnen nutzen!

Die Lernarbeit positiv abschließen!

Unsere Erinnerung behält vor allem die letzten Erlebnisse. Endet ein an und für sich schöner Abend mit einem Streit, so wird der Abend rückwirkend als unangenehm empfunden. Ein Kellner bietet uns nach dem Essen auf Rechnung des Hauses einen Espresso oder Schnaps an. Wenn wir uns erinnern, werden wir geneigt sein, das gute Essen noch besser zu erinnern. D. h. wenn eine Tätigkeit positiv beendet wird, wird sie insgesamt als positiver erlebt.

Nach einer längeren Arbeitsphase von 1 bis 3 Stunden können Sie Folgendes tun:

- Bewusst feststellen, was Sie alles geschafft haben, beachten Sie dabei weniger die unbearbeitete Menge.
- Vergleichen Sie, was Sie zu Beginn einer Lernphase konnten oder wussten – und was Sie nun beherrschen.
- Legen Sie eventuell ein Karteikartensystem an, mit dem Sie sehr leicht feststellen können, was Sie können (z. B. eine Kartei mit Aufbauschemata, Definitionskartei; siehe dazu auch die Arbeitskarten aus dem ersten Lerntipp)

Lernen, Behalten, Erinnern

Jeden Tag das gleiche Ritual!

Der Abschluss eines Lerntages sollte auch symbolisch eine Zäsur setzen, analog dem Wechsel von Arbeit zu Freizeit mit der Schulklingel oder dem Kleidungswechsel nach der Arbeit.

Abschlussrituale am Ende eines Tages können sein:

- Denken Sie bereits 10 Minuten vor dem Arbeitsende eines Tages an das Ende der Arbeit.
- Denken Sie kurz aber bewusst darüber nach, an welcher Stelle Sie die Arbeit für heute beenden.
- Sagen Sie sich bewusst: Für heute ist die Arbeit für mich beendet.
- Verschaffen Sie sich einen Überblick über das Geleistete.
- Machen Sie sich kurze Notizen, welche Aspekte in der nächsten Arbeitsphase zu berücksichtigen sind. Das erleichtert den Einstieg am Folgetag.
- Klappen Sie den Ordner bewusst zu, fahren Sie den PC bewusst herunter und sagen Sie sich „Ich habe jetzt Freizeit!"
- Verlassen Sie den Arbeitsplatz und den Arbeitsbereich. Wenn möglich, ziehen Sie sich um.
- Gestalten Sie dieses Abschlussritual jeden Tag!

1. Teil
Einführung

A. Pflichten im Schuldverhältnis

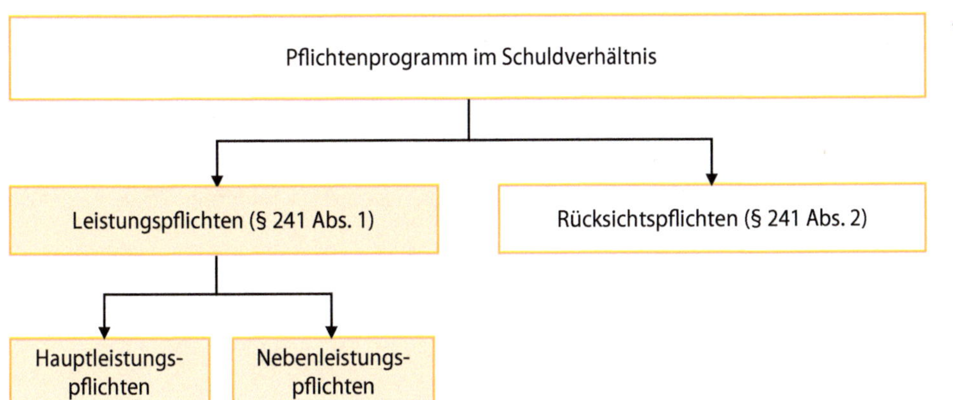
 1

Nach § 241 BGB[1] begründet ein Schuldverhältnis Leistungspflichten (Abs. 1) und Rücksichtspflichten (Abs. 2). Und sogleich stellt sich die Frage, worin sich diese beiden Pflichtenarten eigentlich unterscheiden. 2

Ein wichtiger Anhaltspunkt findet sich in den Formulierungen der beiden Absätze des § 241. Nach § 241 Abs. 1 ist der „Gläubiger" „kraft des Schuldverhältnisses" berechtigt „eine **Leistung** zu fordern". Hingegen heißt es in Abs. 2, dass das Schuldverhältnis „seinem Inhalt nach" zur **Rücksicht** verpflichten „kann".

Leistungspflichten sind also solche Pflichten, auf die der Gläubiger kraft des Schuldverhältnisses einen **klagbaren Anspruch** hat. Das Schuldverhältnis ist dazu da, dem Gläubiger die Leistung zu verschaffen.[2]

Diejenigen Pflichten, die das Schuldverhältnis primär begründet und deren Inhalt für seine gesetzliche Typisierung ausschlaggebend ist, nennen wir **„Hauptleistungspflichten"**.[3] Die anderen Leistungspflichten bestehen von Anfang an oder später mit untergeordneter Bedeutung daneben. Man nennt diese Pflichten **„Nebenleistungspflichten"**.

Hinweis

Die praktische Bedeutung der Unterscheidung von Haupt- und Nebenleistungspflichten ist eher gering, alle Leistungspflichten unterfallen im Fall der Schlechtleistung den §§ 280 Abs. 1, 3, 281 bzw. § 323. Auch folgt aus der Verletzung einer Nebenleistungspflicht nicht ohne Weiteres die Unerheblichkeit i.S.d. §§ 281 Abs. 1 S. 3, 323 Abs. 5 S. 2.

1 Paragraphen ohne Gesetzesangabe sind solche des BGB.
2 *Looschelders* Schuldrecht-AT 1 Rn. 11.
3 Grüneberg-*Grüneberg* § 241 Rn. 5.

Beispiel Der Kaufvertrag verpflichtet den Käufer zur Zahlung des Kaufpreises und den Verkäufer zur Verschaffung des verkauften Gegenstandes in mangelfreiem Zustand (vgl. §§ 433, 453). Beide Leistungspflichten sind Hauptleistungspflichten, da sie primär mit Abschluss des Kaufvertrages entstehen und den Vertragstypus prägen. Die nach § 433 Abs. 2 vom Käufer auch geschuldete Abnahme der Kaufsache ist hingegen **Nebenleistungspflicht**, da sie zwar ebenfalls primär entsteht, aber für die Zuordnung zum Vertragstyp „Kauf" nicht bedeutsam ist.[4]

Weitere Nebenleistungspflichten sind auch die Pflicht des Verkäufers zur Rechnungsstellung über den Kaufpreis[5] oder Erteilung einer Quittung (§ 368). ■

3 Bei den **Leistungspflichten ist in der Regel ein bestimmter Erfolg durch Verhalten** geschuldet. Das reine Verhalten ist nur ausnahmsweise Leistungsinhalt. Erfüllung der Leistungspflicht gem. § 362 Abs. 1 kann nur eintreten, wenn der Leistungserfolg herbeigeführt und die Leistung damit bewirkt worden ist.[6]

Beispiel 1 Der Verkäufer schuldet nicht sein Bemühen um Verschaffung des Eigentums an der Kaufsache, sondern die tatsächlich vollendete Übereignung der Sache im mangelfreien Zustand. Erfüllung tritt erst ein, wenn der Käufer Besitz und mangelfreies Eigentum erhalten hat. ■

Beispiel 2 Wer sich zur Unterlassung einer wiederholten Störung (etwa unlauteren Wettbewerbs) verpflichtet hat, schuldet den im Ausbleiben einer weiteren Störung zu sehenden Erfolg. ■

Beispiel 3 Der zur Dienstleistung Verpflichtete schuldet zwar kein besonderes Leistungsergebnis, aber immerhin das vereinbarungsgemäße Leistungsverhalten. So kann der Arzt keine Heilung versprechen, sondern immer nur sein fachmännisches Bemühen nach den anerkannten Regeln seines Fachgebietes.[7] Dieses Bemühen ist aber als Erfolg geschuldet. Unternimmt der Dienstverpflichtete gar nichts oder mangelhaft, erfüllt er seine Verpflichtung nicht. ■

4 Die Begründung der in § 241 Abs. 2 erwähnten **Rücksichtspflichten** ist hingegen **nicht das Ziel des Schuldverhältnisses**, sondern eine Begleiterscheinung („Schuldverhältnis kann verpflichten"). Rücksichtspflichten sind außerdem **nie erfolgsbezogen, sondern immer verhaltensorientiert**. Geschuldet ist also niemals ein bestimmter Erfolg, sondern immer nur ein bestimmtes Verhalten.[8]

Beispiel A bestellt bei Gastwirt B einen „Cevapcici"-Grillteller. Beim Verzehr bricht ihm ein Zahn ab. Unter dem Aspekt einer Rücksichtspflichtverletzung im Rahmen des Bewirtungsvertrages genügt der Abbruch des Zahnes als solcher nicht, um eine Rücksichtspflichtverletzung zu begründen.[9] Nach der Verhaltenspflicht i.S.d. § 241 Abs. 2 ist eben kein bestimmter Erfolg – hier etwa Unversehrtheit von Gesundheit und Körper des Gastes –

4 Eine andere Frage ist, ob die Abnahme im Gegenseitigkeitsverhältnis i.S.d. §§ 320 f. steht, vgl. Grüneberg-*Weidenkaff* § 433 Rn. 43, 44.

5 Grüneberg-*Weidenkaff* § 433 Rn. 32.

6 Siehe im Skript „Schuldrecht AT I" Rn. 150 ff.

7 Siehe im Skript „Schuldrecht BT III" Rn. 3.

8 *Lorenz* NJW 2007, 1, 2 unter Ziff. II 1.

9 *BGH* Urteil vom 5. April 2006 (Az. VIII ZR 283/05) unter Ziff. II 1 = NJW 2006, 2262 f.

geschuldet. Eine solche umfassende Rücksichtspflicht gibt es nicht.[10] Vielmehr kommt es darauf an, ob der Gastwirt sich anders hätte verhalten müssen, weil sich in dem Fleisch ein harter Fremdkörper befand, den er hätte erkennen können. Das muss A darlegen und beweisen, weil die Beweislastumkehr des § 280 Abs. 1 S. 2 sich nur auf das Vertretenmüssen bezieht. ■

Ob eine Leistungs- oder Rücksichtspflicht vorliegt, ist im Zweifel durch Auslegung zu entscheiden. Maßgeblich ist, ob eine Partei von der anderen Partei nach dem Inhalt des Schuldverhältnisses von vornherein ein konkretes Verhalten erzwingen kann oder ob es grundsätzlich ins Belieben der anderen Partei gestellt ist, wie sie sich bei der Durchführung des Schuldverhältnisses verhält. Im letzteren Fall sind dann nur die sich aus der Verletzung ergebenden Sekundäransprüche, insbesondere Schadensersatzansprüche einklagbar.

Als Leitlinie können Sie sich an Folgendem orientieren: **Immer dann, wenn eine Pflichtverletzung keine Auswirkung auf die Rechtzeitigkeit und Mängelfreiheit der geschuldeten Hauptleistung hat, ist von einer Rücksichtspflicht auszugehen.**[11]

Beispiel V räumt in seinem Ladenlokal eine auf dem Gang liegende Verpackung nicht weg. Deshalb kommt seine Kundin K zu Fall und verletzt sich. Auf die Qualität seiner Ware und die Erfüllung des Kaufvertrages hat dieser Vorfall keinen Einfluss. Im Übrigen: Wie V seinen Schutz- bzw. Verkehrssicherungspflichten nachkommt, ist seinem Ermessen überlassen. Auf das Wegräumen der Verpackung hat K keinen klagbaren Anspruch. V hätte ebenso den Gang sperren können, wenn ihm das Aufheben der Verpackung zu lästig gewesen wäre. ■

Im vorvertraglichen Schuldverhältnis gem. § 311 Abs. 2, 3 stellen sich keine Abgrenzungsschwierigkeiten, da hier noch keine Leistungspflichten, sondern lediglich Rücksichtspflichten geschuldet sind (vgl. § 311 Abs. 2). 5

10 Vgl. *BGH* Urteil vom 31. Oktober 2006 (Az. VI ZR 223/05) unter Tz. 11: „Dabei ist zu berücksichtigen, dass nicht jeder abstrakten Gefahr vorbeugend begegnet werden kann. Ein allgemeines Verbot, andere nicht zu gefährden, wäre unrealistisch. Eine Verkehrssicherung, die jede Schädigung ausschließt, ist im praktischen Leben nicht erreichbar. Haftungsbegründend wird eine Gefahr deshalb erst dann, wenn sich für ein sachkundiges Urteil die naheliegende Möglichkeit ergibt, dass Rechtsgüter anderer verletzt werden können." = NJW 2007, 762.

11 So die einprägsame Empfehlung von *Madaus* JURA 2004, 289 ff. unter Ziff. III 3 und IV (sehr lesenswert! – mit krit. Würdigung aller „auf dem Markt gehandelten" sonstigen Ansätze).

B. Arten der Pflichtverletzung

6

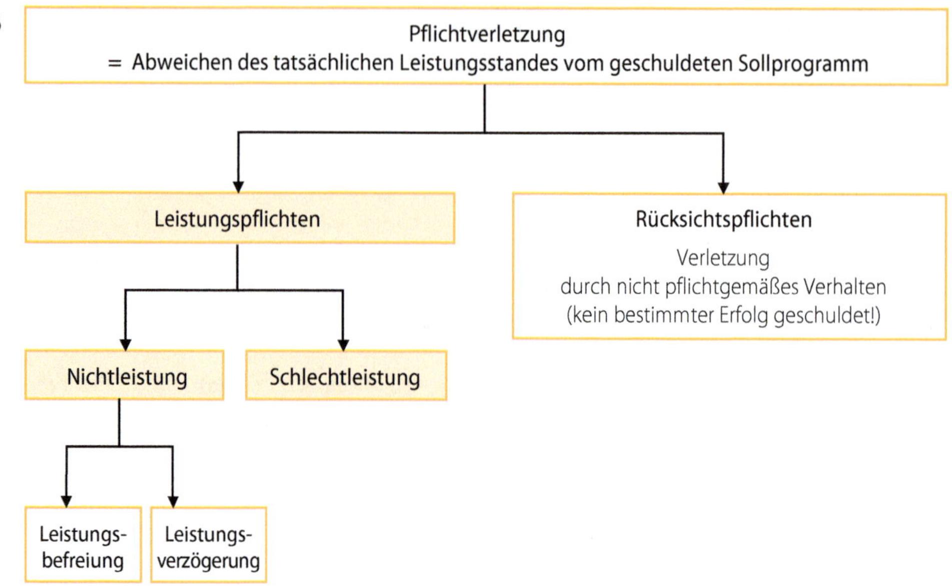

Der Begriff der „Pflichtverletzung" wird in § 280 Abs. 1 genannt und löst im Rahmen eines Schuldverhältnisses nach dieser Vorschrift eine Schadensersatzhaftung aus, es sei denn, dass der Schuldner die Pflichtverletzung nicht zu vertreten hat. Nach dem zuvor Gesagten kommen dabei einerseits Verletzungen der Leistungspflichten und andererseits Verletzungen der Rücksichtspflichten in Betracht.

I. Verletzung von Leistungspflichten

7 Im Hinblick auf die Verletzung von Leistungspflichten hat sich eine **objektive und erfolgsbezogene** Betrachtung durchgesetzt. Das bedeutet, dass unter einer Leistungspflichtverletzung **jedes objektive Abweichen der realen Lage vom ursprünglich festgelegten Pflichtenprogramm** eines Schuldverhältnisses zu verstehen ist. Das Pflichten- oder „Sollprogramm" ergibt sich beim vertraglichen Schuldverhältnis aus den Vereinbarungen, dispositiven Normen und ggfs. erläuternder oder ergänzender Vertragsauslegung, sowie aus § 242. Beim gesetzlichen Schuldverhältnis folgt das Pflichtenprogramm aus den jeweiligen Tatbeständen.[12] „Objektiv" und „erfolgsbezogen" ist diese Betrachtung deshalb, weil es auf Hindernisse in der Sphäre des Schuldners und Fragen des Verschuldens in diesem Zusammenhang nicht ankommt. Auch wenn der Begriff der Pflichtverletzung sprachlich eine gedankliche Nähe zu schuldhaftem Verhalten herstellt, ist dies damit nicht gemeint. **Das „Wieso" und „Warum" einer Pflichtverletzung ist für die Frage einer Pflichtverletzung ohne jede Bedeutung, sondern eine Frage des Vertretenmüssens.**[13]

12 Grüneberg-*Grüneberg* § 280 Rn. 12; *Lorenz* „Schuldrechtsreform 2002: Problemschwerpunkte drei Jahre danach"; NJW 2005, 1889, 1890 unter Ziffer IV 1 (sehr lesenswert!).

13 *Looschelders* Schuldrecht AT § 24 Rn. 484; *Lorenz* NJW 2005, 1889, 1890 unter Ziff. IV 1.

Hinweis

Die Unterscheidung zwischen erfolgsbezogenen und verhaltensbezogenen Pflichten ist nicht nur im Rahmen der Kategorisierung der Pflichtverletzung zu berücksichtigen, sondern wirkt sich auch auf die Zurechnung nach § 278 aus. Bei erfolgsbezogenen Pflichtverletzungen kommt es nur darauf an, ob das vertragliche Sollprogramm erfüllt wurde. Der Grund für die fehlende Erfüllung ist unerheblich und § 278 daher gar nicht relevant. Bei verhaltensbezogenen Pflichtverletzungen muss beim Handeln von Erfüllungsgehilfen bereits im Rahmen der Pflichtverletzung auf § 278 (analog) eingegangen werden.

Beispiel K erwirbt vom Händler V ein Fernsehgerät. Das Gerät funktioniert nicht. Ohne V zunächst aufzufordern, die Reparatur durchzuführen, lässt K das Gerät vom Nachbarn N, einem Fernsehtechniker, reparieren, der K dafür 50 € in Rechnung stellt. K möchte von V das Geld erstattet haben.

Hier könnte dem K ein Ersatzanspruch aus §§ 280 Abs. 1, Abs. 3, 283, 437 Nr. 3 (bitte lesen) zustehen. V war dem K nach §§ 437 Nr. 1, 439 Abs. 1 zur Reparatur verpflichtet. Dadurch, dass das Gerät auf Verlangen des K bereits von N repariert wurde, ist dem V die Erfüllung seiner Pflicht unmöglich geworden, so dass er nach § 275 Abs. 1 von seiner Leistungspflicht befreit wurde.[14] Die Unmöglichkeit wurde zwar nicht von V verursacht, sondern durch K selbst; dennoch liegt nach der objektiven Betrachtungsweise eine „Pflichtverletzung" des V vor. Der Grund für die bei V eingetretene Unmöglichkeit ist für die Frage der Pflichtverletzung unerheblich. Allerdings scheitert der Anspruch des K auf Schadensersatz daran, dass V die Unmöglichkeit nicht i.S.v. § 276 zu vertreten hat. ■

Die Frage des Vertretenmüssens stellt sich also bei der Prüfung des Tatbestandsmerkmals „Pflichtverletzung" nicht. Das Vertretenmüssen ist allerdings bei verschiedenen Anspruchsgrundlagen, insbesondere beim Schadensersatzanspruch aus § 280, als weitere Tatbestandsvoraussetzung zu prüfen (§ 280 Abs. 1 S. 2).

Bei der näheren Bestimmung der einzelnen Pflichtverletzungskategorien helfen uns die Vorschriften über Leistungsstörungen. Sie können daher zur näheren Konkretisierung der verschiedenen Pflichtverletzungsarten herangezogen werden.[15] 8

14 Man spricht in diesem Fall von „Unmöglichkeit durch Zweckerreichung", *Looschelders* Schuldrecht-AT § 23 Rn. 458.

15 *Looschelders* Schuldrecht AT § 24 Rn. 485.

1. Leistungsverzögerung

9 Eine erste Kategorie der Leistungspflichtverletzung können wir § 281 Abs. 1 S. 1 Var. 1 entnehmen. Dort beschreibt das Gesetz die Situation, dass der Schuldner „die fällige Leistung nicht erbringt". Eine entsprechende Formulierung findet sich in § 323 Abs. 1. § 280 Abs. 2 und gibt dieser Pflichtverletzungskategorie einen besonderen Namen: **„Verzögerung"** der (fälligen) Leistung. Das Auseinanderfallen des realen Leistungsstandes vom Sollprogramm liegt hier auf der Hand: Der Schuldner leistet nicht, obwohl er leisten muss.

2. Schlechtleistung

10 In § 281 Abs. 1 S. 1 Var. 2 beschreibt das Gesetz die Situation, dass der Schuldner die fällige Leistung **„nicht wie geschuldet"** erbringt. Eine ähnliche Formulierung findet sich in § 323 Abs. 1, wo es heißt, dass der Schuldner die fällige Leistung **„nicht vertragsgemäß"** erbringt.

Hinweis

Die Tatsache, dass § 323 von einer „nicht vertragsgemäßen" statt „nicht wie geschuldet erbrachten" Leistung spricht, erklärt sich daraus, dass die §§ 280 ff. grundsätzlich auf **jedes** Schuldverhältnis anzuwenden sind, § 323 aber nur auf **gegenseitige Verträge** Anwendung findet (vgl. die Titelüberschrift vor § 320). Dies soll im Tatbestand zum Ausdruck kommen, weshalb der Gesetzgeber eine entsprechend abweichende Formulierung gewählt hat. Die „nicht vertragsgemäß" erbrachte Leistung ist also eine „nicht wie geschuldet" erbrachte Leistung.

3. Nichtleistung wegen Leistungsbefreiung nach § 275

11 Auch im Fall der Unmöglichkeit entspricht der reale Leistungsstand nicht mehr dem ursprünglichen Sollprogramm. Die Unmöglichkeit ist bei gebotener erfolgsbezogener Betrachtung eine **Pflichtverletzung**. Dies zeigt sich auch im Verweis aus § 275 Abs. 4 und den Vorschriften aus § 283, für die nachträgliche Unmöglichkeit und § 311a Abs. 2 für die anfängliche Unmöglichkeit.

Beispiel V verkauft dem K einen gebrauchten, von K ausgesuchten Pkw. Vor Übergabe wird der Pkw zerstört. Da V von Anfang lediglich den von K ausgesuchten Pkw zu übereignen und zu übergeben hatte, ist mit der Zerstörung des Pkw diese Leistung gem. § 275 Abs. 1 unmöglich geworden. V ist daher nicht mehr zur Leistung verpflichtet. Die bei Vertragsschluss zunächst vereinbarte Leistungspflicht des V gem. § 433 Abs. 1 besteht nun real wegen § 275 Abs. 1 nicht mehr. Vertragliches Sollprogramm und realer Leistungsstand fallen daher auseinander. Deshalb ist es gerechtfertigt, bei der Leistungsbefreiung von einer Pflichtverletzung zu sprechen.

Im Ergebnis kennen wir damit **drei verschiedene Leistungspflichtverletzungen**, nämlich die nicht rechtzeitige Leistung („Leistungsverzögerung"), die nicht wie geschuldet erbrachte Leistung („Schlechtleistung") und die Nichtleistung wegen Leistungsbefreiung nach § 275.[16] **12**

II. Verletzung von Rücksichtspflichten

Auch die Verletzung einer Rücksichtspflicht nach § 241 Abs. 2 stellt eine Pflichtverletzung i.S.d. § 280 dar. Dies folgt zwingend aus den §§ 282, 324, die für diesen Fall ergänzende Voraussetzungen für die Geltendmachung von Schadensersatz statt der Leistung bzw. die Ausübung eines Rücktritts vom gegenseitigen Vertrag vorsehen. Da bei den Rücksichtspflichten nur ein Verhalten und kein darüber hinausgehender Erfolg geschuldet ist, liegt eine Pflichtverletzung dann vor, wenn der Schuldner **sich nicht in der den Umständen nach erforderlichen Art und Weise verhalten hat.**[17] **13**

Beispiel Maler M hat sich verpflichtet, die Wohnung des A zu streichen. Da er es nicht lassen kann, raucht er bei der Arbeit eine Zigarette nach der anderen. Durch herabfallende Asche wird der Teppichboden des A beschädigt, da M keinen Aschenbecher benutzt (= Rücksichtspflichtverletzung).

Wäre der Anstrich objektiv mangelhaft, läge insoweit eine Leistungspflichtverletzung in Form der Schlechtleistung vor, ohne dass es auf den Grund ankäme. Die Ursache ist dann eine Frage des Vertretenmüssens.

16 *Lorenz* NJW 2005, 1889, 1890 unter Ziff. IV 1.

17 *Lorenz* NJW 2007, 1 unter Ziff. II 1 und *ders.* in NJW 2005, 1889, 1890 unter Ziff. IV 1 (beide Aufsätze sehr lesenswert!).

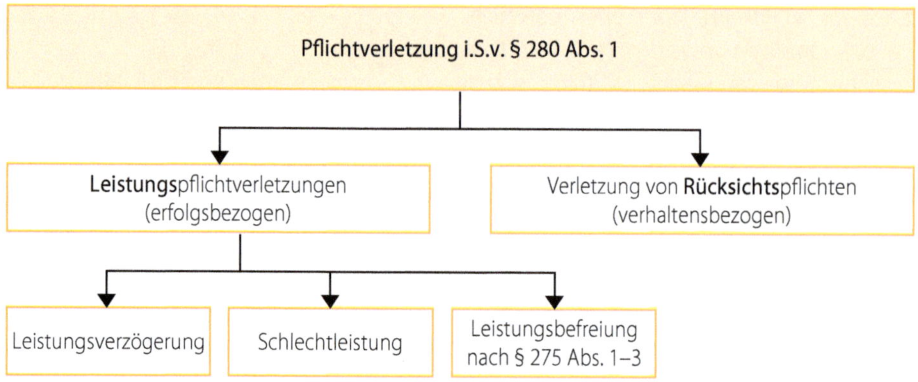

C. Aufgaben der Regelungen über Leistungsstörungen

14 In allen Fällen der Pflichtverletzung muss das Gesetz entscheiden, wie es die verschiedenen Interessen der betroffenen Personen ausgleicht.

Durch die Pflichtverletzung können dem Gläubiger **Schäden** entstanden oder **Aufwendungen sinnlos** geworden sein.

15 Es muss also geklärt werden, unter welchen Voraussetzungen der Gläubiger **Schadensersatz und Ersatz für vergebliche Aufwendungen** verlangen kann.

16 Bei **gegenseitigen Verträgen** stellt sich die zusätzliche Frage, ob und unter welchen Voraussetzungen der Gläubiger verpflichtet ist, **die seinerseits geschuldete Gegenleistung zu erbringen**. Wenn die Leistung des Schuldners nicht ordnungsgemäß erbracht wurde, hat der Gläubiger regelmäßig ein Interesse, seine Gegenleistung zurückzuhalten. Hat er bereits vorgeleistet, möchte er möglicherweise seine **Gegenleistung wieder zurückbekommen**.

Weiter kann es sein, dass der Gläubiger beim gegenseitigen Vertrag gar kein Interesse mehr hat, es weiter mit seinem Vertragspartner „zu tun zu haben". Es muss daher auch geregelt werden, unter welchen Voraussetzungen der Gläubiger sich **vom Vertrag wieder lösen** kann, um das Geschäft mit einem anderen Vertragspartner durchzuführen.

17 Wir werden diese Fragen nun der Reihe nach anhand der verschiedenen Pflichtverletzungen durchgehen. Wir beginnen mit der Leistungsverzögerung und besprechen anschließend die Besonderheiten bei der Nichtleistung wegen Leistungsbefreiung nach § 275. Den Abschluss bildet die Rücksichtspflichtverletzung nach § 241 Abs. 2 im Schuldverhältnis sowie in der besonderen Situation des vorvertraglichen Schuldverhältnisses.

Die **Schlechtleistung** ist hingegen kein gesonderter Gegenstand dieses Skripts. Sie soll im Zusammenhang mit dem Gewährleistungssystem der besonderen Schuldverhältnisse erörtert werden. Die Struktur und Probleme der Schlechtleistungsregeln des Allgemeinen Schuldrechts erschließt sich allerdings bereits durch die Beschäftigung mit den anderen Pflichtverletzungen, insbesondere den Verzögerungstatbeständen. Darauf können wir dann im Besonderen Schuldrecht aufbauen.

Wie wir gesehen haben, müssen wir streng zwischen dem Tatbestand der **Pflichtverletzung** und der Frage des **Vertretenmüssens** unterscheiden. Da das Vertretenmüssen als Tatbestandsmerkmal bei sämtlichen Schadensersatzansprüchen der §§ 280 ff. zu berücksichtigen ist, sollen die Grundzüge des Vertretenmüssens vorweg, sozusagen „vor die Klammer gezogen" erörtert werden. Wir können uns dann bei den einzelnen Tatbeständen diesbezüglich kürzer fassen und ergänzend auf diesen Abschnitt verweisen. **18**

2. Teil
Vertretenmüssen

PRÜFUNGSSCHEMA

19 **Vertretenmüssen**

I. Vertretenmüssen ohne Verschuldenserfordernis, weil:

1. Gesetzliche Anordnung, insbesondere § 287 S. 2
2. Pflichtverletzung wegen Geldmangels
3. Vertragliche Vereinbarung
   - Vereinbarung durch AGB Rn. 30 f.
4. Verletzung einer übernommenen Garantie
   - Abgrenzung zur reinen Beschaffenheitsvereinbarung Rn. 33 f.
5. Verwirklichung eines übernommenen Beschaffungsrisikos
   - Reichweite der übernommenen Risiken Rn. 35 f.

II. Vertretenmüssen wegen Verschuldens des Schuldners/seiner Repräsentanten i.S.d. § 31

1. Vorsatz
2. Fahrlässigkeit
   - Rechtsirrtum Rn. 43
   - Korrekturen bei bestimmten Personengruppen Rn. 44 f.
3. Verschuldensfähigkeit

III. Vertretenmüssen wegen Verschuldens Dritter nach § 278

1. Bestehendes Schuldverhältnis
2. Verschulden des Dritten
   - Bestimmung des Verschuldensmaßstabes Rn. 52 ff.
3. Verschulden bei Tätigkeit als Erfüllungsgehilfe
   - Reichweite der Schuldnerpflichten Rn. 59 ff.
   - Handeln bei Gelegenheit der Erfüllung Rn. 62 ff.
4. Verschulden bei Tätigkeit als gesetzlicher Vertreter

IV. Haftungsbeschränkungen

1. Gesetzliche Haftungsbeschränkungen
2. Vertragliche Haftungsbeschränkungen
   - Haftungsbeschränkung durch AGB Rn. 79
   - Rechtsfolgen bei unzulässiger Vereinbarung Rn. 80 ff.

A. Unterscheidung zwischen Vertretenmüssen und Verschulden

20

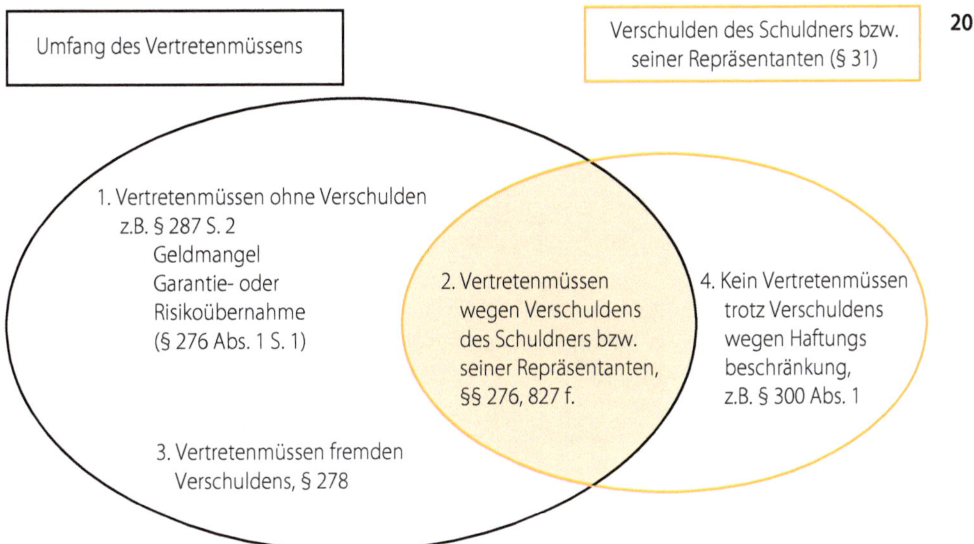

Wenn **der Schuldner** eine Pflichtverletzung zu verantworten hat, spricht das Gesetz vom „Vertretenmüssen" (vgl. §§ 276 Abs. 1, 280 Abs. 1 S. 2). 21

Was der **Schuldner zu verantworten bzw. zu vertreten hat**, bestimmen allgemein die §§ 276–278. Diese Vorschriften sind als **Hilfsnormen**[1] immer dann heranzuziehen, wenn das Gesetz in verschiedenen Tatbeständen vom Vertretenmüssen des Schuldners spricht.

Beispiele §§ 275 Abs. 2 S. 2, 280 Abs. 1 S. 2, 286 Abs. 4, 536a Abs. 1 Var. 2, 538 ■

„Vertretenmüssen" und „Verschulden" sind inhaltlich voneinander zu unterscheiden. 22

Das Verschulden ist nach § 276 Abs. 1 der **Oberbegriff für die Schuldformen „Vorsatz" und „Fahrlässigkeit"**, die ihrerseits **Verschuldensfähigkeit** voraussetzen, wie sich aus § 276 Abs. 1 S. 2 i.V.m. §§ 827, 828 ergibt.[2]

Aus § 276 Abs. 1 folgt, dass der Schuldner grundsätzlich nur (sein eigenes) Verschulden zu vertreten hat. Er ist grundsätzlich also nur für die Folgen eines schuldhaften Verhaltens verantwortlich und nur dann verpflichtet, für die Folgen in besonderer Weise einzustehen (sog. **„Verschuldensprinzip"**). Die besondere Einstandspflicht kann entweder darin bestehen, dass der Schuldner auch unter erschwerten Bedingungen leisten muss (vgl. § 275 Abs. 2 S. 2), zum Ersatz allen sich aus seinem Verhalten ergebenden Schadens verpflichtet ist (etwa aus § 280 Abs. 1 S. 2) oder sonstige Ersatzleistungen zu erbringen hat, z.B. Zinsen nach §§ 288, 286 (§ 286 Abs. 4!). 23

Wie sich aus § 276 Abs. 1 S. 1 ergibt, kann aber auch eine „strengere" oder „mildere" Haftung bestimmt sein. Es gibt also einerseits Fälle, in denen der Schuldner etwas „zu vertreten hat", obwohl ihn kein eigenes Verschulden trifft. Andererseits kann es vorkommen, dass ein Vertre- 24

---

1 Zur Funktion der „Hilfsnormen" vgl. Skript „BGB AT I" unter Rn. 35.

2 Grüneberg-*Grüneberg* § 276 Rn. 5 f.

tenmüssen trotz Verschuldens ausgeschlossen ist. Die Begriffe „Vertretenmüssen" und „Verschulden" decken sich inhaltlich also nicht vollständig, sondern bilden (lediglich) eine Schnittmenge (siehe im Schaubild oben).

25 Das „Vertretenmüssen" bezieht sich stets auf **die objektive Pflichtwidrigkeit**, die nach einer bestimmten Norm eine besondere Einstandspflicht auslöst.[3] In der Klausur ist das Vertretenmüssen auf die konkret zuvor geprüfte Pflichtverletzung zu beziehen.[4] **Auf den Schaden muss sich das Vertretenmüssen hingegen nicht beziehen.**[5]

Beispiel Das Vertretenmüssen bezieht sich

- bei § 280 Abs. 1 auf die Pflichtverletzung im Rahmen eines bestehenden Schuldverhältnisses;
- bei § 286 Abs. 4 auf den eingetretenen Verzug mit der Erfüllung einer Leistungspflicht (bedeutsam für eine Haftung z.B. nach §§ 280 Abs. 1 i.V.m. Abs. 2, 288 Abs. 1, 536a Abs. 1 Var. 3, 536a Abs. 2 Nr. 1);
- bei § 536a Abs. 1 Var. 2 auf einen nachträglich entstandenen Mangel des Mietobjekts. ■

Betrachten wir nun die verschiedenen Formen des Vertretenmüssens.

B. Vertretenmüssen ohne Verschulden

26 In bestimmten Fällen hat der Schuldner eine Pflichtwidrigkeit auch dann zu vertreten, wenn kein Verschulden vorliegt. Dies folgt bereits aus § 276 Abs. 1 S. 1, wonach eine „strengere" (= verschuldensunabhängige) Haftung „bestimmt" ist oder sich aus dem „sonstigen Inhalt des Schuldverhältnisses" ergeben kann. Die „Bestimmung" einer strengeren Haftung kann sich entweder aus dem Gesetz oder aus einer vertraglichen Vereinbarung ergeben. Es kommen folglich drei Gründe für eine verschuldensunabhängige Einstandspflicht des Schuldners in Betracht: eine gesetzliche Bestimmung, eine vertragliche Bestimmung oder der sonstige Inhalt des Schuldverhältnisses. Wir gehen die einzelnen Gründe in dieser Reihenfolge durch.

I. Gesetzliche Bestimmung

1. Gesetzliche Ersatzpflichten ohne „Vertretenmüssen" im Tatbestand

» Bitte lesen Sie die nachfolgenden Tatbestände parallel im Gesetz mit. «

27 Verschiedene Tatbestände begründen eine Ersatzpflicht, ohne dass es tatbestandlich auf ein „Vertretenmüssen" der zum Ersatz verpflichteten Person oder Dritter ankommt. In diesen Fällen spielt die Frage des Verschuldens keine Rolle.

Beispiel 1 Schadensersatzhaftung wegen Nichtigkeit einer Willenserklärung nach § 122; ■

Beispiel 2 Schadensersatzhaftung des Vertreters ohne Vertretungsmacht nach § 179; ■

---

3 Grüneberg-*Grüneberg* § 276 Rn. 8.

4 *Looschelders* Schuldrecht-AT § 24 Rn. 15.

5 **Ausnahmen** macht die Rechtsprechung aus Billigkeitsgründen u.a. im Arbeitsrecht bei Pflichtverletzungen des Arbeitnehmers, vgl. *BAG* 101, 107 ff. = NJW 2003, 377 ff.

Beispiel 3 Schadensersatzhaftung des Vermieters wegen anfänglicher Mängel des Mietobjekts aus § 536a Abs. 1 Var. 1; ■

Beispiel 4 Deliktische Gefährdungshaftung wegen Gefährlichkeit eines Gegenstandes aus § 833 S. 1 BGB, § 7 Abs. 1 StVG, §§ 1, 2 HaftpflG sowie aus § 1 ProdHaftG; ■

Beispiel 5 Entschädigungspflichten aus §§ 904 S. 2, 906 Abs. 2 S. 2. ■

2. Zufallshaftung nach § 287 S. 2

Für das Thema dieses Skripts, nämlich die Pflichtverletzung im Rahmen von Schuldverhältnissen, spielt ein anderer Tatbestand eine ganz wichtige Rolle: § 287. 28

Gem. § 287 S. 2[6] hat der Schuldner während des Verzuges „wegen der Leistung" auch „Zufall" zu vertreten. Unter dem Begriff „Zufall" ist ein ohne Verschulden des Schuldners eingetretenes Leistungshindernis i.S.d. § 275 zu verstehen, insbesondere Unmöglichkeit durch höhere Gewalt.[7] Ein adäquater Kausalzusammenhang zwischen Verzug und Unmöglichkeit ist nicht notwendig.[8] In diesen Fällen ergäbe sich die Haftung schon aus §§ 280 Abs. 1, 2, 286. Damit reicht eine **bloß zeitliche Verknüpfung** zwischen Verzug und Leistungshindernis (sog. **Erfolgshaftung**).[9] Allerdings muss **zwischen der Unmöglichkeit und dem eingetretenen Schaden** ein adäquater Kausalzusammenhang bestehen.

Hinweis

Für die Schadensersatzhaftung wegen Verletzung einer Rücksichtspflicht i.S.v. § 241 Abs. 2 gilt die Haftungsverschärfung des § 287 S. 2 nicht! Nach überwiegender Ansicht findet jedoch § 278 S. 1 auch auf Schutzpflichtverletzungen Anwendung. Nach h.M. findet der Ausschlussgrund für die Zufallshaftung nach S. 2, auf S. 1 keine Anwendung.

Beispiel Antiquitätenhändler V verkauft dem K eine antike Standuhr, die V dem K **am nächsten Tag** liefern soll. V organisiert den Transport aber nicht rechtzeitig, so dass die Lieferung am nächsten Tag ausbleibt. In der darauffolgenden Nacht brechen Diebe in die – ordnungsgemäß gesicherten – Geschäftsräume des V ein und nehmen unter anderem die Uhr mit. Die Diebe verschwinden spurlos. Schadensersatzansprüche statt der Leistung aus §§ 280 Abs. 1, Abs. 3, 281 scheitern hier an der fehlenden Fristsetzung. Sie könnten sich jedoch aus §§ 280 Abs. 1, Abs. 3, 283 ergeben, da V die Unmöglichkeit i.S.d. § 275 Abs. 1 zur Leistung nach § 287 S. 2 auch ohne Verschulden zu vertreten hat. V befand sich nach §§ 286 Abs. 2 Nr. 1, 286 Abs. 4 mit seiner Leistung in Schuldnerverzug und kann sich auch nicht auf die Ausnahme des 287 S. 2 Hs. 2 berufen. Hätte er zum vereinbarten Fälligkeitstermin geliefert, hätte die Uhr nicht mehr Teil der Diebesbeute sein können. ■

6 § 287 S. 1 sieht (nur) eine **Erweiterung der Haftung** vor. Der Schuldner haftet während des Verzugs – entgegen ihn privilegierender Vorschriften – für jede Form der Fahrlässigkeit. Nicht jedoch, wenn die Haftung für einfache Fahrlässigkeit vertraglich (auch durch AGB) ausgeschlossen wurde.

7 *Knütel* NJW 1993, 900 f.

8 MüKo-*Ernst* § 287 Rn. 3.

9 *BAG* Urteil vom 9. November 1996 (Az. 9 AZR 376/95) = NJW 1997, 2343 f.

II. Geldmangel

29 Auch ohne ausdrückliche Regelung ist allgemein anerkannt, dass für die Erfüllung von Geldsummenschulden, nach dem **Prinzip unbeschränkter Vermögenshaftung**,[10] stets verschuldensunabhängig gehaftet wird und auch bei sonstigen Schulden der Einwand fehlender Finanzkraft unbeachtlich ist.[11]

Beispiel 1 M schuldet seinem Vermieter V die monatlich im Voraus zu zahlende Miete für drei Monate. Hier tritt Verzug nach § 286 Abs. 2 Nr. 1, Abs. 4 auch dann ein, wenn M aufgrund Insolvenz seines Arbeitgebers unverschuldet arbeitslos geworden ist und deshalb über keine ausreichenden Finanzmittel mehr verfügt. ■

Beispiel 2 A verpflichtet sich gegenüber dem B, auf dessen Grundstück ein Haus zu errichten. A gehen jedoch die finanziellen Mittel aus, so dass er nicht in der Lage ist, sich die nötigen Baustoffe zu beschaffen. Hier tritt Verzug mit der Werkherstellung auch dann ein, wenn A seine Liquiditätsprobleme nicht verschuldet hat (etwa weil seine sonstigen Kunden ihre fälligen Rechnungen alle nicht bezahlen). ■

III. Vertragliche Übernahme

30 Aus dem Prinzip der Privatautonomie folgt, dass jeder Schuldner sich vertraglich zur Übernahme einer verschuldensunabhängigen Haftung verpflichten kann, so dass dann aufgrund der vertraglichen Regelung eine „strengere" Haftung bestimmt ist. Dazu wird sich ein Schuldner allerdings selten freiwillig hinreißen lassen. In Klausuren werden erfahrungsgemäß „Garantien" zu vorschnell angenommen. Die Frage, ob der Schuldner strenger – i.d.R. verschuldensunabhängig – haften wollte, wird regelmäßig unzureichend gewürdigt.

31 Viel häufiger kommt es vor, dass eine solche Haftungsverschärfung in **Allgemeinen Geschäftsbedingungen** eines Vertragspartners enthalten ist.

Beispiel Die Klausel „Der Mieter haftet für alle Schäden am Mietobjekt, die durch ihn verursacht wurden." stellt allein auf die Verursachung im Sinne einer Kausalität ab – zumindest ist ein solches Verständnis nach § 305c Abs. 2 zugrunde zu legen. Der Mieter eines Pkw würde nach dieser Klausel auch dann auf Schadensersatz haften, wenn er beim Fahren des Pkw schuldlos in einen Auffahrunfall verwickelt wird. ■

Da eine solche Bestimmung vom wesentlichen Grundgedanken des § 276 Abs. 1 abweicht, nach dem der Schuldner grundsätzlich nur Vorsatz und Fahrlässigkeit zu vertreten hat, stellt eine solche Klausel regelmäßig eine **unangemessene Benachteiligung** gem. **§ 307 Abs. 2 Nr. 1** dar.[12] Für die Verwendung der Klausel gegenüber einem Verbraucher gilt dies ausnahmslos. Bei Verwendung gegenüber einem Unternehmer gilt dies im Prinzip ebenfalls, wobei hier Ausnahmen aufgrund besonders günstiger, die strenge Haftung ausgleichender Gesamtkonditionen in Betracht kommen.[13]

10 *BGH* NJW 2015, 1296 (1297) Tz. 18.
11 BGHZ 107, 92, 102 unter Ziff. II 1d = NJW 1989, 1276, 1278; Grüneberg-*Grüneberg* § 276 Rn. 28.
12 *BGH* NJW 1992, 3158, 3161 unter Ziff. VIII 2.
13 *BGH* NJW 1992, 3158, 3161 unter Ziff. VIII 2.

Hinweis

Eine AGB-Prüfung ist in der Klausur nur dann vorzunehmen, wenn die Klausel nicht schon nach allgemeinen Grundsätzen – also auch bei individualvertraglicher Vereinbarung – unwirksam ist. Liegt ein solcher Fall vor, sollte die Prüfung von AGB-Recht nur hilfsweise und geboten effizient vorgenommen werden.

IV. „Sonstiger Inhalt des Schuldverhältnisses"

Schließlich kann sich nach § 276 Abs. 1 S. 1 eine verschuldensunabhängige Haftung auch aus dem „sonstigen Inhalt des Schuldverhältnisses" ergeben. Beispielhaft nennt die Vorschrift die Übernahme einer Garantie oder eines Beschaffungsrisikos. **32**

1. Garantieübernahme

Bei der Garantie macht der Schuldner deutlich, in besonderer Weise für einen bestimmten Erfolg „mit seinem Namen" einstehen zu wollen. In diesem Zusammenhang kommen insbesondere Eigenschaftszusicherungen in Betracht, bei denen ein Vertragspartner, z.B. der Verkäufer, für bestimmte Vorzüge des Leistungsgegenstandes wirbt.[14] **33**

Eine **Zusicherung** im Sinn einer Garantie liegt vor, wenn der Verkäufer vertraglich die Gewähr für das Bestehen oder Nichtbestehen einer Beschaffenheit übernimmt und dabei seine Bereitschaft zu erkennen gibt, für alle Folgen des Fehlens dieser Beschaffenheit verschuldensunabhängig einstehen zu wollen.[15]

Die Übernahme einer Garantie stellt einen privatautonomen Akt dar.[16] Daher ist die Art (selbstständig/unselbstständig) und Reichweite der Garantie im Wege der Auslegung (§§ 133, 157) im jeweiligen Einzelfall zu bestimmen.[17]

Eine **besondere Form** sieht das Gesetz für die Garantieübernahme als solche **nicht** vor. **34**

Beispiel V verkauft dem K einen gebrauchten Pkw und teilt dem K mit, der Wagen habe „keine Unfallschäden".

Die Frage, ob die Angabe „keine Unfallschäden" lediglich als Beschaffenheitsangabe (§ 434 Abs. 2 S. 1 Nr. 1) oder aber als Beschaffenheitsgarantie i.S.d. § 443 Abs. 1 zu werten ist, ist durch Auslegung nach §§ 133, 157 zu entscheiden. Zu berücksichtigen ist dabei, dass an eine Garantie einschneidende Rechtsfolgen geknüpft sind, wie sich aus der Haftungsverschärfung nach den Regeln der §§ 276 Abs. 1, 442 Abs. 1 S. 2 Var. 2, 444 Hs. 2 Var. 2 ergibt.

---

14 *BGH* Urteil vom 29. November 2006 (Az. VIII ZR 92/06) unter Ziff. II 1d = BGHZ 170, 86 = NJW 2007, 1346.

15 MüKo-*Ernst* § 280 Rn. 70; *BGH* Urteil vom 29. November 2006 (Az. VIII ZR 92/06) unter Ziff. II 1d = BGHZ 170, 86 = NJW 2007, 1346.

16 Grüneberg-*Grüneberg* § 276 Rn. 29.

17 Vereinzelt existieren besondere Vorschriften zu Garantien. Besonders examensrelevant sind hier die §§ 443, 479. Von diesen Vorschriften darf beim Verbrauchsgüterkauf (§§ 474 ff.) zu Ungunsten des Verbrauchers nicht abgewichen werden, vgl. § 476 Abs. 1 S. 1 **(Einschränkung privatautonomer Gestaltungsmacht)**. Vgl. Grüneberg-*Weidenkaff* § 443 Rn. 1.

Handelt es sich bei dem Verkäufer um einen **Gebrauchtwagenhändler**, so ist die Interessenlage typischerweise dadurch gekennzeichnet, dass der Käufer sich auf die besondere, ihm in aller Regel fehlende, Erfahrung und Sachkunde des Händlers verlässt. Er wird daher zumindest bei Angaben auf seine ausdrückliche Nachfrage erkennbar darauf vertrauen, dass der Händler sich für seine Angaben zur Beschaffenheit des Fahrzeuges „stark macht", diese mithin „garantiert".[18] Anders liegt es dann, wenn der Händler für die von ihm angegebenen Beschaffenheiten eine hinreichend deutliche Einschränkung zum Ausdruck bringt, indem er etwa darauf hinweist, dass er die Angaben nicht überprüft hat[19] (z.B. „laut Vorbesitzer keine Unfällschäden"[20]).

Auf den Kauf direkt vom **Privatmann** trifft die für den gewerblichen Verkauf maßgebliche Erwägung, dass der Käufer sich in der Regel auf die besondere Erfahrung und Sachkunde des Händlers verlässt und in dessen Erklärungen daher die konkludente Übernahme einer Garantie sieht, nicht zu.[21] Insbesondere bei Angaben über technische Beschaffenheiten kann der Käufer beim Privatverkauf eines Gebrauchtfahrzeugs nicht davon ausgehen, der Verkäufer wolle für die Richtigkeit dieser Angabe unter allen Umständen einstehen und gegebenenfalls auch ohne Verschulden auf Schadensersatz haften. Will der Käufer beim Gebrauchtwagenkauf unter Privatpersonen eine Garantie für Beschaffenheiten (z.B. Laufleistung, Unfallfreiheit) des Fahrzeugs haben, muss er sich diese regelmäßig ausdrücklich von dem Verkäufer geben lassen.[22] Von einer stillschweigenden Garantieübernahme kann beim Privatverkauf eines Gebrauchtfahrzeugs daher nur ausnahmsweise bei besonderen Umständen ausgegangen werden. ■

2. Übernahme eines Beschaffungsrisikos

35 Ferner kann es sein, dass ein Vertragspartner im Vertrag ein besonderes Beschaffungsrisiko übernommen hat.

36 Regelmäßig ist mit der Vereinbarung einer **Gattungsschuld, die nicht auf einen bestimmten Vorrat beschränkt wird**, aus Sicht des Käufers zugleich die Übernahme des Risikos **für die typischen Beschaffungshindernisse** verbunden.[23] Schließlich erklärt der Lieferant mit dem Versprechen einer solchen Leistung konkludent, er könne die Ware beschaffen. Dies gilt umso mehr, wenn der Lieferant zugleich Hersteller der Ware ist. Wenn der Verkäufer das Beschaffungsrisiko nicht übernehmen will, muss er dies zum Ausdruck bringen. Dem dient die häufig verwendete Klausel „Selbstbelieferung vorbehalten".[24]

18 *BGH* Urteil vom 29. November 2006 (Az. VIII ZR 92/06) unter Ziff. II 1d = BGHZ 170, 86 = NJW 2007, 1346.

19 *BGH* Urteil vom 29. November 2006 (Az. VIII ZR 92/06) unter Ziff. II 1d = BGHZ 170, 86 = NJW 2007, 1346.

20 Bei der Angabe „Unfallschäden laut Vorbesitzer: keine" handelt es sich um eine reine Wissensauskunft und noch nicht einmal um eine Beschaffenheitsvereinbarung, *BGH* Urteil vom 12. März 2008 (Az. VIII ZR 253/05) unter Tz. 12 = NJW 2008, 1517.

21 *BGH* Urteil vom 29. November 2006 (Az. VIII ZR 92/06) unter Ziff. II 1d = BGHZ 170, 86 = NJW 2007, 1346.

22 *BGH* Urteil vom 29. November 2006 (Az. VIII ZR 92/06) unter Ziff. II 1d = BGHZ 170, 86 = NJW 2007, 1346.

23 Grüneberg-*Grüneberg* § 276 Rn. 30.

24 Es ist streitig, ob Selbstbelieferungsklauseln in AGB im nicht kaufmännischen Verkehr überhaupt zulässig sind. Die Rechtsprechung stellt an entsprechende Klauseln hohe Anforderungen. In der Praxis sind diese daher ein stumpfes Schwert. Eine sehr lesenswerte Zusammenfassung der relevanten Aspekte finden Sie im Aufsatz von *Seitz* GWR 2023, 168 f.

Hinweis

Nach überwiegender Ansicht bezieht sich dieses Beschaffungsrisiko nur auf das Risiko, die Leistung überhaupt und rechtzeitig erfüllen zu können. Für das Risiko einer Schlechtleistung ist hingegen nur bei einer zusätzlichen Beschaffenheitsgarantie verschuldensunabhängig einzustehen.[25]

Beispiel 1 Händler H importiert Ware aus Fernost. Am 1.3. verkauft er dem Einzelhändler K 5000 Fußbälle, die am 1.6. ausgeliefert werden sollen. Nun erfährt der H, dass sein chinesischer Lieferant die Produktion der Fußbälle eingestellt hat und er sich um einen neuen Lieferanten bemühen muss. Er wird erst am 30.4. mit einem anderen Lieferanten handelseinig, so dass sich der Auslieferungstermin um 1 Monat verschiebt. Die Leistungsverzögerung hat H zu vertreten, da er das Beschaffungsrisiko übernommen hat und Ausfälle einzelner Lieferanten zum typischen Risiko einer marktbezogenen Gattungsschuld gehören. ■

Beispiel 2 Anders läge es, wenn sich erst nach Vertragsschluss herausstellt, dass die Ausstattung der verkauften Fußbälle inländische Schutzrechte Dritter verletzt und die Fußbälle deshalb weder importiert noch in Deutschland weiter vertrieben werden dürfen.[26] Denn schließlich gehört die fehlende Vertriebsmöglichkeit der Fußbälle nicht zum Beschaffungsrisiko, sondern zum Risiko der Rechtsmängelfreiheit, die H nicht garantiert hat. Die Fußbälle hätten auch bei rechtzeitiger Beschaffung nicht vertrieben werden dürfen. Hier haftet H nur bei schuldhafter Unkenntnis. ■

C. Vertretenmüssen wegen Verschuldens des Schuldners

Nach § 276 Abs. 1 S. 1 hat der Schuldner grundsätzlich eigenes **vorsätzliches oder fahrlässiges Verhalten** zu vertreten, wenn er nach §§ 276 Abs. 1 S. 2, 827, 828 **verschuldensfähig** ist. 37

I. Vorsatz

Der **Vorsatz** umfasst nach herkömmlichem Verständnis ein Wissens- und Wollenselement in Bezug auf den pflichtwidrigen Erfolg. Im Rahmen des § 280 ist dies die haftungsbegründende Pflichtverletzung. Wie im Strafrecht genügt auch im Zivilrecht bedingter Vorsatz. 38

„Vorsatz" meint Wissen und Wollen des pflichtwidrigen Erfolges, wobei es genügt, dass der Handelnde den als möglich erkannten pflichtwidrigen Erfolg billigend in Kauf nimmt.[27]

25 Grüneberg-*Grüneberg* § 276 Rn. 32.

26 Vgl. §§ 17, 97, 98 UrhG, §§ 2, 38 GeschmMG, §§ 3, 14, 15 MarkenG.

27 *BGH* NJW 1986, 180, 182 unter Ziff. IIb bb; Grüneberg-*Grüneberg* § 276 Rn. 10.

39 Wegen seines Bezuges zum pflichtwidrigen Erfolg setzt der Vorsatz im Zivilrecht **grundsätzlich auch das Bewusstsein der Rechtswidrigkeit** voraus (sog. Vorsatztheorie).[28] Jeder Irrtum über tatsächliche Umstände oder die Pflichtwidrigkeit schließt den Vorsatz aus.[29] Dabei kommt es nicht darauf an, ob der Rechtsirrtum vermeidbar war – das ist vielmehr eine Frage des Fahrlässigkeitsvorwurfes.[30]

Beispiel Fa. V mit Sitz in Hamburg verkauft dem K eine Hochseesegelyacht für den Einsatz an der Nordsee in Holland. zwei Monate nach Übergabe stellt sich ein produktionsbedingter Mangel heraus. K verlangt von V Nacherfüllung durch Reparatur in Amsterdam, dem derzeitigen Standort der Yacht. V erklärt sich dazu bereit, wenn K die Yacht zu ihm nach Hamburg transportieren lasse. K meint, dies sei Sache des V und mahnt die sofortige Reparatur an.

V kann sich mit seiner Pflicht zur Nacherfüllung aus §§ 437 Nr. 1, 439 Abs. 1 nur dann in Verzug befinden, wenn er die Nichtleistung trotz Mahnung zu vertreten hat, § 286 Abs. 4. Ein **vorsätzliches Verschulden** scheidet hier aus, da V davon ausging, die Nacherfüllung nur an seinem Sitz vornehmen zu müssen. Ob V die Rechtslage richtig beurteilt hat, ist davon abhängig wo sich der **Erfüllungsort der Nacherfüllung** befindet. In Ermangelung eigenständiger kaufrechtlicher Regelungen gilt nach h.M. § 269. Danach sind in erster Linie die von den Parteien getroffenen Vereinbarungen entscheidend. Fehlen vertragliche Abreden über den Erfüllungsort, ist auf die jeweiligen Umstände, insbesondere die Natur des Schuldverhältnisses, abzustellen. Lassen sich auch hieraus keine abschließenden Erkenntnisse gewinnen, ist der Erfüllungsort letztlich an dem Ort anzusiedeln, an welchem der Verkäufer zum Zeitpunkt der Entstehung des Schuldverhältnisses seinen Wohnsitz oder seine gewerbliche Niederlassung (§ 269 Abs. 2) hatte.[31]

Danach wäre die Reparatur nur dann in Hamburg durchzuführen, wenn sich aus den Umständen nichts anderes ergibt. Im vorliegenden Fall nahm der BGH besondere Umstände daher an, da die Yacht für den Hochseeeinsatz bestimmt war. Somit war der Leistungsort für die Nacherfüllung dort angesiedelt, wo sich die Sache nach ihrem vertraglich vorausgesetzten – sonst gewöhnlichen – Gebrauch befindet – hier also der Liegeplatz der Yacht.[32]

V befand sich daher in einem Rechtsirrtum. Es kommt daher allenfalls ein Verschulden in Form der Fahrlässigkeit in Betracht.[33]

Anmerkung: Anders hat der *BGH* mit Urteil vom 19.12.2012 entschieden.[34] In dem Fall wohnten beide Parteien in Berlin. Das gekaufte Boot war nicht für den Hochseeeinsatz bestimmt und war nur über den Winter in Usedom untergestellt. Hier hatte der Verkäufer sich zu Recht geweigert, die Reparatur in Usedom auszuführen. **So auch** in *BGH* NJW 2011, 2278 für einen in Frankreich gelegenen Faltanhänger. ■

---

28 St. Rspr. des *BGH* vgl. BGHZ 118, 201, 208 unter Ziff. II 5 = NJW 1992, 2014, 2015 f.; Grüneberg-*Grüneberg* § 276 Rn. 11.

29 Grüneberg-*Grüneberg* § 276 Rn. 11.

30 St. Rspr. des *BGH* vgl. BGHZ 118, 201, 208 unter Ziff. II 5 = NJW 1992, 2014, 2015 f.

31 *BGH* NJW 2011, 2278 (Leitsatz). Zu den weiteren Ansichten instruktiv: *Pils* in JuS 2008, 767.

32 *BGH* Urteil vom 8. Januar 2008 (Az. X ZR 97/05) unter Tz. 13 m.w.N. = NJW – RR 2008, 724.

33 Da die Frage zum Leistungsort bei Nacherfüllung heillos umstr. war (vgl. Nachweise bei *BGH* Urteil vom 8. Januar 2008 – Az. X ZR 97/05 – unter Tz. 13) und mittlerweile sogar ein anderer Senat des *BGH* wieder Zweifel angemeldet hat (Urteil vom 15. Juli 2008 – Az. VIII ZR 211/07 – unter Tz. 27), scheidet zumindest vor Veröffentlichung der *BGH*-Entscheidung vom 8. Januar 2008 sogar ein Fahrlässigkeitsvorwurf aus.

34 *BGH* NJW 2013, 1074.

Hinweis

Damit steht der zivilrechtliche Ansatz („Vorsatztheorie") im Widerspruch zur strafrechtlichen „Schuldtheorie". Bei einer Haftung aus § 823 Abs. 2 wegen Verletzung eines strafrechtlichen Schutzgesetzes erfordert der Vorsatz aus Gründen der Einheitlichkeit der Rechtsordnung ausnahmsweise kein Bewusstsein der Rechtswidrigkeit (sog. „Schuldtheorie").[35]

» Diese Fragestellungen werden wir im Skript „Schuldrecht Besonderer Teil I" vertiefen. «

II. Fahrlässigkeit

Den Vorwurf der **„Fahrlässigkeit"** konkretisiert § 276 Abs. 2. 40

Gem. § 276 Abs. 2 handelt **fahrlässig**, „wer die im Verkehr erforderliche Sorgfalt außer Acht lässt".

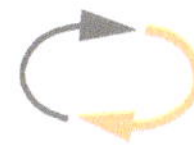

1. Maßstab

Nach dieser Formulierung ist im Zivilrecht also ein **objektiver Sorgfaltsmaßstab** anzulegen, 41
so dass es auf **individuelle Fähigkeiten und persönlichen Kenntnisse des Schuldners nicht ankommt.**[36] Mit dem Abstellen auf die „erforderliche" Sorgfalt soll klargestellt werden, dass eine im Verkehr übliche „Unsitte" nicht maßgeblich ist. Der Schuldner hat sein Verhalten so auszurichten, wie es nach dem Urteil **besonnener und gewissenhafter Angehöriger desselben Verkehrskreises erforderlich ist.**[37]

Beispiel[38] Stationsarzt A steckt in seinen ersten Berufsjahren als Gynäkologe. Bei einer schwierigen Geburt droht dem Säugling akute Sauerstoffnot, so dass A beherzt zupackt und am Kopf des Kindes zieht. Dieser Griff entspricht in dieser Situation aber nicht den ärztlichen Standards. Der Säugling erleidet dadurch schwere Gesundheitsschäden. Hier kann sich A nicht auf seine Anfängerschaft berufen, da er sich als zugelassener Arzt an den medizinischen Standards seiner Fachrichtung messen lassen muss. Im Krankenhaus darf jeder eine ärztliche Behandlung nach allgemeinen Standards erwarten. Die Konsequenz der Rechtsprechung in Fällen wie diesen besteht außerdem darin, dass der Fahrlässigkeitsvorwurf nicht über den Umweg begründet werden muss, der A habe die Geburtshilfe gar nicht erst übernehmen dürfen (sog. „Übernahmeverschulden").[39] Das ist unnötig, da das Verhalten des A ohnehin nach dem objektiven Maßstab bewertet wird. ■

Das Urteil über das verkehrsrichtige Verhalten richtet sich an zwei wesentlichen Kriterien aus: 42
Voraussehbarkeit und Vermeidbarkeit des pflichtwidrigen Verhaltens.[40]

---

35 *BGH* NJW 1985, 134, 135 unter Ziff. II 2a.
36 *BGH* Urteil vom 13. Januar 2001 (Az. VI ZR 34/00) unter Ziff. II 2b = NJW 2001, 1786, 1787.
37 Grüneberg-*Grüneberg* § 276 Rn. 16.
38 *BGH* Urteil vom 13. Januar 2001 (Az. VI ZR 34/00) unter Ziff. II 2b = NJW 2001, 1786, 1787.
39 Grüneberg-*Grüneberg* § 276 Rn. 15.
40 Grüneberg-*Grüneberg* § 276 Rn. 20, 21.

Zu fragen ist danach **zuerst**, ob bei besonnener und umsichtiger Betrachtung eine **nahe liegende Möglichkeit des pflichtwidrigen Erfolges** bestand. Vorbeugungsmaßnahmen vor jedweder Gefahr können grundsätzlich nicht verlangt werden.[41]

Bei einer in diesem Sinne vorhersehbaren Gefahr der Pflichtverletzung ist der Schuldner gehalten, zur Vermeidung dasjenige zu unternehmen, was aus Sicht eines besonnenen und umsichtigen Angehörigen des betroffenen Verkehrskreises **ausreichend und unter Berücksichtigung des Risikoausmaßes noch wirtschaftlich zumutbar ist**.[42]

Beispiel A schuldet dem Rechtsanwalt X Honorar auf Stundenbasis für eine abgeschlossene Beratungstätigkeit. Nach § 8 Abs. 1 RVG wird die Vergütung des Anwalts fällig, wenn der Auftrag erledigt oder die Angelegenheit beendet ist. Der in Sozietät mit X verbundene Rechtsanwalt Y kümmert sich um die Akten des X in dessen Urlaubsabwesenheit. Y schickt dem A eine Mahnung wegen des noch offenen Honorars, das nicht näher beziffert wird. Y hatte allerdings übersehen, dass X dem A noch gar keine Rechnung für diese Angelegenheit geschickt hatte.

A gerät durch die Mahnung noch nicht in Verzug, weil ihm das zu zahlende Honorar nicht bekannt ist und er es allein nicht mit zumutbarem Aufwand ausrechnen kann.[43] Schließlich hängt die Höhe vom internen Zeitaufwand des X ab, der dem A nicht vollständig bekannt ist.

Achtung: Klärt A den Y über die fehlende Rechnung nicht auf, begründet dies allerdings eine Verletzung der nach § 241 Abs. 2 geschuldeten Pflicht zur Rücksichtnahme, die ihrerseits eine Haftung aus § 280 Abs. 1 auslösen kann.[44] ■

43 Bei der Schadensersatzhaftung wegen Pflichtverletzung spielt im Rahmen der Fahrlässigkeitsprüfung vor allem der Fall eine Rolle, in dem der Schuldner einen **Rechtsirrtum** geltend macht und sich darauf beruft, ihm sei nicht bewusst gewesen, zur Leistung verpflichtet gewesen zu sein.

Damit schließt der Schuldner zunächst einmal den Vorsatz aus, da dieser ja das Bewusstsein der Rechtswidrigkeit erfordert. In Betracht kommt daher nur ein Fahrlässigkeitsvorwurf.

Um zu verhindern, dass jeder Laie seine Haftung bei halbwegs schwieriger Rechtslage unter Berufung auf einen Rechtsirrtum abwehren kann, hat man eine strenge Betrachtung entwickelt: Der umsichtige Schuldner muss die Rechtslage sorgfältig prüfen, bei Unsicherheit Rechtsrat einholen und die höchstrichterliche Rechtsprechung beachten.[45] Entschuldigt ist sein eigener Rechtsirrtum nur dann, wenn er nach Einholung von Rechtsrat **mit einer anderen Beurteilung durch die Gerichte nicht zu rechnen brauchte**.[46] Ob der Schuldner sich einen schuldhaften Irrtum seiner anwaltlichen Berater zurechnen lassen muss, werden wir uns unten näher ansehen.

41 *BGH* Urteil vom 31. Oktober 2006 (Az. VI ZR 223/05) unter Ziff. II 1 = NJW 2007, 762 (zur gleichgelagerten Fragestellung bei Verkehrssicherungspflichten im Rahmen der deliktischen Haftung).

42 *BGH* Urteil vom 31. Oktober 2006 (Az. VI ZR 223/05) unter Ziff. II 1 = NJW 2007, 762.

43 Zum Berechnungshindernis als Entschuldigungsgrund, vgl. Urteil des *BGH* vom 12. Juli 2006 (Az. X ZR 157/05) unter Ziff. II 3b bb = NJW 2006, 3271 f.

44 Grüneberg-*Grüneberg* § 286 Rn. 32.

45 *BGH* Urteil vom 12. Juli 2006 (Az. X ZR 157/05) unter Ziff. II 3c = NJW 2006, 3271 f.

46 *BGH* Urteil vom 25. Oktober 2006 (Az. VIII ZR 102/06) unter Ziff. II 2a, Tz. 14 = NJW 2007, 428.

Beispiel[47] V vermietet dem M im Jahr 2020 eine Wohnung. Die vereinbarte Miete beträgt monatlich 500 €. Darin sind monatliche Vorauszahlungen auf Betriebskosten in Höhe von 150 € enthalten. Den Nebenkostenabrechnungen für die Jahre 2020, 2021 und 2022 fügte der V trotz wiederholter Aufforderung des M keine Rechnungsbelege zu den einzelnen Kostenpositionen bei. Vielmehr bot er dem M an, die Rechnungen bei ihm einzusehen. Daraufhin teilte der M auf Empfehlung seines Rechtsanwalts R, einem Fachanwalt für Mietrecht, dem V mit, die Nebenkostenvorauszahlungen ab Januar 2023 bis zur Übersendung der Belege für die vergangenen Nebenkostenabrechnungen einzubehalten.

Befindet sich M mit der Zahlung dieser Beträge in Verzug?

Der Mietzins ist einschließlich der Nebenkostenvorauszahlungen nach § 556b Abs. 1 spätestens zum dritten Werktag eines Monats im Voraus zur Zahlung fällig. Der Verzugseintritt setzt angesichts dieser gesetzlichen Bestimmung der Fälligkeit nach dem Kalender keine Mahnung voraus, § 286 Abs. 2 Nr. 1. Bei Erreichen dieser Termine steht dem V auch ein durchsetzbarer Anspruch auf die einbehaltenen Beträge zu. Das von M geltend gemachte Zurückbehaltungsrecht aus § 273 Abs. 1 besteht hier nicht, da dem Mieter grundsätzlich kein Anspruch auf Überlassung der Abrechnungsbelege im Original oder Fotokopie zusteht. Vielmehr ist er gem. § 269 nur zur Einsichtnahme in den Räumen des Vermieters (alternativ Verwalters oder Bevollmächtigten) berechtigt.[48]

Fraglich ist, ob M den Eintritt der objektiven Verzugsvoraussetzungen auch zu vertreten hat, § 286 Abs. 4. Daran könnte man deshalb zweifeln, weil M bei Zurückhaltung der Vorauszahlungsbeträge davon ausging, berechtigterweise von einem Zurückbehaltungsrecht Gebrauch zu machen.

Nach § 276 Abs. 1 hat der Schuldner eigenen Vorsatz und eigene Fahrlässigkeit zu vertreten. Ein vorsätzliches Verhalten scheidet hier aus, da M irrigerweise keine Pflichtverletzung angenommen hatte und ihm damit das für den Vorsatz erforderliche Bewusstsein der Pflichtwidrigkeit fehlte. In Betracht kommt damit nur ein fahrlässiges Verhalten. Fahrlässig handelt, wer die im Verkehr erforderliche Sorgfalt außer Acht lässt. Der umsichtige Schuldner muss die Rechtslage sorgfältig prüfen, bei Unsicherheit Rechtsrat einholen und die höchstrichterliche Rechtsprechung beachten. M ist hier den Empfehlungen seines Rechtsanwalts R gefolgt. M durfte auf die Kompetenz des R als Fachanwalt für Mietrecht vertrauen und musste daher davon ausgehen, R habe die Empfehlung in Einklang mit höchstrichterlicher Rechtsprechung erteilt. Aus diesem Grunde bestand für den M kein Anlass, noch einmal anderweitigen Rechtsrat einzuholen. Ihn trifft an der pflichtwidrigen Nichtleistung folglich kein Verschulden. Fraglich ist aber, ob er sich ein etwaiges Verschulden seines Rechtsanwalts zurechnen lassen muss.

Wir werden an dieses *Beispiel* nachher[49] wieder anknüpfen! ■

2. Korrektur bei bestimmten Personengruppen

Bei Jugendlichen, hilfsbedürftigen und behinderten Menschen wird das Vertretenmüssen für eigenes Verschulden nicht nur über die Zurechnungsfähigkeit nach § 276 Abs. 1 S. 2 i.V.m. §§ 827, 828 korrigiert. Vielmehr ist anerkannt, dass diese Personen sozusagen „besondere Ver- 44

47 *BGH* Urteil vom 25. Oktober 2006 (Az. VIII ZR 102/06) unter Ziff. II 2a, Tz. 14 = NJW 2007, 428.

48 Urteil des *BGH* vom 8. März 2006 (Az. VIII ZR 78/05) unter Ziff. II A 1a bb (2) = NJW 2006, 1419; MüKo-*Zehelein* § 556 Rn. 89.

49 Siehe Rn. 60.

kehrskreise" bilden, bei denen abgeschwächte Sorgfaltsanforderungen gelten. Diese Personen schulden nur die Sorgfalt, die andere Personen ihres Alters bzw. ihres geistigen und physischen Zustands vernünftigerweise beobachten.[50] Auch das ist kein individueller, sondern ein objektiver Maßstab, der jedoch den Sorgfaltsmaßstab zugunsten dieser Personen erheblich abschwächt.

JURIQ-Klausurtipp

Auf der Ebene „Fahrlässigkeit" fragen Sie, ob der – objektive – Sorgfaltsmaßstab eingehalten wurde. Auf der Ebene der Zurechnungsfähigkeit nach § 276 Abs. 1 S. 2 ist dann zu fragen, ob die Person – individuell – die Einsichtsfähigkeit hatte, die Sorgfaltsmaßstäbe zu erkennen.

Beispiel[51] Der 9 Jahre alte A und der 12 Jahre alte B beteiligen sich mit Gleichaltrigen an einem „Ritterspiel", bei der eine Gruppe eine Mauer („Burg") erstürmen soll, die von der anderen Gruppe verteidigt wird. Die Kinder „bewaffnen" sich mit Holzlatten und spitzen Stöcken. A schleudert seinen Stock in den Rücken des ihm abgewandten und weglaufenden B. Als der Stock bereits durch die Luft fliegt, dreht sich der B plötzlich um und wird vom Stock im Auge getroffen. Ein Fahrlässigkeitsvorwurf im Rahmen einer Haftung des A aus § 823 Abs. 1 kommt nicht in Betracht, da Kinder im Alter des A nicht erkennen können, dass durch ein solches Spiel derartige Verletzungen hervorgerufen werden können. Gleiches gilt für das Werfen von Stöcken in den Rücken weglaufender Personen. Minderjährige in diesem Alter können üblicherweise nicht vorhersehen, dass durch plötzliches Umdrehen weglaufender Personen und dem damit verbundenen Überraschungseffekt die Gefahr besonders schwerer Schäden durch Wurfgeschosse besteht. Auf die individuelle Einsichtsfähigkeit des A nach § 828 Abs. 3 kommt es deshalb nicht mehr an. Zu denken ist aber an eine Haftung aus § 829. ■

III. Eigenes Verschulden bei „unnatürlichen" Schuldnern

1. Verschulden eines Repräsentanten

45 Menschen können selbst handeln und sich daher – unter den Voraussetzungen der §§ 276 Abs. 1 S. 2, 827, 828 – selbst schuldhaft verhalten. **Juristische Personen und rechtsfähige Personengesellschaften** können als abstrakte Gebilde hingegen **nicht als solche handeln**. Ihre reale Handlungsfähigkeit in der Lebenswirklichkeit wird erst durch die sog. **Organe** hergestellt. Diese Rechtsträger handeln durch ihre Organe. **Organhandeln ist Eigenhandeln** des jeweiligen Rechtsträgers, dem das Organ angehört.

Beispiel für Organe Vorstand eines **Vereins** (§§ 26 ff.), einer **Aktiengesellschaft** (§§ 76 ff. AktG) und einer **Genossenschaft** (§ 24 ff. GenG); der Geschäftsführer einer **GmbH** (§§ 35 ff. GmbHG); die Gesellschafter einer **OHG** (§§ 124 ff. HGB); die Komplementäre einer **KG** (nicht die Kommanditisten, vgl. §§ 124 ff., 161 Abs. 2, 170 HGB); die Partner einer **Partnerschaftsgesellschaft** (§ 7 Abs. 3 PartGG i.V.m. § 125 HGB); die Gesellschafter einer **rechtsfähigen GbR** (§ 705 Abs. 2 Alt. 1, 720). ■

50 Grüneberg-*Grüneberg* § 276 Rn. 17.
51 Nach BGHZ 39, 281 ff.

Deswegen ist beim Punkt „eigenes Verschulden" auf das Verhalten der jeweiligen Organe, Organmitglieder bzw. sonstiger Repräsentanten abzustellen. Dies folgt für den Verein ausdrücklich aus § 31. 46

Hinweis

§ 31 ist **keine Anspruchsgrundlage**, sondern eine Hilfsnorm, mit der das Verhalten einer Person einem anderen Rechtsträger zugerechnet wird. Die Haftung selbst ergibt sich aus der jeweiligen Anspruchsgrundlage. In der Klausur sollten die Ausführungen kurz gehalten werden, weil sie allgemein anerkannt sind. § 278 findet keine Anwendung, da über diese Vorschrift **Fremd**verschulden zugerechnet wird.

Die Regel des § 31 wird außerhalb des Vereinsrechts auf jedes Organhandeln angewendet.[52] Die Einbeziehung der „sonstigen Repräsentanten" folgt daraus, dass § 31 nicht nur auf den (mehrköpfigen) Gesamtvorstand, sondern auch auf die einzelnen Vorstandsmitglieder und „andere verfassungsmäßig berufene Vertreter" i.S.d. § 30 abstellt. Das sind solche Personen, denen kraft Satzung **wichtige Aufgabenbereiche** innerhalb einer rechtsfähigen Vereinigung zur **eigenverantwortlichen Erledigung** zugewiesen sind und die die Vereinigung insoweit repräsentieren. Dabei setzt man sich allgemein über den Wortlaut der §§ 30, 31 hinweg, indem man auch solche Personen als „Repräsentanten" i.S.d. § 31 ansieht, die die eigenverantwortliche Repräsentation eines Unternehmens für einen bestimmten Bereich nicht kraft Satzung, sondern durch die **allgemeine Betriebsregelung und Handhabung** übernommen haben.[53] Diese Ausweitung soll verhindern, dass die Vereinigung sonst durch entsprechende Satzungsgestaltung selbst entscheiden könnte, für welche Person sie über § 31 unmittelbar einstehen muss.[54]

Zu den unter § 31 fallenden **Repräsentanten** gehören neben den Organmitgliedern solche Personen, denen kraft Satzung oder durch interne Betriebsregelung wichtige Aufgabenbereiche innerhalb einer rechtsfähigen Vereinigung zur eigenverantwortlichen Erledigung zugewiesen sind und die die Vereinigung insoweit repräsentieren.

Beispiele Filialleiter (z.B. einer Bank), Chefarzt eines Krankenhauses, Ressortleiter (z.B. einer Zeitungsredaktion), Leiter einer Rechtsabteilung, Sozius einer Anwaltssozietät ohne organschaftliche Stellung.[55] ■

2. Bezug zur Stellung als Repräsentant

Die Zurechnung nach § 31 (analog) setzt neben der Repräsentanteneigenschaft der betreffenden Person auch voraus, dass die Person **„in Ausführung der ihr zustehenden Verrichtungen"** gehandelt hat. Damit soll einerseits klargestellt werden, dass **privates Verhalten** der Repräsentanten **kein (Eigen-)Handeln der Vereinigung** darstellt. Andererseits stellt § 31 **nicht darauf ab, ob der Repräsentant innerhalb der ihm zustehenden Vertretungsmacht** gehandelt hat. 47

52 Für die Stiftung und die juristischen Personen des öffentlichen Rechts finden sich ausdrückliche Verweise in §§ 86, 89. Im Übrigen wird § 31 analog angewendet.

53 *BGH* NJW 1998, 1854, 1856 unter Ziff. III 1a; *Lorenz* JuS 2007, 983, 985 unter Ziff. 4b (sehr lesenswerter Aufsatz!).

54 *BGH* NJW 1998, 1854, 1856 unter Ziff. III 1a.

55 *BGH* Urteil vom 3. Mai 2007 (Az. IX ZR 218/05) unter Ziff. II 2c, Tz. 11 ff. = NJW 2007, 2490.

Zwischen dem Verhalten der Person und der Aufgabe innerhalb der Vereinigung muss daher **ein mehr als zufälliger Zusammenhang** in der Weise bestehen, dass sich die Handlung aus Sicht eines Außenstehenden noch **im generellen Rahmen, der der Person zugewiesenen Handlungsmöglichkeiten** bewegt.[56]

Beispiel A und B sind Partner einer Rechtsanwaltssozietät (GbR). Der bei der Sozietät angestellte Rechtsanwalt R zieht im Auftrag des von ihm alleine betreuten Mandanten M Forderungen ein, die zunächst auf ein Fremdgeldkonto der Sozietät eingezahlt werden. Sodann hebt der R eigenmächtig die Gelder ab und verwendet die Beträge für private Zwecke.

Die Sozietät haftet hier dem M wegen Pflichtverletzung im Rahmen des zwischen M und ihr geschlossenen Geschäftsbesorgungsvertrags nach §§ 280 Abs. 1, 241 Abs. 2 sowie aus §§ 823 Abs. 2 BGB i.V.m. 266 StGB und § 826 BGB. Sie muss sich das vorsätzliche Verhalten des R analog § 31 (analog) zurechnen lassen. R ist als Angestellter kein Gesellschafter. Für die Annahme eines „verfassungsmäßig berufenen Vertreters" i.S.d. § 31 (analog) genügt es aber, dass dem in einer Sozietät tätigen Rechtsanwalt die selbstständige und eigenverantwortliche Bearbeitung von Mandaten überlassen worden ist. Die Bearbeitung von Mandaten ist als anwaltstypische Hauptaufgabe eine wichtige Angelegenheit der Sozietät. Der Rechtsanwalt vertritt hierbei nicht nur den Mandanten, sondern tritt bei der Wahrnehmung des Mandats auch als Repräsentant der Sozietät in Erscheinung.[57] Daraus ergibt sich sogleich, dass der Rechtsanwalt, der eine vorsätzliche unerlaubte Handlung bei der Bearbeitung eines Mandats begangen hat, „in Ausführung einer ihm zustehenden Verrichtung" i.S.v. § 31 (analog) tätig geworden ist. ■

Hinweis

Aus § 31 folgt nicht, dass die Organe bzw. sonstigen Repräsentanten selbst keiner persönlichen Haftung unterworfen sind, wenn sie eine zum Schadensersatz verpflichtende Handlung begehen. Die in § 31 angeordnete Zurechnung begründet vielmehr eine **zusätzliche** Haftung der Vereinigung, die sie repräsentieren!

Mit den „gesetzlichen Vertretern" i.S.d. § 278 S. 1 Var. 1 sind nicht die Organe, sondern die gesetzlichen Vertreter der nicht voll geschäftsfähigen Menschen gemeint.[58]

D. Vertretenmüssen wegen Verschuldens Dritter (§ 278)

48 Nach § 278 hat **der Schuldner** ein Verschulden **seines gesetzlichen Vertreters** und der Personen, deren **er sich zur Erfüllung seiner Verbindlichkeit bedient**, in gleichem Umfang zu vertreten wie eigenes Verschulden. § 278 ist keine Anspruchsgrundlage, sondern eine Hilfsnorm, die näher bestimmt, was der Schuldner „zu vertreten hat".[59]

56 *BGH* in BGHZ 98, 148, 151 f. unter Ziff. II 2a = NJW 1986, 2941 f.

57 *BGH* Urteil vom 3. Mai 2007 (Az. IX ZR 218/05) unter Tz. 17 f. = NJW 2007, 2490.

58 Hinzu kommen noch die sog. „Parteien kraft Amtes" (z.B. Insolvenzverwalter), Grüneberg-*Grüneberg* § 278 Rn. 5, 6.

59 *Lorenz* JuS 2007, 983, 984 unter Ziff. II 3.

I. Bestehendes Schuldverhältnis

Aus der Formulierung „Schuldner" und „Verbindlichkeit" folgt, dass § 278 – im Gegensatz zu § 31 – nur anwendbar ist, wenn das Verschulden der in § 278 aufgeführten Personen **zu einem Zeitpunkt eintritt, an dem bereits ein gesetzliches oder vertragliches Schuldverhältnis bestand**. Vorher gibt es ja noch keinen „Schuldner" und noch keine „Verbindlichkeit" (vgl. § 241 Abs. 1). 49

Im Rahmen der Ansprüche aus §§ 280 ff. bereitet die Anwendbarkeit des § 278 keinerlei Probleme, da die Haftung objektiv ja ein Schuldverhältnis voraussetzt. 50

Hinweis

§ 278 ist **bei der Begründung** deliktischer Ansprüche aus §§ 823 ff. **nicht** anwendbar. Die Verwirklichung dieser Ansprüche schafft ja erst ein – auf Schadensersatz gerichtetes – (gesetzliches) Schuldverhältnis. Nach Entstehung findet § 278 unproblematisch Anwendung. Den (weisungsgebundenen) Gehilfen nennt man im Deliktsrecht anders, nämlich **„Verrichtungsgehilfen"**. Für sein Verhalten kann der Geschäftsherr deliktsrechtlich nach der besonderen Anspruchsgrundlage des § 831 Abs. 1 auf Schadensersatz haften.[60] Anders als bei § 278 handelt es sich bei § 831 aber nicht um eine Zurechnungsnorm, sondern um eine **eigene Anspruchsgrundlage,** die eine Haftung für fremdes Verhalten, jedoch **eigenes vermutetes Verschulden** vorsieht. „Verrichtungshilfen" können im Rahmen bereits bestehender Schuldverhältnisse aber selbstverständlich auch „Erfüllungshilfen" i.S.d. § 278 sein und eine Haftung aus §§ 280 ff. auslösen.

II. Verschulden

Aus § 278 folgt weiter, dass die in § 278 genannten Personen ihrerseits schuldhaft gehandelt haben müssen. Da wir unter Verschulden vorsätzliches und fahrlässiges Verhalten verstehen, geht es bei § 278 also um die Zurechnung schuldhaften Verhaltens. Zu fragen ist, ob das Verhalten des Dritten, **gedacht als ein Verhalten des Schuldners, eine schuldhafte Pflichtverletzung darstellen würde**.[61] 51

Hinweis

Bei der Verletzung einer verhaltensbezogenen Pflicht kommt § 278 bereits auf der Ebene der Pflichtverletzung zur Anwendung, da § 278 eben das gesamte schuldhafte Verhalten einer Person zurechnet und nicht etwa nur Wissens- und Wollensmomente des Bewusstseins.[62] Verletzt das Verhalten einer Hilfsperson i.S.d. § 278 eine verhaltensbezogene Pflicht, insbesondere aus § 241 Abs. 2, wird der Schuldner über § 278 so behandelt, als habe er selbst diese Pflicht durch sein eigenes Verhalten verletzt.

Ob sich der Dritte i.S.d. § 278 schuldhaft verhalten hat, richtet sich wiederum nach dem Maßstab des § 276. 52

60 Vgl. dazu *Lorenz* JuS 2007, 983 unter Ziff. II 1.
61 *Lorenz* JuS 2007, 983, 985 unter Ziff. II 3a.
62 *Lorenz* JuS 2007, 983, 985 unter Ziff. III.

Bis hierhin erklärt sich alles noch mehr oder weniger unproblematisch aus dem Gesetz. Schwierigkeiten bereitet aber die Frage, **auf welche Person abzustellen ist, wenn es um die Beurteilung des Fahrlässigkeitsmaßstabes** geht. Wie wir gesehen haben, bestimmt sich dieser ja nach dem Urteil eines besonnenen und umsichtigen Angehörigen des betroffenen Verkehrskreises. Ist zur Bestimmung des maßgeblichen Verkehrskreises nun auf die Eigenschaften des Schuldners oder auf den Dritten abzustellen?

53 Die herrschende Auffassung geht im **Grundsatz** davon aus, dass es bei der Frage des Verschuldensmaßstabes auf die **Person des Schuldners** ankommt.[63] Das ist in den Fällen überzeugend, wenn für den eingeschalteten Gehilfen ein schwächerer Sorgfaltsmaßstab anzusetzen ist. Der Schuldner würde ansonsten durch den schwächeren Sorgfaltsmaßstab privilegiert, obwohl er die Erledigung seiner Verbindlichkeit nicht selbst übernommen hat.

54 Nun kann es aber sein, dass der Gehilfe einem anderen, besser qualifizierten Verkehrskreis angehört als der Schuldner.

Beispiel Der rechtsunkundige Schuldner lässt sich bei der Erledigung seiner Pflichten von einem Rechtsanwalt beraten. ■

55 Auch in diesen Fällen geht die herrschende Meinung davon aus, dass im Grundsatz auf die **Person des Schuldners** abzustellen ist.

Geht es um die Beurteilung der Rechtslage, wendet man aber ohnehin auch auf den Schuldner einen strengen Maßstab an. Wie wir gesehen haben, muss der umsichtige Schuldner die Rechtslage sorgfältig prüfen, bei Unsicherheit Rechtsrat einholen und die höchstrichterliche Rechtsprechung beachten. Das gilt dann für den eingeschalteten Fachberater (Rechtsanwalt, Berufsverband, etc.) erst recht.[64]

Hinweis

Durch die Einschaltung eines Fachberaters mag zwar eigenes Verschulden auszuschließen sein. Das hindert aber nicht daran, ein nach § 278 zurechenbares Fremdverschulden des Beraters zu bejahen, so dass der Schuldner dann doch einstehen muss.

Der Verschuldensmaßstab richtet sich dann nach den Anforderungen, die für den vom Schuldner eingeschalteten und besser qualifizierten Gehilfen gelten, wenn der Gehilfe bei Vertragsschluss besonderes Vertrauen für sich in Anspruch genommen hat.[65] Dies kann man sich damit erklären, dass der Vertragspartner hier auf die Einhaltung des erhöhten Maßstabes vertraut, weil er besonderen Kontakt mit dem qualifizierten Gehilfen gehabt hat.

56 Die Problematik stellt sich erneut bei der Frage der **Verschuldensfähigkeit** nach §§ 276 Abs. 1 S. 2, 827, 828: Kommt es hier auf den Schuldner oder seinen Erfüllungsgehilfen bzw. gesetzlichen Vertreter an?

63 *BGH* in BGHZ 114, 263, 272 unter Ziff. II 3c = NJW 1991, 2556, 2558; Grüneberg-*Grüneberg* § 278 Rn. 27.

64 *BGH* in BGHZ 123, 1, 14 f. unter Ziff. III 5c = NJW 1993, 3061, 3064 m.w.N. (Einschaltung eines Notars); Urteile vom 12. Juli 2006 (Az. X ZR 157/05) unter Ziff. II 3c = NJW 2006, 3271 (Einschaltung eines Rechtsanwalts) und vom 25. Oktober 2006 (Az. VIII ZR 102/06) unter Ziff. II 3, Tz. 20 ff. = NJW 2007, 428 (Einschaltung eines Mietervereins).

65 *BGH* in BGHZ 114, 263, 272 unter Ziff. II 3c = NJW 1991, 2556, 2558; *Lorenz* JuS 2007, 983, 984 unter Ziff. II 3a.

Hier entscheidet sich die herrschende Meinung für die **Person des Gehilfen**, da es sonst am zurechnungsfähigen Verschulden fehlt.[66] Das Gegenargument, der Schuldner werde bei bewusster Auswahl verschuldensabhängiger Personen privilegiert, ist deshalb nicht stichhaltig, da der Schuldner dann wegen unsorgfältiger Auswahl geeigneter Hilfspersonen selbst fahrlässig und damit schuldhaft gehandelt hat.[67]

III. Erfüllungsgehilfe

Betrachten wir zunächst die Haftung für Verschulden eines Erfüllungsgehilfen. Das ist nach der Formulierung in § 278 eine Person, deren sich der Schuldner „zur Erfüllung seiner Verbindlichkeit bedient". 57

Erfüllungsgehilfe ist, wer nach den tatsächlichen Verhältnissen mit Wissen und Wollen des Schuldners bei der Erfüllung einer dem Schuldner obliegenden Verbindlichkeit als seine Hilfsperson tätig wird.[68]

1. Tätigwerden mit Willen des Schuldners

Wie Sie der vorstehenden Definition entnehmen können, kommt es auf die Art und Wirksamkeit des Rechtsverhältnisses zwischen Schuldner und Erfüllungsgehilfen nicht an.[69] Der Erfüllungsgehilfe muss auch nicht weisungsgebunden tätig werden, sondern kann als selbstständiger Unternehmer handeln.[70] Das unterscheidet ihn vom „Verrichtungsgehilfen" i.S.d. § 831, der weisungsgebunden tätig ist. Der Erfüllungsgehilfe muss weiter kein Mensch, sondern kann seinerseits eine juristische Person oder rechtsfähige Personengesellschaft sein.[71] Da es auf die Art und Wirksamkeit der Beziehungen zwischen Schuldner und Erfüllungsgehilfen nicht ankommt, können auch Gehilfen des Erfüllungsgehilfen ihrerseits Erfüllungsgehilfen des Schuldners sein, sofern ihre Einschaltung seinem Willen entspricht.[72] 58

Beispiel Bauunternehmer U verpflichtet sich gegenüber B zur Errichtung eines „schlüsselfertigen" Hauses. Mit dem Aushub der Baugrube beauftragt U die X GmbH. Die X GmbH ist nun Erfüllungsgehilfin des U, da sie mit seinem Willen bei der Herstellung des vereinbarten Werkes tätig wird. Ein dem U nach § 278 zurechenbares Verschulden der X GmbH kann nur das Verschulden derjenigen Personen sein, für die die X GmbH analog § 31 unmittelbar einstehen muss (Geschäftsführer als Organ und ggf. Bauleiter als besonderer Repräsentant der X GmbH). Die bei X angestellten Arbeiter auf der Baustelle sind in Bezug auf die Verpflichtung der X gegenüber U Erfüllungshilfen der X GmbH und in Bezug auf die Verpflichtungen des U gegenüber B Erfüllungsgehilfen des U, da U weiß, dass die X GmbH sich dieser Personen bedienen muss, um den Auftrag zu erfüllen. ■

66 *Lorenz* JuS 2007, 983, 985 unter Ziff. II 3a.
67 *Lorenz* JuS 2007, 983, 985 unter Ziff. II 3a.
68 St. Rspr. des *BGH*, z.B. Urteil vom 25. Oktober 2006 (Az. VIII ZR 102/06) unter Ziff. II 3a, Tz. 22 = NJW 2007, 428.
69 *Lorenz* JuS 2007, 983, 984 unter Ziff. II 2a.
70 *Lorenz* JuS 2007, 983, 984 unter Ziff. II 2a.
71 Grüneberg-*Grüneberg* § 278 Rn. 7.
72 Grüneberg-*Grüneberg* § 278 Rn. 9.

2. Tätigwerden bei Erfüllung einer Verbindlichkeit des Schuldners

a) Verbindlichkeit des Schuldners

59 Aus § 278 folgt weiter, dass der Erfüllungsgehilfe **bei der Erfüllung einer den Schuldner treffenden Verbindlichkeit** tätig wird.

> **Hinweis**
>
> An dieser Stelle lauern gerne „Klausurfallen", so dass Sie hier besonders sauber arbeiten müssen.

Bei Leistungspflichten ist die Betrachtung in diesem Zusammenhang nicht auf den Leistungserfolg bezogen, sondern immer auf die geschuldete Leistungshandlung.[73]

Beispiel 1 Im Falle eines Versendungskaufes schuldet der Verkäufer zwar gem. § 433 Abs. 1 Übereignung und Übergabe der verkauften Sache im mangelfreien Zustand. Seine dazu erforderliche Leistungshandlung erschöpft sich aber in der Übergabe der mangelfreien Sache an eine geeignete Transportperson und ihre Beauftragung mit dem Transport an die Zieladresse des Käufers (vgl. § 447). Die Transportperson ist daher kein Erfüllungsgehilfe des Verkäufers.[74] ■

Beispiel 2 Der Hersteller ist kein Erfüllungsgehilfe des Verkäufers, weil der Verkäufer gem. § 433 Abs. 1 gerade nicht zur Herstellung verpflichtet ist. Anders liegt es beim Werklieferungsvertrag (vgl. § 650). ■

Beispiel 3 Eine Fluggesellschaft ist Erfüllungsgehilfin des Veranstalters einer Reise, wenn der Flug Bestandteil der „Gesamtheit von Reiseleistungen ist", zu deren Bewirken der Reiseveranstalter gem. § 651a Abs. 1 verpflichtet ist (etwa „zweiwöchige Pauschalreise nach Mallorca mit Halbpension"). Die Fluggesellschaft ist allerdings nicht Erfüllungsgehilfin des Reisebüros, das lediglich bei der Auswahl und Buchung der Reise berät und daher allenfalls zur Beratung bei der Reiseauswahl verpflichtet ist.[75] ■

» Lesen Sie noch einmal kurz das *Beispiel* oben unter Rn. 43. «

60 Der Schuldner „bedient" sich einer Person auch dann „zur Erfüllung seiner Verbindlichkeit", wenn er sie zur **Planung und Vorbereitung seiner Leistungshandlung einschaltet**.[76]

Beispiel Knüpfen wir wieder an unser *Beispiel* an, in dem der Mieter auf anwaltlichen Rat Nebenkostenvorauszahlungen einbehalten hat (siehe oben unter Rn. 43).

Dort hatten wir bereits festgestellt, dass den Mieter kein eigenes Verschulden trifft und er nur dann in Verzug geraten sein kann, wenn er ein Verschulden seines Anwalts R zu vertreten hat. In Betracht kommt hier allein eine Zurechnung nach § 278 S. 1 Var. 2.

Dies setzt voraus, dass R seinerseits schuldhaft gehandelt hat. Dies bestimmt sich wiederum nach § 276, wonach Verschulden in einem vorsätzlichen oder fahrlässigen Verhalten liegen kann.

---

73 *Lorenz* JuS 2007, 983, 984 unter Ziff. II 2b.

74 *Lorenz* JuS 2007, 983, 984 unter Ziff. II 2b.

75 Der *BGH* nimmt eine vertragliche Beziehung zwischen Reisebüro und Kunden nur unter besonderen Voraussetzungen an, vgl. Urteil vom 25. April 2006 (Az. X ZR 198/04) unter Ziff. II 2a aa = NJW 2006, 2321.

76 Urteil des *BGH* vom 25. Oktober 2006 (Az. VIII ZR 102/06) unter Tz. 22 f. = NJW 2007, 428.

Die Auskunft des Anwalts, nach dem einem Mieter ein Anspruch gegen seinen Vermieter auf Übersendung der Abrechnungsbelege zu den Nebenkostenabrechnungen zusteht, entbehrte einer gesetzlichen Grundlage und entsprach nicht der höchstrichterlichen Rechtsprechung.[77]

Ein vorsätzliches Verhalten scheidet insoweit aus, als R seine Auskunft für richtig hielt und ihm deshalb das für den Vorsatz erforderliche Bewusstsein fehlte, mit seiner Auskunft eine Pflichtverletzung des M herbeizuführen.

Die Auskunft widersprach aber der gebotenen Sorgfalt, sodass die eingetretene Zahlungsverzögerung auf einem fahrlässigen Verhalten des R beruht. Als Rechtsanwalt war R wie jeder Schuldner gehalten die Rechtslage sorgfältig zu prüfen und die höchstrichterliche Rechtsprechung zu beachten. Entschuldigt ist ein Rechtsirrtum nur dann, wenn der Irrende bei Anwendung der im Verkehr erforderlichen Sorgfalt mit einer abweichenden Beurteilung durch die Gerichte nicht zu rechnen brauchte. Da seine Empfehlung aber weder einer gesetzlichen Regelung noch höchstrichterlicher Rechtsprechung entsprach, handelte R fahrlässig, indem er dem M zur Ausübung eines Zurückbehaltungsrechts riet.

Hinweis

Anders liegt es, wenn sich die höchstrichterliche Rechtsprechung ändert. Bis zur Veröffentlichung des neuen Urteils liegt ein entschuldbarer Rechtsirrtum vor, wenn der Schuldner bzw. sein Berater auf der Grundlage der bisherigen höchstrichterlichen Rechtsprechung handeln.[78]

Fraglich ist aber, ob R bei Abgabe seiner fehlerhaften Empfehlung auch zur Erfüllung einer Verbindlichkeit des M tätig wurde. M schuldete dem V Zahlung des Mietzinses einschließlich der monatlichen Nebenkostenvorauszahlungen. R ist aber nicht bei der Ausführung der eigentlichen Erfüllungshandlung, nämlich bei Zahlung, tätig geworden. Vielmehr hat R den M lediglich dabei beraten, ob der M hinsichtlich der ab Januar 2008 zu zahlenden Nebenkostenbeträge die Leistungshandlung vornehmen oder von einem Zurückbehaltungsrecht Gebrauch gemacht werden soll. Ein so enges Verständnis würde aber dazu führen, dass es von der Reichweite des Auftrages und der Art der Einschaltung des Gehilfen abhinge, ob eine Zurechnung stattfinden kann oder nicht. Ein Tätigwerden bei Erfüllung einer Verbindlichkeit des M ist daher zu bejahen, so dass sich M das Verschulden seines Rechtsanwalts zurechnen lassen muss. ■

Schließlich ist zu beachten, dass auch Rücksichtspflichten i.S.d. § 241 Abs. 2 „Verbindlichkeiten" i.S.d. § 278 darstellen.[79] 61

Beispiel A betritt die Verkaufsräume des V und rutscht auf dem frisch gewischten und noch nassen Boden aus. Die Mitarbeiterin M des von V beauftragten Reinigungsunternehmens R GmbH hatte entgegen sonstiger Übung und der vertraglichen Vereinbarung mit V vergessen, entsprechende Hinweisschilder aufzustellen. Hier haftet der V aus §§ 280 Abs. 1, 241 Abs. 2, 311 Abs. 2 Nr. 1 bzw. 3, weil er sich die fahrlässige Verletzung der Sorgfaltspflicht durch die M gem. § 278 zurechnen lassen muss. M ist bei der Reinigung zugleich Erfüllungsgehilfin des V, da V die nach §§ 241 Abs. 2, 311 Abs. 2 seinen

77 Urteil des *BGH* vom 8. März 2006 (Az. VIII ZR 78/05) = NJW 2006, 1419 unter II A 1a bb (2).

78 *BGH* Urteil vom 22. November 2007 (Az. III ZR 9/07) unter Ziff. 5, Tz. 17 = NJW 2008, 840.

79 Grüneberg-*Grüneberg* § 278 Rn. 18; *Lorenz* JuS 2007, 983, 984 unter Ziff. II 2b.

Kunden geschuldete Warnung vor Rutschgefahr von den Mitarbeitern der R erledigen lassen will. ■

Beispiel Ein vom Mieter (M) bestellter Handwerker (H), der bei Renovierungsarbeiten die Mietsache beschädigt, handelt im Pflichtenkreis des Mieters ggü. dem Vermieter aus § 241 Abs. 2. M muss sich ein Verschulden des H zurechnen lassen, wenn der Vermieter Schadensersatz aus §§ 280 Abs. 1, 535 verlangt. ■

b) Handeln bei Erfüllung

62 Nicht jedes Verhalten eines Erfüllungsgehilfen ist dem Schuldner wie eigenes Verschulden zuzurechnen. Man unterscheidet zwischen einem Verhalten **„bei Erfüllung" und „bei Gelegenheit der Erfüllung"**. Es stellt sich dieselbe Abgrenzungsproblematik wie bei der Repräsentantenhaftung nach § 31.

Zwischen dem Verhalten des Erfüllungsgehilfen und der ihm mit Willen des Schuldners zugewiesenen Aufgabe muss **ein mehr als zufälliger Zusammenhang** in der Weise bestehen, dass die Handlung **aus Sicht eines Außenstehenden noch in einem inneren Sachzusammenhang zu seinen mit Willen des Schuldners übernommenen Aufgaben steht**.[80] Dabei spielt die Überschreitung etwaiger Vertretungsmacht oder eine Strafbarkeit des Verhaltens keine entscheidende Rolle.

JURIQ-Klausurtipp

Als Faustformel können Sie sich merken, dass ein Verhalten „bei Erfüllung" zu bejahen ist, wenn sich im schuldhaften Verhalten noch ein spezifisches Risiko der zugewiesenen Aufgabe verwirklicht hat. Schließlich muss der Schuldner dann mit der Verwirklichung solcher Risiken rechnen und wird durch die Zurechnung nicht unangemessen belastet.

Beispiel A bestellt bei Maler M den Anstrich der Wände im Wohnzimmer seines Hauses (§ 631).

Variante 1

Der beim Anstrich behilfliche Lehrling L des M beschädigt beim Umstellen der Leiter eine Vase des A, da er sich nicht umgesehen hatte. Hier liegt eine schuldhafte Verletzung einer Rücksichtspflicht vor, die sich M nach § 278 zurechnen lassen muss. L ist mit Willen des M beim Anstreichen und damit bei der Erfüllung der sich aus dem mit A geschlossenen Werkvertrag ergebenden Leistungspflicht des M tätig geworden. Das Verrücken der Leiter steht in einem unmittelbaren sachlichen Zusammenhang mit der dem L zugewiesenen Aufgabe, da es sich um eine typische und notwendige Maßnahme zur Durchführung des Anstrichs handelt.

Variante 2

L findet beim weiteren Anstrich einen 100 Euro-Schein auf dem Schreibtisch des A und nimmt ihn heimlich mit nach Hause. Hier ist ein innerer Sachzusammenhang zwischen dem Diebstahl (= Pflichtverletzung i.S.d. § 241 Abs. 2) und dem Zuweisen der Hilfstätigkeit beim Anstrich zu verneinen, da der Diebstahl nicht zu den typischen Risiken der dem L zugewiesenen Hilfstätigkeit gehört.

80 *BGH* NJW 1997, 1233, 1234 f. unter Ziff. II 4; NJW 1991, 3208, 3209 f. unter Ziff. II 3.

Variante 3

L raucht in einer kurzen Pause eine Zigarette und drückt sie auf dem Parkettfußboden des A aus, wobei ein Brandfleck entsteht.

Zwar besteht kein funktioneller Zusammenhang zwischen dem Ausdrücken der Zigarette (= Pflichtverletzung i.S.d. § 241 Abs. 2) und der dem L zugewiesenen Tätigkeit. Jedoch ist eine „Raucherpause" kein rein zufälliges Ereignis im Rahmen eines Anstrichs. Da bereits das Rauchen in einer fremden Wohnung – zumindest aber das Rauchen ohne Aschenbecher – eine schuldhafte Pflichtverletzung darstellt, ist noch ein innerer Zusammenhang zwischen dem pflichtwidrigen Verhalten und der Hilfstätigkeit zu bejahen. Auf das Ausdrücken auf dem Fußboden kommt es nicht mehr entscheidend an, da die Beschädigung des Fußbodens einen Schaden darstellt, der adäquat kausal auf das Rauchen (ohne Aschenbecher) zurückzuführen ist. Auf den Schaden muss sich das Vertretenmüssen bei § 280 Abs. 1 S. 2 aber nicht beziehen, sondern nur auf die Pflichtverletzung (Rauchen ohne Aschenbecher)! ■

Im Rahmen von **Vorsatztaten** ist **umstritten**, ob das von der Rechtsprechung herangezo- 63
gene Kriterium des „inneren Sachzusammenhang" nicht zu eng und unzureichend aussagekräftig ist. Daher wird vorgeschlagen, ein Handeln „bei Erfüllung" immer dann anzunehmen, wenn dem Gehilfen das schuldhafte Verhalten durch die ihm übertragene Aufgabe erheblich erleichtert wurde.[81] Denn der Schuldner habe durch eine Einschaltung des Gehilfen ein **erhöhtes Risiko** für die Gefährdung des Gläubigers geschaffen.[82]

Eine derartige Haftungserweiterung bringt mehr Rechtssicherheit: Nach diesem Ansatz müsste sich M im obigen *Beispiel* den Diebstahl des L zurechnen lassen, da er erst durch die Hilfstätigkeit beim Anstrich möglich wurde. M hat jedoch kaum Möglichkeiten, derartiges Fehlverhalten seines Gehilfen zu unterbinden. Eine permanente Beaufsichtigung kann M betrieblich sinnvoll nicht leisten. Dennoch erscheint fraglich, ob die von der h.M. vorgenommene Verknüpfung der Zurechnung mit der Leistungspflicht überzeugt. Das Gebot der Rücksichtnahme ist von der Leistungspflicht im Grundsatz unabhängig. Betraut M Gehilfen mit der Ausführung der Leistung, muss er grds. auch für deren Schutzpflichtverletzungen einstehen. Der Einschaltung Dritter ist das Risiko des nicht leistungsbezogenen Fehlverhaltens der Hilfspersonen stets immanent. Eine generelle Risikoverlagerung von nicht im Zusammenhang mit der Leistung stehenden Schäden auf den Besteller erscheint nicht sachgerecht. Hätte M selbst gehandelt, läge zweifelsfrei eine Pflichtverletzung vor. In der nicht im inneren Zusammenhang zur Leistung stehenden Vorsatztat realisiert sich bloß ein aus dem Lager des M stammendes und durch seine betriebliche Organisation (Einsatz von Mitarbeitern) begründetes Risiko. Wer die Vorteile des Einsatzes von Dritten für sich beansprucht, muss – bei gebotener Risikoverteilung – auch die (unbeherrschbaren) Nachteile des Einsatzes tragen.

Ein Verhalten „bei Erfüllung" liegt jedoch dann nicht vor, wenn der Gehilfe das vor dem Haus abgestellte und jedermann zugängliche Fahrrad des Kunden entwendet.[83] Auch wenn L nur wegen M zum Kunden gekommen ist, wurde hierdurch keine gesteigerte Möglichkeit der Einwirkung geschaffen. Eine gesteigerte Möglichkeit der Einwirkung liegt nur dann vor, wenn dem Gehilfen, durch den Gläubiger Sphären geöffnet werden, die für diesen ohne das Leistungsversprechen nicht in dieser Form zugänglich wären.[84]

81 Grüneberg-*Grüneberg* § 278 Rn. 22 a. E; *Lorenz* JuS 2007, 983, 984 unter Ziff. II 2c.

82 *Lorenz* JuS 2007, 983, 984 unter Ziff. II 2c; MüKo-*Grundmann* § 278 Rn. 48.

83 Vgl. *Medicus/Lorenz* Schuldrecht I Rn. 391.

84 *Looschelders* Schuldrecht-AT § 23 Rn. 39.

Hinweis

In der Klausur sind beide Ansichten sehr gut vertretbar, entscheidend ist eine nachvollziehbare Argumentation. Die Rechtsprechung weicht selbst vereinzelt von der traditionellen Ansicht ab, insoweit dies die Interessenlage gebietet. So z.B. wenn der Erfüllungsgehilfe über einen längeren Zeitraum Zugang zu den Einrichtungen des Vertragspartners erhält.[85] Beachten Sie ferner die mit § 278 verwandte Vorschrift aus § 428 HGB, hier wird für ausreichend gehalten, dass der Einsatz des Gehilfen die (vorsätzliche) Handlung erleichtert.[86]

IV. Gesetzliche Vertreter

64 Gesetzliche Vertreter des Schuldners sind – je nach Einzelfall – die Eltern oder ein Elternteil (§§ 1626 ff.), der Vormund (§ 1789 Abs. 2), Betreuer (§§ 1823 ff.) und Pfleger (§ 1813 i.V.m. § 1789 Abs. 2).

Darüber hinaus gilt § 278 in allen Fällen, in denen Personen kraft Gesetzes mit Wirkung für den Schuldner handeln können.[87]

Beispiele Testamentsvollstrecker (vgl. § 2205 ff.), Nachlassverwalter (§§ 1984 f.), Insolvenzverwalter (§§ 80 ff. InsO); Ehegatten im Falle des § 1357.

65 Bei Gesamtvertretung (z.B. der Eltern gem. §§ 1626, 1629) genügt Verschulden eines Vertreters.[88] **Beachten Sie aber:** Die Zurechnung des Verschuldens eines gesetzlichen Vertreters setzt, wie in allen Fällen des § 278, immer voraus, dass im Zeitpunkt des schädigenden Ereignisses bereits ein (vertragliches, vertragsähnliches oder gesetzliches) Schuldverhältnis bestand!

Hinweis

Denken Sie immer daran, dass § 278 auf das Verhalten von Organen und Repräsentanten von juristischen Personen und Personengesellschaften keine Anwendung findet. Hier gilt § 31 direkt oder analog (siehe oben unter Rn. 46). Konsequenz: die Haftung wegen Vorsatzes kann nicht nach § 278 S. 2 i.V.m. § 276 Abs. 3 ausgeschlossen werden.

E. Erleichterungen im Haftungsmaßstab

66 Der Maßstab des Vertretenmüssens kann kraft Gesetzes oder Vereinbarung zugunsten des Schuldners auf **bestimmte Verschuldensformen** beschränkt werden.

85 OLG Köln, MDR 2008, 36.
86 MüKo-Grundmann § 278 Rn. 8.
87 Grüneberg-*Grüneberg* § 278 Rn. 5.
88 Grüneberg-*Grüneberg* § 278 Rn. 5.

Die gesetzliche Beschränkung der Haftung schlägt grds. auf alle konkurrierende Ansprüche durch mit der Folge, dass wegen derselben Handlung keine strengere Haftung stattfindet.[89] Andernfalls entstünden ungerechtfertigte Wertungswidersprüche. Damit entfällt konsequenterweise auch eine verschuldensunabhängige Gefährdungshaftung, insbesondere nach § 833 S. 1.[90] 67

Hinweis

Bei der Haftung wegen Unfällen im **Straßenverkehr** aus §§ 7 Abs. 1, 18 StVG sollen nach gefestigter Rechtsprechung des BGH die Haftungsbeschränkungen außerhalb des StVG wegen des abschließenden Charakters der Haftungsregeln in §§ 7 ff. StVG jedoch unanwendbar sein.[91] Schäden aus Verkehrsunfällen sind i.d.R. durch die Haftpflichtversicherung abgedeckt; Haftungsprivilegierungen verfolgen jedoch nicht den Zweck, die Versicherung zu entlasten. Insbesondere kommt eine Beschränkung auf **eigenübliche Sorgfalt** (siehe Rn. 70) im Straßenverkehr nicht in Betracht, da insoweit kein Spielraum für individuelle Sorgfalt besteht.[92] Diesen Grundsatz überträgt der BGH auch auf den Betrieb **anderer motorgetriebener Fahrzeuge** mit vergleichbarer Gefährlichkeit und verneint das Haftungsprivileg aus §§ 1359, 277 bei einem Unfall mit Wasserskiern.[93]

Gesetzliche und vertragliche Haftungsbeschränkungen **gelten grds. auch für die Zurechnung des Verschuldens nach § 278.**[94] Denn nach § 278 haftet der Schuldner für deren Verschulden „wie für eigenes Verschulden" und kann deshalb nicht schlechter gestellt werden, als wenn er das schuldhafte Verhalten sogar selbst begangen hätte. 68

I. Gesetzliche Beschränkungen auf Vorsatz und grobe Fahrlässigkeit

In bestimmten Fällen beschränkt das Gesetz das Vertretenmüssen auf Vorsatz und grobe Fahrlässigkeit. Bei der groben Fahrlässigkeit liegt – wie der Name schon sagt – ein besonders schwerwiegender Sorgfaltsverstoß vor. Anders als beim allgemeinen Fahrlässigkeitsmaßstab des § 276 Abs. 2 sind beim Vorwurf grober Fahrlässigkeit auch individuelle Umstände, insbesondere Schwächen und Wissensdefizite, zu berücksichtigen.[95] 69

Grob fahrlässig ist ein Handeln, bei dem die erforderliche Sorgfalt nach den gesamten Umständen in ungewöhnlich grobem Maße verletzt worden ist und bei dem dasjenige unbeachtet geblieben ist, was im gegebenen Fall **jedem** hätte einleuchten müssen, wobei auch subjektive, in der Person des Handelnden begründete Umstände zu berücksichtigen sind.[96]

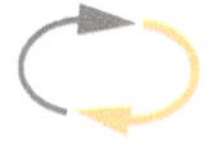

89 *BGH* NJW 1992, 2474, 2475 unter Ziff. II 2d; Grüneberg-*Grüneberg* § 277 Rn. 2.
90 *BGH* NJW 1992, 2474, 2475 unter Ziff. II 2d; Grüneberg-*Grüneberg* § 277 Rn. 2.
91 Grüneberg-*Grüneberg* § 277 Rn. 2.
92 BGHZ 46, 313 (317).
93 BGH NJW 2009, 1875 (1876).
94 Grüneberg-*Grüneberg* § 278 Rn. 27.
95 Grüneberg-*Grüneberg* § 277 Rn. 5.
96 *BGH* Urteil vom 13. Dezember 2004 (Az. II ZR 17/03) unter Ziff. II 2 = NJW 2005, 981.

Beispiel 1 Gem. § 300 Abs. 1 haftet der Schuldner während des Gläubigerverzugs nur für Vorsatz und grobe Fahrlässigkeit. Dabei ist zu beachten, dass diese Haftungsmilderung entgegen dem umfassenden Wortlaut nur die Haftung **für den Leistungsgegenstand** betrifft.[97] Das ergibt sich aus Sinn und Zweck der Haftungsmilderung. Sie soll einen Ausgleich dafür schaffen, dass der Schuldner durch das Verhalten des Gläubigers gezwungen ist, den Leistungsgegenstand weiterhin in seiner Obhut zu behalten. Für eine darüber hinausgehende Haftungserleichterung besteht dagegen kein Grund. ■

Beispiel 2 §§ 521, 599 (Haftung des Schenkers und Verleihers). ■

Beispiel 3 § 968 (Haftung des Finders – wichtig bei Verletzung der Herausgabepflicht aus § 967). ■

Hinweis

Diese Erleichterungen im Haftungsmaßstab verliert der Schuldner durch Verzugseintritt wieder, da er dann nach § 287 S. 1 für jede Fahrlässigkeit einzutreten hat.

II. Haftungsbeschränkung auf die eigenübliche Sorgfalt

70 An manchen Stellen ordnet das Gesetz an, der Schuldner hafte nur für „diejenige Sorgfalt, die er in eigenen Angelegenheiten anzuwenden pflege“ (sog. „diligentia quam in suis“). Diese Beschränkung betrifft alleine den Fahrlässigkeitsmaßstab und lässt die Haftung für vorsätzliches Verhalten unberührt.

Beispiel 1 § 346 Abs. 3 S. 1 Nr. 3 (Haftung des kraft Gesetzes zum Rücktritt Berechtigten); ■

Beispiel 2 § 690 (Haftung des unentgeltlichen Verwahrers); ■

Beispiel 3 § 708 a.F. sah die Haftung des Gesellschafters wegen seiner Pflichten als Gesellschafter gegenüber Gesellschaft und Mitgesellschaftern vor. Die Vorschrift ist seit dem 1.1.2024 (MoPeG) ersatzlos weggefallen. Um den Haftungsmaßstab – insb. bei Innengesellschaften – billig und gerecht zu bestimmen werden eine Vielzahl von Ansätzen bemüht.[98] In der Klausur bietet sich hier Gelegenheit zu zeigen, dass bei § 276 Abs. 2 die Anforderungen an den objektiv-konkreten Sorgfaltsmaßstab nach Verkehrskreisen auszudifferenzieren sind. Die Sorgfaltsanforderungen an eine unternehmerisch tätige rechtsfähige Gesellschaft sind selbstverständlich andere als diejenigen, die an eine Innengesellschaft zu stellen sind. So lassen sich methodisch und inhaltlich überzeugende Ergebnisse im Einzelfall erarbeiten. ■

Beispiel 4 § 1359 (Haftung der Ehegatten wegen ihrer ehelichen Pflichten); ■

Beispiel 5 § 1664 Abs. 1 (Haftung der Eltern wegen Ausübung der elterlichen Sorge für das minderjährige Kind). Zu den Einschränkungen siehe oben bei Rn. 67. ■

71 Die Privilegierung besteht darin, dass der Schuldner in diesen Fällen **nicht mehr einem objektiven Fahrlässigkeitsmaßstab** gerecht werden muss, sondern sich lediglich an **seinen eigenen Sorgfaltsmaßstäben** messen lassen muss. Da die Beschränkung des Haftungsmaß-

97 Grüneberg-*Grüneberg* § 300 Rn. 2.
98 Hierzu ausführlich und sehr instruktiv: *Tahir* ZjS 2023, 1180 (1192 f.).

stabes den Schuldner privilegieren und nicht benachteiligen soll, bleibt es beim objektiven Fahrlässigkeitsmaßstab, wenn der Schuldner in eigenen Angelegenheiten vorsichtiger agiert als der Verkehr.[99]

Auf der anderen Seite verdient eine besondere Schlampigkeit keine Privilegierung. Nach § 277 ist der Schuldner **bei grober Fahrlässigkeit** von einer Haftung nicht befreit, auch wenn er in eigenen Angelegenheiten derart unvorsichtig zu agieren pflegt. 72

Hinweis

Auch diese Erleichterungen im Haftungsmaßstab verliert der Schuldner durch Verzugseintritt wieder, da er dann nach § 287 S. 1 für jede Fahrlässigkeit einzutreten hat.

III. Vertragliche Haftungsmilderungen

Wie sich aus § 276 Abs. 3 ergibt, kann die Haftung für schuldhaftes Handeln vertraglich grundsätzlich – ohne Beachtung einer besonderen Form – ausgeschlossen werden. Eine solche Vereinbarung ist im Zweifel zum Nachteil desjenigen auszulegen, zu dessen Gunsten der Ausschluss wirken soll.[100] Schließlich entspricht es der Lebenserfahrung, dass man seinen Schutz durch Ersatzansprüche nicht ohne Weiteres aufgeben möchte. Bei AGB folgt dies bereits aus der allgemeinen Regel des § 305c Abs. 2. 73

Beispiel Die Beschränkung der Haftung für Sachmängel in einem Kaufvertrag erfasst im Zweifel nicht konkurrierende deliktische Ansprüche und Ansprüche wegen mangelhafter Nacherfüllung.[101] ■

1. Wirksamkeitsvoraussetzungen

a) Allgemeine Wirksamkeitserfordernisse

Zunächst gelten wie für jeden Vertragsschluss die allgemeinen Wirksamkeitserfordernisse der §§ 107, 108, 164, 177. 74

b) Wirksamkeitshindernisse

Das Gesetz kennt speziell für Haftungsbeschränkungen besondere Wirksamkeitshindernisse. Der Schuldner kann sich auf diese Weise keinen „Freibrief" für vorsätzliches Handeln geben lassen, weshalb die Haftung nach **§ 276 Abs. 3 wegen Vorsatzes im Voraus nicht ausgeschlossen werden kann**. Bei juristischen Personen und rechtsfähigen Personengesellschaften folgt aus § 276 Abs. 3, dass ein Haftungsausschluss wegen vorsätzlichen Verhaltens ihrer Organe, Organmitglieder und gesetzlichen Vertreter im Voraus nicht möglich ist.[102] 75

Diese Regelung kann auch nicht dadurch umgangen werden, indem die Ergebnisse eines nach § 276 Abs. 3 unzulässigen Haftungsausschlusses annäherungsweise durch andere 76

99 Grüneberg-*Grüneberg* § 277 Rn. 3.
100 Grüneberg-*Grüneberg* § 276 Rn. 36.
101 Grüneberg-*Grüneberg* § 276 Rn. 36.
102 Grüneberg-*Ellenberger* § 31 Rn. 4.

Gestaltungen erreicht werden und dadurch die Haftung im Ergebnis zumindest beschränkt wird. Auch dies soll nach dem Sinn und Zweck des § 276 Abs. 3 nicht wirksam erreicht werden können.

Beispiel 1 Eine Vereinbarung, nach der Schadensersatzansprüche der Höhe nach auf einen bestimmten Betrag (z.B. Versicherungssumme oder Wert der Gegenleistung) beschränkt sind, verstößt gegen § 276 Abs. 3, soweit sie Schadensersatzansprüche aus vorsätzlichem Verhalten betrifft.[103] ■

Beispiel 2 Eine vertragliche Abkürzung der Verjährungsfristen für Schadensersatzansprüche aus vorsätzlicher Pflichtverletzung würde die Haftung zwar nicht ganz ausschließen, aber immerhin eine Haftungsbeschränkung in zeitlicher Hinsicht erreichen, da dem Schuldner vorzeitig eine Einrede aus § 214 Abs. 1 zusteht.

Hier hilft bereits § 202 Abs. 1, der eine solche Verjährungsregelung für unwirksam erklärt. Die Vorschrift wird analog auf Ausschlussfristen angewendet, nach deren Ablauf die Geltendmachung von Schadensersatzansprüchen ausgeschlossen sein soll.[104] ■

77 Neben § 276 Abs. 3 existieren zahlreiche besondere Wirksamkeitshindernisse für Haftungsbeschränkungen.

Beispiele § 202 Abs. 1 im Hinblick auf Verjährungserleichterungen (siehe oben); § 619 im Hinblick auf Pflichten aus §§ 617, 618; § 8a StVG bei entgeltlicher Personenbeförderung für Haftung aus § 7 StVG; § 14 ProdHG für Ersatzpflicht des Herstellers nach ProdHG. ■

78 Im Übrigen gilt die allgemeine Grenze des § 138.

Eine Unwirksamkeit nach § 125 S. 1 wegen Formnichtigkeit scheidet in der Regel aus, da Haftungsbeschränkungen grundsätzlich[105] formlos abgeschlossen werden können.

2. Besonderheiten bei Haftungsbeschränkung in AGB

79 Bei Vereinbarung eines Haftungsausschlusses durch eine Allgemeine Geschäftsbedingung i.S.d. § 305 Abs. 1 sind die vorstehenden Wirksamkeitsvoraussetzungen selbstverständlich ebenfalls zu beachten. Das Gesetz geht hier aber noch weiter und verschärft die Grenzen.

Nach **§ 309 Nr. 7b** ist in AGB auch ein Ausschluss der Haftung für **grobe Fahrlässigkeit** unzulässig. Nach **§ 309 Nr. 7a** kann der Haftungsmaßstab in Bezug auf die Verletzung der Rechtsgüter Leben, Körper und Gesundheit gar nicht abgemildert werden.

§ 309 Nr. 7 erfasst auch solche Klauseln, die – wie in den vorigen *Beispielen* – die Haftung zeitlich oder der Höhe nach begrenzen.[106]

103 Grüneberg-*Grüneberg* § 276 Rn. 35.

104 Grüneberg-*Ellenberger* § 202 Rn. 8.

105 Eine Ausnahme gilt bspw. für die Vereinbarung, mit der die Haftung des Rechtsanwalts beschränkt werden soll: Hier ist eine formlose Vereinbarung durch § 52 BRAO ausgeschlossen.

106 *BGH* Urteil vom 15. November 2006 (Az. VIII ZR 3/06) unter Ziff. II 1b, Tz. 18 ff. = BGHZ 170, 31 ff. = NJW 2007, 674 ff. m.w.N.

JURIQ-Klausurtipp

Nach § 310 Abs. 1 S. 1 findet § 309 nur bei Verwendung gegenüber einem Verbraucher Anwendung. Aus § 310 Abs. 1 S. 2 folgt aber, dass die nach § 309 verbotenen Klauseln auch bei Verwendung gegenüber Unternehmern unwirksam sein können (aber eben nicht müssen!), wobei die Unwirksamkeit dann gesetzestechnisch aus § 307 Abs. 1 und Abs. 2 folgt.

Verstößt eine Klausel gegen § 309 Nr. 7 ist sie auch im Verkehr gegenüber Unternehmern stets als unwirksam anzusehen.[107]

Sie zitieren dann § 307 Abs. 1, 2 Nr. 1, da die Klausel von den Grundsätzen einer Schadensersatzhaftung nach dem Verschuldensmaßstab des § 276 unangemessen abweicht.

Achtung: Geht es in Ihrem Fall um die Haftung wegen vorsätzlicher Pflichtverletzung, kommt es auf § 309 Nr. 7 gar nicht an, da die Klausel – ob AGB oder nicht – ohnehin nach § 276 Abs. 3 unwirksam ist! Beachten Sie in diesem Zusammenhang den Hinweis unter Rn. 31.

3. Auswirkungen unzulässiger Haftungsklauseln

Was aber passiert, wenn die Vertragsparteien sich darüber hinwegsetzen und im Vertrag eine 80
Bestimmung aufgenommen wurde, die gegen § 276 Abs. 3, § 309 Nr. 7 oder ein sonstiges Verbot verstößt?

Beispiel Im Kaufvertrag wird unter Verstoß gegen § 309 Nr. 7 vereinbart: „Der Verkauf erfolgt unter Ausschluss jeglicher Haftung."

Bei Allgemeinen Geschäftsbedingungen gibt uns § 306 die Antwort. 81

Die Folgen der Unwirksamkeit einer Allgemeinen Geschäftsbedingung richten sich nach § 306, der nicht nur dann gilt, wenn sich die Unwirksamkeit einer Klausel aus den §§ 305c, 307 ff. ergibt.[108]

Grundsätzlich bleibt der Vertrag gem. § 306 Abs. 1 im Übrigen wirksam, nur die betroffene Klausel wird durch die gesetzlichen Vorschriften ersetzt, § 306 Abs. 2. § 306 ist lex specialis zu § 139 und dreht das Regel-Ausnahme-Verhältnis um, indem er den Vertrag grundsätzlich (Ausnahme: § 306 Abs. 3) wirksam bleiben lässt.

Allerdings ist anerkannt, dass ein Teil einer unwirksamen Klausel unter der Voraussetzung aufrechterhalten bleiben kann, dass sich die Klausel nach ihrem Wortlaut aus sich heraus verständlich und sinnvoll in einen inhaltlich zulässigen und einen unzulässigen Regelungsteil trennen lässt (sog. **„blue-pencil-Test"**).[109] Wenn die Klausel – wie im *Beispiel* – die Haftung pauschal ausschließt, ist dies aber nicht der Fall.[110] Um zu einem inhaltlich zulässigen Klauselinhalt zu gelangen, müsste die Klausel um eine Ausnahmeregelung für eine Vorsatzhaftung ergänzt werden. Das wäre der Sache nach aber eine geltungserhaltende Reduktion **durch inhaltliche und sprachliche Neufassung einer unzulässigen Klausel**, die allgemein nicht für zulässig gehalten wird.

---

107 *BGH* Urteil vom 19. September 2007 (Az. VIII ZR 141/06) unter Ziff. II 2b, Tz. 11 ff. = NJW 2007, 3774.
108 Grüneberg-*Grüneberg* § 306 Rn. 3.
109 St. Rspr., z.B. BGHZ 145, 203, 212 unter Ziff. II 4 = NJW 2001, 292, 294; Grüneberg-*Grüneberg* § 306 Rn. 7.
110 *BGH* Urteil vom 19. September 2007 (Az. VIII ZR 141/06) unter Ziff. II 2, Tz. 8 ff. = NJW 2007, 3774.

Hinweis

Im Ergebnis ist damit jede Klausel unwirksam, die die Schadensersatzhaftung ausschließt oder begrenzt und dabei nicht exakt die Ausnahmetatbestände der §§ 276 Abs. 3, 309 Nr. 7a und b abbildet.

82 Bei **Individualvereinbarungen** könnte man die Lösung in § 139 suchen, der bei Teilnichtigkeit im Zweifel für die Unwirksamkeit des gesamten Rechtsgeschäfts entscheidet. Dann würde man aber den Schuldner über Gebühr begünstigen, dem die Haftungsbegrenzung zugutekommen sollte. Schließlich bestünden gegen ihn dann mangels vertraglichen Schuldverhältnisses gar keine vertraglichen Primär- und Sekundäransprüche mehr. Das wird allgemein für unbillig gehalten, so dass ein Verstoß gegen ein gesetzliches Vereinbarungsverbot keine Gesamtnichtigkeit des Vertrages nach § 139 auslöst, sondern **lediglich zur Unwirksamkeit des Haftungsausschlusses führt, soweit der Verbotstatbestand verletzt ist.**[111] Dieses Ergebnis wird im Wortlaut einiger Vorschriften – so §§ 444, 476 Abs. 1 – deutlich, indem die Vorschrift nicht die Nichtigkeit der Klausel anordnet, sondern dem Verwender es verwehrt sich auf die Klausel zu berufen.[112]

Online-Wissens-Check

Gibt es im Rahmen der Vertragsanbahnung auch schon Erfüllungsgehilfen i.S.d. § 278?

Überprüfen Sie jetzt online Ihr Wissen zu den in diesem Abschnitt erarbeiteten Themen. Unter **www.juracademy.de/skripte/login** steht Ihnen ein Online-Wissens-Check speziell zu diesem Skript zur Verfügung, den Sie kostenlos nutzen können. Den Zugangscode hierzu finden Sie auf der Codeseite.

111 Grüneberg-*Ellenberger* § 139 Rn. 18.
112 BT-Drucks. 14/6040 S. 240.

3. Teil
Leistungsverzögerung

Leistungsverzögerung und Verzug 83

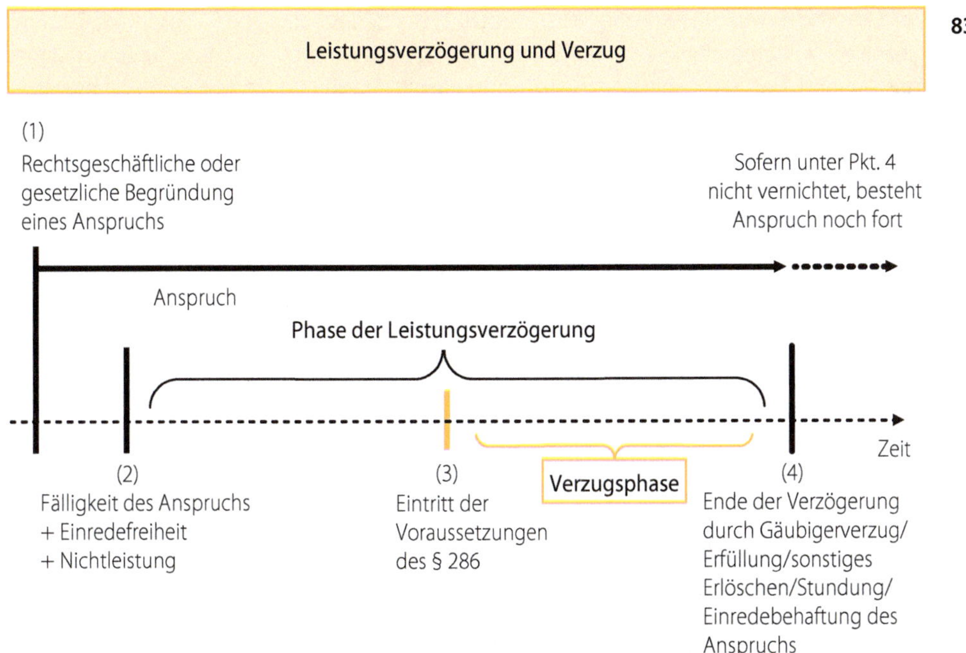

A. Tatbestand der Leistungsverzögerung

I. Unterscheidung zwischen Leistungsverzögerung und Verzug

Den Begriff „Leistungsverzögerung" verwendet das Gesetz in § 280 Abs. 2, wo es heißt, dass Schadensersatz „wegen **Verzögerung** der Leistung" nur unter den zusätzlichen Voraussetzungen des § 286 verlangt werden kann. § 286 Abs. 1 S. 1 beschreibt die objektiven (Regel-)-Voraussetzungen für den Eintritt von Verzug. Danach tritt Verzug ein, wenn der Schuldner auf eine Mahnung des Gläubigers, die nach dem Eintritt der Fälligkeit erfolgt, nicht leistet. Das gilt nach § 286 Abs. 4 allerdings nicht, solange die Leistung infolge eines Umstandes unterbleibt, den der Schuldner nicht zu vertreten hat. 84

An dem Verweis des § 280 Abs. 2 auf § 286 erkennen wir zunächst einmal, dass das Gesetz **zwischen** Leistungs**verzögerung** und **Verzug unterscheidet**. 85

Die Leistungsverzögerung beschreibt das Gesetz in den §§ 281 Abs. 1 S. 1, 323 Abs. 1 in der Weise, dass der Schuldner **„eine fällige Leistung nicht erbringt"**. Wie wir bereits festgestellt haben, kommt es für das Vorliegen der Nichtleistung als Pflichtverletzung nicht darauf an, worauf die Nichtleistung beruht und ob der Schuldner sie zu vertreten hat.

86 Für die Abgrenzung der Pflichtverletzungskategorien „Leistungsverzögerung" und „Verzug" folgt daraus:

Beiden Tatbeständen ist gemeinsam, dass der Schuldner eine fällige Leistung nicht erbringt.

Der Eintritt des Verzuges verlangt aber zusätzlich noch, dass über die Fälligkeit der Leistung hinaus die weiteren objektiven Voraussetzungen des § 286 Abs. 1 bzw. Abs. 2 und 3 vorliegen müssen und der Schuldner die Nichtleistung nach Eintritt dieser besonderen objektiven Voraussetzungen auch zu vertreten hat (§ 286 Abs. 4). **Der Verzug ist damit eine besondere Form der Leistungsverzögerung, die zusätzliche objektive Haftungsvoraussetzungen kennt und vom Vertretenmüssen abhängt.**

87 Die Pflichtverletzung der „Leistungsverzögerung" und des Verzuges unterscheiden sich vom Ausbleiben der Leistung **wegen Leistungsbefreiung nach § 275** dadurch, dass die Leistung ausbleibt, **obwohl** der Schuldner zur Leistung noch verpflichtet ist.

II. Nichtleistung trotz Fälligkeit

PRÜFUNGSSCHEMA

88 **Leistungsverzögerung = Nichtleistung trotz Fälligkeit**

I. Fälligkeit des Anspruchs
1. Vertragliche Vereinbarung
2. Besondere gesetzliche Bestimmung
3. Festlegung durch „sonstigen Inhalt des Schuldverhältnisses"
4. Grundregel des § 271 Abs. 1: sofort

II. Durchsetzbarkeit des Anspruchs zum Fälligkeitstermin
1. Bestand des Anspruchs
2. Einredefreiheit
   Beachtlichkeit der objektiven Einredelage Rn. 97 ff.

III. Nichtleistung, nicht erfüllt wenn:
1. Annahmeverzug des Gläubigers (§§ 293 ff.)
2. Vornahme der Leistungshandlung bei Schickschulden
   Geldschulden Rn. 118 f.

89 Da die Leistungsverzögerung und ihre besondere Ausprägung als Verzug eine **Nichtleistung trotz Fälligkeit** voraussetzen, sollen diese beiden Merkmale zunächst behandelt werden. Das erleichtert uns die Erörterung der einzelnen Sekundäransprüche, die an eine Leistungsverzögerung oder sogar die gesteigerte Form des Verzuges anknüpfen. Da die Merkmale „Nichtleistung trotz Fälligkeit" dort zwangsläufig immer wieder auftauchen werden, können wir sie an dieser Stelle für alle kommenden Anspruchsgrundlagen abhandeln.

1. Fälligkeit der Leistung

Unter „Fälligkeit der Leistung" ist allgemein der Zeitpunkt zu verstehen, von dem an der Gläubiger die Leistung verlangen kann.[1] Kurz gesagt bedeutet Fälligkeit somit „Leisten **müssen**". 90

Hinweis

„Erfüllbarkeit" meint demgegenüber den Zeitpunkt, ab dem der Schuldner leisten **darf** und der Gläubiger bei Nichtannahme in Annahmeverzug gem. §§ 293 ff. gerät.[2] Erfüllbarkeit bedeutet daher „Leisten **dürfen**".

a) Vertraglich vereinbarte Fälligkeit

Dieser Zeitpunkt richtet sich in erster Linie nach den Vereinbarungen der Parteien des Schuldverhältnisses. 91

Haben sich die Parteien **bei Vertragsschluss** auf einen Termin verständigt, ist nach der Auslegungsregel des § 271 Abs. 2 im Zweifel anzunehmen, dass der Gläubiger die Leistung nicht vor dieser Zeit verlangen, der Schuldner sie vor dieser Zeit aber bewirken kann.

Hinweis

Davon ist die **„Stundung"** zu unterscheiden. Die „Stundung" ist eine Vereinbarung zwischen Gläubiger und Schuldner, die nicht die Fälligkeit erstmalig festlegt, sondern eine bereits eingetretene Fälligkeit nach hinten verschiebt.[3]

Die Auslegungsregel des § 271 Abs. 2 schafft in zweierlei Hinsicht Klarheit:

Die Vereinbarung eines Leistungstermins muss nicht zwingend einen Fälligkeitstermin bedeuten. Sie kann beispielsweise auch so gemeint sein, dass der Anspruch bereits früher fällig sein und nur der Verzug später eintreten soll.[4] § 271 Abs. 2 entscheidet bei Zweifeln für die spätere Fälligkeit und damit für die dem Schuldner günstigste Auslegung. Vor Erreichen des vertraglich vereinbarten Zeitpunkts kann der Anspruch mangels Fälligkeit beispielsweise kein Zurückbehaltungsrecht des Gläubigers aus § 273 begründen, steht noch nicht zur Aufrechnung zur Verfügung (vgl. § 387), und eine Nichtleistung vor diesem Zeitpunkt kann keine Pflichtverletzung sein.

Beispiel V und K vereinbaren in einem Rahmenvertrag, dass V dem K seine Warenlieferungen monatlich in Rechnung stellt und der jeweilige Rechnungsbetrag spätestens am 30. Tag nach Zugang der Rechnung auf das in der Rechnung angegebene Konto zu zahlen ist.

---

1 *BGH* Urteil vom 1. Februar 2007 (Az. III ZR 159/06) unter Ziff. II 2a bb, Tz. 16 = NJW 2007, 1581; *Herresthal* JURA 2008, 561, 563 unter Ziff. III 1c.

2 Grüneberg-*Grüneberg* § 271 Rn. 1.

3 *BGH* Urteil vom 2. April 2004 (Az. V ZR 105/03) unter Ziff. II 2a = WM 2004, 2183 = DNotZ 2005, 375; Grüneberg-*Grüneberg* § 271 Rn. 13.

4 *BGH* Urteil vom 1. Februar 2007 (Az. III ZR 159/06) unter Ziff. II 2a cc, Tz. 17 = NJW 2007, 1581.

Das vereinbarte „Zahlungsziel" von 30 Tagen ist im Zweifel als Fälligkeitsbestimmung zu verstehen, so dass Fälligkeit nicht bereits mit Leistungserbringung oder Zugang der Rechnung, sondern erst 30 Tage später eintritt.[5] ■

Hinweis

Haben die Parteien „Zahlungsziele" mit Fristen vereinbart („zahlbar 30 Tage nach Rechnungserhalt"), finden die §§ 186–193 zur Bestimmung von Fristbeginn und -ende Anwendung.[6] Fällt also beispielsweise der letzte Tag der Frist auf einen Sonn-, Feiertag oder Sonnabend, tritt Fälligkeit nach § 193 erst am nächsten Werktag ein.

92 Außerdem erhält die Auslegungsregel des § 271 Abs. 2 dem Schuldner im Zweifel die Möglichkeit, den Anspruch freiwillig vorher zu erfüllen, indem der Anspruch im Zweifel sofort und vor dem vereinbarten Termin erfüllbar ist.

b) Gesetzlich besonders bestimmte Fälligkeit

93 Das Gesetz sieht für verschiedene Schuldverhältnisse besondere Fälligkeitstermine vor.

Beispiel 1 Rückzahlungsanspruch des Darlehensgebers: § 488 Abs. 3 S. 1; ■

Beispiel 2 Fälligkeit des Miet- oder Pachtzinses: §§ 556b Abs. 1, 579 587; ■

Beispiel 3 Rückgabeanspruch des Verleihers: § 604; ■

Beispiel 4 Vergütung beim Werk- oder Dienstvertrag: §§ 614, 641. ■

c) Allgemeine Grundregel

94 Wenn ein Fälligkeitstermin **weder vertraglich vereinbart noch gesetzlich besonders bestimmt ist**, treten Fälligkeit einerseits und Erfüllbarkeit andererseits nach § 271 Abs. 1 grundsätzlich **sofort mit Entstehung des Anspruchs** ein.

Etwas anderes gilt nach § 271 Abs. 1 nur dann, wenn sich ein späterer Fälligkeitstermin **„aus den Umständen"** ergibt.

Beispiel 1 Der Vermieter von Wohnräumen muss eine Kaution des Mieters im Zweifel noch nicht bei Beendigung des Mietverhältnisses zurückzahlen, sondern erst dann, wenn feststeht, ob ihm noch Ansprüche gegen den Mieter zustehen. Zur Feststellung seiner Ansprüche stehen dem Vermieter regelmäßig 3–6 Monate zur Verfügung.[7] ■

Beispiel 2 Der Werkunternehmer hat das Werk nach der dafür objektiv nach üblichen Maßstäben erforderlichen Zeit abzuliefern;[8] ■

Beispiel 3 Ein im Zusammenhang mit einer Kündigung begründeter Abfindungsanspruch des Arbeitnehmers wird nicht schon mit Zugang der Kündigungserklärung, sondern erst im Zeitpunkt seines Ausscheidens zur Zahlung fällig.[9] ■

---

5 *BGH* Urteil vom 1. Februar 2007 (Az. III ZR 159/06) unter Ziff. II 2a cc, Tz. 17 = NJW 2007, 1581.

6 *BGH* Urteil vom 1. Februar 2007 (Az. III ZR 159/06) unter Ziff. II 2b, Tz. 24 ff. = NJW 2007, 1581.

7 Grüneberg-*Weidenkaff* Einf. v. § 535 Rn. 126.

8 Grüneberg-*Grüneberg* § 271 Rn. 9.

9 *BAG* Urteil vom 15. Juli 2004 (Az. 2 AZR 630/03) unter Ziff. B II 2, Tz. 21 ff. = NJW 2005, 171 f.

2. Durchsetzbarkeit

Wenn der Schuldner (noch) nicht leisten muss, kann es keine Pflichtverletzung darstellen, wenn er nicht leistet. Aus diesem Grunde werden alle Tatbestände, die an eine Leistungsverzögerung anknüpfen (§§ 281 Abs. 1 S. 1, 286 Abs. 1 S. 1, 323 Abs. 1), um ein ungeschriebenes, aber als selbstverständlich anerkanntes Tatbestandsmerkmal ergänzt: die **volle Durchsetzbarkeit des Anspruchs**.[10] 95

Diese „Durchsetzbarkeit" ist unter folgenden Voraussetzungen gegeben:

a) Bestand des Anspruchs zum Fälligkeitstermin

Logischerweise setzt die „Fälligkeit" des Anspruchs voraus, dass der Anspruch zum Leistungstermin besteht und nicht – aus welchem rechtsvernichtenden Einwendungstatbestand auch immer – erloschen ist. 96

b) Einredefreiheit

Zur vollständigen Durchsetzbarkeit des Anspruchs gehört auch die Einredefreiheit.[11] Wenn der Schuldner zur Verweigerung der Leistung berechtigt ist, verhält er sich nicht pflichtwidrig und kann nicht in Verzug geraten, wenn er die Leistung nicht erbringt. 97

Unterschieden werden dilatorische (aufschiebend hemmende) und peremptorische (dauerhaft hemmende) Einreden. 98

Beispiele für dilatorische Einreden Stundung oder §§ 273, 320, 348, 410 Abs. 1 S. 1, 771, 1000, 1382, 2014, 2015 ■

Beispiele für peremptorische Einreden §§ 214, 821, 853, 1381, 2083, 2345 ■

Nach herrschender Auffassung führt grundsätzlich **allein das objektive Bestehen einer Einredelage** dazu, dass eine Leistungsverzögerung ausgeschlossen ist, sofern der Schuldner sich auf die Einrede **spätestens im Prozess noch beruft**.[12] Das folgt – insb. für § 320 – daraus, dass die Vertragspartner beim gegenseitigen Vertrag von vornherein nur zur Leistung Zug um Zug verpflichtet sind. Dieser Umstand muss bei der Geltendmachung der Hauptleistung aus dem Vertrag stets berücksichtigt werden.[13] Die Notwendigkeit der Geltendmachung im Prozess folgt aus dem Charakter der Einrede (muss erhoben werden!) selbst. 99

Hinweis

Da die Erhebung der Einrede selbst eine neue Tatsache ist, kann sie aus prozessualen Gründen in der Revisionsinstanz nicht mehr erfolgen (vgl. § 559 ZPO).[14] Etwas anderes gilt nur dann, wenn die Einredelage in den unteren Instanzen noch nicht bestand und unstreitig

---

10 Grüneberg-*Grüneberg* § 281 Rn. 8, § 286 Rn. 12 ff.; Grüneberg-*Grüneberg* § 323 Rn. 11 (im Grüneberg auch als „Wirksamkeit" bezeichnet).

11 *BGH* Urteil v. 11. Dezember 2009 (Az. V ZR 217/08) unter Tz. 23 = NJW 2010, 1272; Grüneberg-*Grüneberg* § 281 Rn. 8, § 286 Rn. 12 ff.; Grüneberg-*Grüneberg* § 323 Rn. 11.

12 Grüneberg-*Grüneberg* § 281 Rn. 8, § 286 Rn. 12; Grüneberg-*Grüneberg* § 323 Rn. 11.

13 BGH NJW 2010, 1272 (1274 Tz. 23).

14 *BGH* Urteil vom 24. November 2006 (Az. LwZR 6/05) unter Ziff. III 2, Tz. 35 ff. m.w.N. = NJW 2007, 1269 ff.

ist.[15] Beachten Sie, dass ein Annahmeverzug begründendes Leistungsangebot eines Schuldners nichts an der grds. Zug um Zug Verpflichtung aus dem Vertrag ändert. Daher sollte im Prozess ein Antrag auf Feststellung des Annahmeverzugs, zwecks Erleichterung der Zwangsvollstreckung (vgl. §§ 756, 765 ZPO) gestellt werden.[16]

Beispiel 1 K hat von V einen Pkw gekauft, der bei Übergabe gewährleistungspflichtige Mängel aufweist. K zahlt den Kaufpreis nicht. K kann sich – nachdem er sein Nacherfüllungsbegehren geltend gemacht hat[17] – gleichwohl nicht mit der Kaufpreiszahlung in Verzug befinden, da ihm wegen seines Anspruchs auf Nacherfüllung nach §§ 437 Nr. 1, 439 Abs. 1 ein Zurückbehaltungsrecht aus § 320 Abs. 1 S. 1 zusteht.[18] Dies gilt auch dann, wenn sich K zunächst auf diese Einrede nicht berufen hat, sondern „stumm" keine Zahlung leistet. ■

Beispiel 2 Der Fahrradhändler A betreibt auch eine Reparaturwerkstatt und soll das Fahrrad des B reparieren. Als Abholtermin ist der 10.5. vereinbart. Am 10.5. ist das Fahrrad noch nicht fertig, da A die Sache vergessen hatte. Einem Verzugseintritt steht nicht entgegen, dass B die gem. §§ 631 Abs. 1, 632 geschuldete (übliche) Vergütung noch nicht gezahlt hatte. Insoweit steht dem A die Einrede aus § 320 nicht zu, da die Vergütung nach § 641 Abs. 1 S. 1 im Zweifel erst bei Abnahme zu zahlen und A deshalb vorzuleisten verpflichtet ist (§ 320 Abs. 1 S. 1 Hs. 2). ■

100 Eine Ausnahme macht die herrschende Meinung allerdings bei der **Einrede aus § 273 (bzw. § 369 HGB) und aus § 410 Abs. 1 S. 1.**

» Lesen Sie dazu bitte auch die Vorschriften in §§ 232–240, 271 Abs. 3 S. 2 durch. «

101 Bei § 273 erklärt sich dies daraus, dass der Gläubiger nach § 273 Abs. 3 S. 1 die Möglichkeit hat, die Ausübung des Zurückbehaltungsrechts durch eine Sicherheitsleistung abzuwenden.

Der Schuldner handelt rechtsmissbräuchlich, wenn er sich später auf sein Zurückbehaltungsrecht aus § 273 beruft, ohne dem Gläubiger zuvor Gelegenheit gegeben zu haben, die Wirkung dieser Einrede durch Sicherheitsleistung abzuwehren.[19] Gleiches gilt für das kaufmännische Zurückbehaltungsrecht aus § 369 HGB wegen § 369 Abs. 4 HGB. Zudem fehlt § 273 die § 320 innewohnende genuine Verknüpfung der Leistungen (siehe Rn. 99). Bei § 273 werden die fälligen Ansprüche erst durch die Erhebung der Einrede miteinander „verbunden".[20]

Beispiel Der Automechaniker A hat den Wagen des B zum zweiten Mal zur Reparatur gebracht. Die Abholung ist für den 15.6. vereinbart. Aus der ersten Reparatur ist noch ein Betrag von 400 € offen. Am 15.6. erscheint B vergebens, da das Auto zwar repariert, aber die Werkstatt wegen Kurzurlaubs des A geschlossen ist. Hier kommt ein Verzug des A wegen der gem. § 633 Abs. 1 geschuldeten Herausgabe („Verschaffung") des reparierten Fahrzeuges in Betracht. Dieser ist hier nicht deswegen ausgeschlossen, weil B die frühere Reparatur nicht bezahlt hatte. Dem A steht zwar insoweit eine Einrede aus § 273 Abs. 2 Hs. 1 Var. 1 zu, aber diese schließt den Verzug nur bei Geltendmachung durch den A aus

15 *BGH* Urteil vom 24. November 2006 (Az. LwZR 6/05) unter Ziff. III 2c, Tz. 39 m.w.N. = NJW 2007, 1269 ff.
16 BGH NJW 2000, 2663 (2664).
17 Looschelders, NJW 2020, 2074 (2076 Rn. 18).
18 Grüneberg-*Grüneberg* § 320 Rn. 2.
19 *BGH* Urteil vom 21. Oktober 2004 (Az. III ZR 323/03) unter Ziff. 3 = NJW-RR 2005, 170 f.; Grüneberg-*Grüneberg* § 286 Rn. 13.
20 BGHZ 92, 194 (196).

(s.o.), an der es hier fehlt. Auch die Einrede aus § 320 steht A nicht zu, da die Vergütung nach § 641 Abs. 1 S. 1 im Zweifel erst bei Abnahme zu zahlen und A deshalb vorzuleisten verpflichtet ist (§ 320 Abs. 1 S. 1 Hs. 2). Auch wegen der Abnahmepflicht des B aus § 640 Abs. 1 S. 1 scheidet ein Zurückbehaltungsrecht aus § 320 aus, da diese Pflicht eine abnahmefähige Verschaffung des Fahrzeugs voraussetzt.[21]

Im Fall des § 410 Abs. 1 S. 1 folgt die Ausnahme aus der Regelung in § 410 Abs. 1 S. 2 Var. 2.[22] 102
Nach § 410 Abs. 1 S. 1 ist der Schuldner einer abgetretenen Forderung dem neuen Gläubiger nur gegen Aushändigung einer vom bisherigen Gläubiger über die Abtretung ausgestellten Urkunde zur Leistung verpflichtet. Diese Vorschrift begründet ein Leistungsverweigerungsrecht und damit eine vorübergehend hemmende („dilatorische") Einrede.[23]

Hinweis

§ 410 Abs. 1 S. 1 begründet keinen Gegenanspruch auf die Aushändigung einer Abtretungsurkunde, so dass nicht auf das allgemeine Zurückbehaltungsrecht aus § 273 Abs. 1 zurückzugreifen ist. Der Einredecharakter folgt vielmehr direkt aus dem Tatbestand des § 410 Abs. 1 S. 1.[24]

Nach § 410 Abs. 1 S. 2 ist eine Kündigung oder Mahnung dem Schuldner gegenüber unwirksam, wenn der Gläubiger sie ohne Vorlegung der Abtretungsurkunde vornimmt **und der Schuldner sie aus diesem Grunde unverzüglich zurückweist**.

» Aus welcher Norm ergibt sich, was der Gesetzgeber unter „unverzüglich" versteht? «

Diese Regelung wäre unsinnig, wenn das bereits bloße Bestehen des Einrederechts aus § 410 Abs. 1 den Verzug ausschließen würde. Die Mahnung wäre dann ja mangels „Fälligkeit" i.S.d. § 286 Abs. 1 stets unwirksam, unabhängig davon, ob der Schuldner die Zurückweisung ausspricht oder nicht.[25]

Das Zurückbehaltungsrecht aus § 410 Abs. 1 S. 1 wirkt damit wie das Zurückbehaltungsrecht aus § 273 Abs. 1[26] und schließt die Verzögerung nur aus, **wenn und sobald** es vom Gläubiger geltend gemacht wird. **Eine rückwirkende Beseitigung der Verzugsfolgen ist durch Erhebung dieser beiden Zurückbehaltungsrechte nicht möglich.**[27] Solange der Schuldner die Einrede nicht erhebt, ist der Gläubiger nicht gehalten, von sich aus tätig zu werden und die Aushändigung der Abtretungsurkunde anzubieten. Anlass hat er dazu erst, wenn der Schuldner zum Ausdruck bringt, nur gegen Vorlage der Abtretungsurkunde leisten zu wollen.

Beispiel V hat M ein Haus mit Garten vermietet. Der Mietzins ist nach der vertraglichen Vereinbarung jeweils am 3. Werktag eines Monats im Voraus zu zahlen. M hat die Miete für die Monate Mai und Juni nicht entrichtet. Im Juli veräußert V das vermietete Hausgrundstück an den Z und tritt ihm die Ansprüche auf die ausstehenden Mieten ab. Im

21 Grüneberg-*Sprau* § 640 Rn. 11.

22 *BGH* Urteil vom 24. November 2006 (Az. LwZR 6/05) unter Ziff. II 3c bb (3), Tz. 28 = NJW 2007, 1269 ff.; Grüneberg-*Grüneberg* § 286 Rn. 13.

23 Siehe dazu im Skript „Schuldrecht AT I" Rn. 519.

24 *BGH* Urteil vom 24. November 2006 (Az. LwZR 6/05) unter Ziff. II 3c bb (3), Tz. 24.

25 *BGH* Urteil vom 24. November 2006 (Az. LwZR 6/05) unter Ziff. II 3c bb (3), Tz. 24.

26 Zur Vertiefung können Sie den Aufsatz zum „Schuldnerverzug und Zurückbehaltungsrechten des Allgemeinen Schuldrechts" von Derleder/Karabulut in JuS 2014, 102 ff. lesen.

27 *BGH* Urteil vom 24. November 2006 (Az. LwZR 6/05) unter Ziff. II 3c bb (3), Tz. 31.

August wird Z als neuer Eigentümer des Grundstücks im Grundbuch eingetragen. Z teilt M mit, dass er nun gem. § 566 Abs. 1 als neuer Eigentümer in die Rechte und Pflichten des V eingetreten sei und ihm die Ansprüche auf die rückständigen Mieten abgetreten worden seien. Da M die offenen Mieten immer noch nicht bezahlt hat, spricht Z im September formgerecht die fristlose Kündigung aus.

M bittet Z darauf, ihm noch drei Monate Stundung zu gewähren. Z weist dies zurück und fordert M zur Räumung auf. Im November lässt M dem Z über seinen Anwalt mitteilen, die Kündigung sei unberechtigt, da Z ihm immer noch keine Abtretungsurkunde des V vorgelegt habe und er deshalb die offene Miete an ihn nicht habe zahlen müssen.

Ist die Kündigung wirksam?

Die formgerechte Kündigungserklärung des Z hat das Mietverhältnis dann wirksam beendet, wenn Z zur Kündigung berechtigt war. Das außerordentliche Kündigungsrecht des Z könnte sich hier aus § 543 Abs. 2 S. 1 Nr. 3a Var. 1 i.V.m. § 566 Abs. 1 ergeben. Dies setzt voraus, dass M mit der Entrichtung für zwei aufeinander folgende Termine in Verzug war. M hatte die Miete für die Monate Mai und Juni, also für zwei aufeinander folgende Termine, nicht gezahlt. Im Verzug befindet M sich nach § 286 aber nur dann, wenn der Z einen fälligen Anspruch auf die Miete für diese beiden Monate hatte und die weiteren Voraussetzungen des § 286 vorliegen. Nach der vertraglichen Vereinbarung war die Miete jeweils am 3. Werktag eines Monats zu zahlen. Einwendungen gegen den Bestand dieses Anspruchs sind nicht ersichtlich. Möglicherweise steht der Durchsetzbarkeit dieses Anspruchs und damit seiner „Fälligkeit" i.S.d. § 286 aber entgegen, dass M nach § 410 Abs. 1 S. 1 nur gegen Vorlage einer Abtretungsurkunde zu leisten verpflichtet ist. Daraus ergibt sich für M ein Zurückbehaltungsrecht, das geeignet ist, den Eintritt der Verzugswirkungen solange zu verhindern, bis der Gläubiger eine Abtretungsurkunde vorlegt. Allerdings hatte M sich bis zum Zeitpunkt der Kündigung auf diese Einrede nicht berufen. Aus § 410 Abs. 1 S. 2 Var. 2 folgt, dass der bloße Bestand der Einrede aus S. 1 den Eintritt des Verzuges nicht verhindern kann, sondern nur die unverzügliche Geltendmachung dieser Einrede. Andernfalls wäre die in § 410 Abs. 1 S. 2 Var. 2 angeordnete Unwirksamkeit der Mahnung bei unverzüglicher Zurückweisung wegen Nichtvorlage der Urkunde sinnlos. Die später erfolgte Geltendmachung wirkt deshalb nicht zurück und kann daher die verzugsbegründende Fälligkeit des Mietzinsanspruches nicht mehr verhindern. Auch die weiteren Verzugsvoraussetzungen liegen hier vor.

Da M sich auch nach Zugang der Kündigung nicht unverzüglich (§ 121 Abs. 1 S. 1) auf seine Einrede aus § 410 Abs. 1 S. 1 berufen hat, ist die Kündigung auch nicht nach § 410 Abs. 1 S. 2 Var. 1 als unwirksam anzusehen. Das Mietverhältnis ist damit wirksam beendet worden. ■

3. Kein Annahmeverzug des Gläubigers

Annahmeverzug des Gläubigers 103

PRÜFUNGSSCHEMA

I. Nichtannahme der wie geschuldet angebotenen Leistung
1. Tatsächliches Angebot der Leistung, § 294
2. Keine Annahme der Leistung durch Gläubiger, § 293
3. Kein Angebot einer fälligen Vorauszahlung, § 298
4. Ausnahme bei ungewissem Leistungstermin, § 299

II. Vorzeitige Ablehnung der Leistung durch Gläubiger
1. Ablehnung der Leistungsannahme, § 295
2. Wörtliches Angebot des Schuldners, § 295
3. Leistungsfähigkeit des Schuldners, § 297

III. Unterbliebene Mitwirkungshandlung des Gläubigers
1. Kalendermäßig bestimmbarer Mitwirkungstermin, § 296
2. Aufforderung durch Schuldner, § 295
3. Keine Vornahme der Mitwirkungshandlung
4. Leistungsfähigkeit des Schuldners, § 297

Eine Leistungsverzögerung kann naturgemäß nur vorliegen, wenn der Schuldner trotz Fälligkeit und Durchsetzbarkeit nicht leistet. Anders als § 362 Abs. 1 sprechen die gesetzlichen Verzögerungstatbestände nicht davon, dass die Leistung bei Fälligkeit „bewirkt" sein muss. „Bewirken" meint, dass der geschuldete Leistungserfolg durch Vornahme einer Leistungshandlung herbeigeführt worden sein muss.[28] Vielmehr heißt es in den §§ 281, 286 und 323, dass der Schuldner die fällige Leistung „nicht erbringt" (§§ 281, 323) oder „nicht leistet" (§ 286). 104

Diese Formulierungen zeigen, dass der Gesetzgeber eine Pflichtverletzung im Sinn einer Leistungsverzögerung nur dann bejaht, wenn der Schuldner noch nicht einmal die seinerseits erforderliche Leistungshandlung vorgenommen hat.

Eine Leistungsverzögerung liegt folglich bereits dann nicht vor, **wenn der Schuldner die Leistungshandlung in einer den Annahmeverzug (§§ 293 ff.) begründenden Weise vorgenommen hat.**[29] Dann hat er das seinerseits zur Leistung erforderliche getan und seine Leistungspflicht nicht verletzt. **Annahmeverzug und Leistungsverzögerung schließen sich gegenseitig aus.**

Die Voraussetzungen für den Annahmeverzug (= Gläubigerverzug) richten sich nach §§ 293–299.

28 Vgl. dazu ausführlich im Skript „Schuldrecht AT I" unter Rn. 150 ff.

29 *BGH* Urteil vom 3. April 2007 (Az. X ZR 104/04) unter Ziff. III 1, Tz. 7 = NJW 2007, 2761; Grüneberg-*Grüneberg* § 281 Rn. 12; § 286 Rn. 34; Grüneberg-*Grüneberg* § 323 Rn. 16.

a) Anbieten der Leistung

105 Erforderlich ist nach § 293 zunächst, dass dem Gläubiger die Leistung überhaupt angeboten wird. Unter den Voraussetzungen der §§ 267, 268, 1150, 1249 kann auch ein Dritter die Leistung i.S.d. § 293 anbieten, wenn er die Leistung anstelle des Schuldners bewirken will.

aa) Tatsächliches Angebot, § 294

» Wiederholen Sie an dieser Stelle noch einmal die Regeln zum Leistungsort nach §§ 269, 270.[30] «

106 Die Leistung muss dem Gläubiger nach § 294 grundsätzlich so, wie sie zu bewirken ist, am rechten Ort tatsächlich angeboten werden.

Das Angebot einer anderen, schlechten oder zu geringen Leistung oder das Angebot am falschen Ort genügen nicht. Der Gläubiger ist dann zur Annahme nicht verpflichtet (vgl. § 266). Die Verweigerung der Annahme kann aber ausnahmsweise gegen Treu und Glauben verstoßen, insbesondere wenn eine Teilleistung angeboten wird, die gegenüber dem geschuldeten Umfang nur geringfügig abweicht.[31]

bb) Wörtliches Angebot, § 295 S. 1

107 In bestimmten Fällen ist der Schuldner von der Last eines tatsächlichen Angebots befreit und darf sich mit einem wörtlichen Angebot begnügen. Das wörtliche Angebot ist eine empfangsbedürftige geschäftsähnliche Handlung, auf die die Regelungen über Willenserklärungen analog anzuwenden sind.[32] Die Bezeichnung „wörtliches" Angebot ist als Abgrenzung zum „tatsächlichen" Angebot und nicht als Formvorschrift gemeint. Das „wörtliche Angebot" kann daher auch schlüssig ohne Worte erklärt werden.[33]

(1) Fall des § 295 S. 1 Var. 1

108 Ausnahmsweise genügt ein wörtliches Angebot der geschuldeten Leistung durch den Schuldner, wenn der Gläubiger ihm **zuvor** ausdrücklich oder schlüssig erklärt hat, dass er die Leistung nicht annehmen werde (§ 295 S. 1 Var. 1). **Ein wörtliches Angebot vor Ablehnung der Leistung** führt den Annahmeverzug **hingegen nicht** herbei.[34] Etwas anderes soll nur dann gelten, wenn eine Wiederholung des wörtlichen Angebots keinesfalls Erfolg verspricht und deshalb als von vornherein sinnlose Förmelei anzusehen wäre.[35]

Beispiel Vermieter V hat die H GmbH als Hausverwalterin für seine Mietwohnungen eingesetzt. Die H erhält hierfür eine monatliche Pauschalvergütung in Höhe von 1000 €. Der entsprechend zwischen den beiden geschlossene Geschäftsbesorgungsvertrag ist zum 31.12.2023 befristet. Im November 2022 kommt es zwischen den Parteien zum Streit, da V der H einige Pflichtverletzungen vorwirft. Der Geschäftsführer der H meint, man werde in Zukunft sicher zur Zufriedenheit des V arbeiten. V weist dies zurück und beharrt auf einer Regelung über die sofortige Aufhebung des Verwaltervertrages. Als der Geschäftsführer von H dazu seine Zustimmung verweigert, erklärt V ihm gegenüber die fristlose Kündigung. H reagiert nicht weiter und stellt ihre Tätigkeit ein. Sie verlangt unter Hinweis

30 Ausführlich dazu das Skript „Schuldrecht AT I" unter Rn. 153 ff.
31 Grüneberg-*Grüneberg* § 266 Rn. 8.
32 Grüneberg-*Grüneberg* § 295 Rn. 1.
33 Grüneberg-*Grüneberg* § 295 Rn. 1.
34 *BGH* NJW 1988, 1201 unter Ziff. I 2.
35 *BGH* Urteil vom 9. Oktober 2000 (Az. II ZR 75/99) unter Ziff. 1 = NJW 2001, 287, 288.

auf Annahmeverzug des V am 31.12.2023 die gesamte Restvergütung abzüglich ersparter Aufwendungen aus §§ 675 Abs. 1, 615 S. 1. Ein solcher Anspruch besteht hier nicht, wobei dahingestellt bleiben kann, ob V überhaupt zur Kündigung berechtigt war. Es liegen nämlich die Voraussetzungen des Annahmeverzuges nicht vor. H hatte zwar der V ihre Leistungen im Gesprächstermin angeboten. Zu diesem Zeitpunkt hatte V die Annahme der Leistungen von H aber noch gar nicht verweigert. Dies geschah erst konkludent durch Ausspruch der fristlosen Kündigung. Im Anschluss daran hat H der V ihre Leistungen auch wörtlich nicht mehr angeboten. Ein solches Angebot war hier nicht vornherein sinnlos, da nicht auszuschließen ist, dass V sich bei „Gegenwehr" der H anders verhalten und den Vertrag „sicherheitshalber" zumindest vorübergehend durchgeführt hätte.

Hinweis

Nach ständiger Rechtsprechung gerät jedoch der **unwirksam kündigende Arbeitgeber** gem. §§ 293 ff. in Annahmeverzug, ohne dass es eines – auch nur wörtlichen – Angebots des Arbeitnehmers bedarf.[36] Denn in der Kündigung des Arbeitgebers liegt zugleich die Erklärung, die Arbeitsleistung des Arbeitnehmers nach Ablauf der Kündigungsfrist bzw. bei der fristlosen Kündigung nach deren Zugang nicht mehr anzunehmen.[37]

Gibt der Gläubiger seine Haltung später auf, muss der Schuldner nun tatsächlich anbieten[38] – andernfalls endet der Annahmeverzug.

(2) Fall des § 295 S. 1 Var. 2

Ein wörtliches Angebot genügt ferner, wenn zur Bewirkung der Leistung eine Handlung des Gläubigers erforderlich ist. **109**

Beispiele Abholung bei Holschuld; Lieferung der zu reparierenden Sache; Bekanntgabe von Maßen bei geschuldeter Maßanfertigung; Erstellung der Rechnung, um den noch unklaren Zahlbetrag festzulegen (z. B. bei Arztrechnung); eigenes Erscheinen beim Theaterbesuch.

Dem wörtlichen Angebot steht die Aufforderung des Schuldners gleich, der Gläubiger, solle die Leistungshandlung vornehmen, § 295 S. 2.

Beispiel Annahmeverzug kann also auch schon dadurch eintreten, wenn der Verkäufer den Käufer auffordert, die verkaufte Sache nunmehr bei ihm abzuholen.

b) Entbehrlichkeit des Angebots nach § 296

Selbst eines wörtlichen Angebots bedarf es nicht, wenn für die Mitwirkungshandlung eine Zeit nach dem Kalender bestimmt ist und die Handlung an diesem Termin nicht vorgenommen wird, § 296. Die Fälle gleichen denen von § 286 Abs. 2 Nr. 1 und Nr. 2. **110**

Beispiele Abholtermin bei vereinbarter Holschuld; persönliches Erscheinen zur Theateraufführung beim Aufführungsvertrag; persönliches Erscheinen zum vereinbarten Arzttermin.

36 BAG NJW 2023, 2369 Tz. 13, mwN.
37 BGH NJW 2024, 914 (915) Tz. 16.
38 Palandt-*Grüneberg* § 295 Rn. 5.

Hinweis

Beim versäumten Arzttermin ist allerdings heftig umstritten, ob der Arzt dann nach § 615 sein Honorar abzüglich ersparter Aufwendungen verlangen kann. § 615 ist gemäß der Rechtsprechung des BGH auf Behandlungsverträge im Sinne des § 630a anwendbar. Dabei richtet sich ein etwaiger Vergütungsanspruch aus § 615 S. 1 auch gegen gesetzlich krankenversicherte Patienten. Bei der Beurteilung der Frage, ob die Vereinbarung eines Behandlungstermins eine kalendermäßige Bestimmung im Sinne des § 296 S. 1 darstellt, verbietet sich eine schematische Betrachtungsweise. Vielmehr sind sämtliche Umstände des jeweiligen Falls, insbesondere die Interessenlage der Parteien und die Organisation der Terminvergabe durch den Behandelnden sowie deren Erkennbarkeit für die Patienten, zu berücksichtigen.[39]

Nimmt der Gläubiger die Mitwirkungshandlung später vor, endet sein Annahmeverzug. Der Schuldner muss die Leistung jetzt wieder nach § 294 tatsächlich anbieten.[40]

c) Leistungsfähigkeit des Schuldners (§ 297)

111 Aus § 297 folgt, dass Annahmeverzug in den Fällen des §§ 295, 296 nur eintreten kann, wenn der Schuldner zur Leistung im Stande ist. Entscheidend ist, **ob der Schuldner die Leistung erbringen kann, wenn der Gläubiger seine Mitwirkungshandlung vornimmt.** Diese Fähigkeit muss zum Zeitpunkt des wörtlichen Angebots i.S.d. § 296 noch nicht gegeben sein; es muss zu diesem Zeitpunkt aber schon feststehen, dass sie im Falle nachfolgender Mitwirkung des Gläubigers sicher eingetreten wäre.[41]

Beispiel K kauft bei V 100 Flaschen Wein einer bestimmten Gattung, die K am 10.5. bei V abholen soll. K erscheint zum Termin nicht. Hier tritt Annahmeverzug gem. §§ 295, 296 auch dann ein, wenn V 100 Flaschen der verkauften Sorte am 10.5. noch nicht ausgesondert, aber in seinem Lager gehabt hätte. Annahmeverzug träte hingegen nicht ein, wenn K am 10.5. ohnehin vergeblich erschienen wäre, da V sich noch nicht genügend mit Weinflaschen eingedeckt hatte. ■

d) Ausnahme des § 299

112 Wie Sie gesehen haben, ist ein Verschulden des Gläubigers für den Eintritt des Annahmeverzuges nicht erforderlich. Bei unbestimmter Fälligkeit bzw. bei vorzeitiger Erfüllbarkeit eines Anspruchs müsste der Gläubiger ständig „auf der Lauer" liegen, um Annahmeverzug zu verhindern. Dass dies bei aller gebotenen Sorgfalt auch von einem besonnenen Gläubiger nicht verlangt werden kann, liegt auf der Hand. Deshalb schafft das Gesetz für diese Fälle über einen Ausnahmetatbestand eine Art „Entschuldigungsgrund". Nach § 299 kann Annahmeverzug in diesen Fällen nur eintreten, wenn der Gläubiger nicht nur vorübergehend außerstande ist, die Leistung entgegenzunehmen (z.B. längere Urlaubsreise ohne Vertreter vor Ort) oder die Leistung trotz angemessener Ankündigung des Schuldners im Voraus nicht entgegennimmt.

39 BGH NJW 2022, 2269 (Leitsatz Ziff. 2 und 3, sehr lesenswert und examensrelevant!)

40 Grüneberg-*Grüneberg* § 295 Rn. 5.

41 Grüneberg-*Grüneberg* § 297 Rn. 2.

e) Sonderfall, § 298

113 Schuldet der Gläubiger dem Schuldner seinerseits eine Leistung, so dass beiderseits ein Zurückbehaltungsrecht z. B. nach §§ 255, 273, 320, 348, 410 besteht, können beide Personen die Leistung bis zur Bewirkung der Gegenleistung verweigern. Das bedeutet aber nicht, dass beide untätig bleiben dürfen, solange der andere noch nicht geleistet hat. Vielmehr sind beide zu einem Zug-um-Zug-Austausch verpflichtet und müssen die dazu erforderlichen Leistungshandlungen vornehmen. Der Zug-um-Zug-Vorbehalt findet sich ausdrücklich in den §§ 274, 322, 348. § 298 gilt aber für alle Zurückbehaltungsrechte, auch wenn der Zug-um-Zug-Vorbehalt dort nicht ausdrücklich vorgesehen ist.[42]

» Lesen Sie hierzu bitte die §§ 274, 322, 348. «

114 Deswegen lässt § 298 auch dann Annahmeverzug eintreten, wenn der Gläubiger zwar die Leistung anzunehmen bereit ist, aber die vom Schuldner **nun gleichzeitig verlangte** Gegenleistung selbst nicht in einer Weise anbietet, die den anderen Teil in Annahmeverzug nach §§ 294–296 versetzt. Nimmt der Schuldner die angebotene Leistung deshalb wieder mit, kann keine Leistungsverzögerung eintreten, da der Schuldner das seinerseits zur Leistung erforderliche getan hat und der Gläubiger sich nun im Annahmeverzug befindet.

Der Gläubiger kann den Schuldner also nicht zu einer Vorleistung zwingen, sondern muss die Nachteile seines Verhaltens tragen. Da das **Verlangen der Gegenleistung seitens des Schuldners eine Mahnung** darstellt, befindet sich der Gläubiger unter den weiteren Voraussetzungen des § 286 wegen der von ihm geschuldeten Gegenleistung nun seinerseits im Schuldnerverzug.[43] Die durch das Zurückbehaltungsrecht geschaffene Einredelage besteht zwar fort, wenn der Schuldner seine Leistung mangels angebotener Gegenleistung nicht bewirkt. Jedoch schließt sie bei einem Annahmeverzug begründenden Angebot des Schuldners den Tatbestand der Verzögerung und damit des Verzuges des Gläubigers nicht mehr aus.[44] Andernfalls wäre der Schuldner gezwungen, doch in Vorleistung zu gehen, um Verzugsfolgen herbeizuführen.

Beispiel 1 V verkauft K wieder 100 Flaschen Wein, die K am 10.5. bei ihm abholen soll. K erscheint am 10.5. und will die Flaschen mitnehmen. V verlangt den Kaufpreis, den K mangels ausreichenden Bargeldes nicht entrichten kann. V verweigert daher die Übergabe der Flaschen.

Eine Verzögerung der Leistungspflicht nach § 433 Abs. 1 seitens V besteht jetzt nicht, da sich K gem. §§ 298, 320 seinerseits im Annahmeverzug befindet. Eine Ausnahme nach § 299 kommt nicht in Betracht, da im Zweifel auch die Zahlungspflicht am 10.5. fällig werden sollte und deshalb ein kalendermäßig bestimmter Termin zur Zahlung vereinbart war. Umgekehrt besteht Verzug des K, da die Zahlungsverpflichtung am 10.5. fällig geworden ist und V dem K seine Leistung angeboten hat.[45] ■

Beispiel 2 Erneut verkauft V dem K 100 Flaschen Wein, die V ihm diesmal am 10.5. bringen soll. K meldet sich am 9.5. telefonisch bei V und teilt mit, er könne das Geld allerdings erst in einer Woche beibringen. V sagt daraufhin, er liefere die Flaschen nur gegen Barzahlung. K sagt daraufhin den Termin für den 10.5. ab. V hatte die Flaschen vorrätig.

42 Grüneberg-*Grüneberg* § 298 Rn. 1.
43 Grüneberg-*Grüneberg* § 298 Rn. 2.
44 *BGH* in BGHZ 116, 244, 249 unter Ziff. II 2 = NJW 1992, 556 f. und NJW 1997, 581 unter Ziff. II 1.
45 Vgl. Grüneberg-*Grüneberg* § 320 Rn. 12.

Eine Verzögerung der Leistungspflicht nach § 433 Abs. 1 seitens V besteht auch hier nicht, da sich K seinerseits im Annahmeverzug befindet. Zwar hatte V dem K die 100 Flaschen nicht tatsächlich i.S.d. § 294 angeboten. Jedoch genügte hier gem. § 296 das mündliche Angebot des V am Telefon, da K dem V zu verstehen gegeben hatte, die Flaschen nicht so anzunehmen, wie das in § 298 vorgesehen ist. Danach muss K dem V bei Übergabe der Flaschen seinerseits den Kaufpreis anbieten. Indem K seine Annahmebereitschaft nur in Bezug auf die Flaschen, aber ohne Anbieten der Gegenleistung zum Ausdruck brachte, lehnte er gleichzeitig eine ordnungsgemäße Annahme ab.[46] ■

4. Sonderfall: Schickschulden

a) Grundregeln

» Wiederholen Sie an dieser Stelle noch einmal die Unterschiede zwischen Hol-, Bring- und Schickschuld. «

115 Bei Schickschulden kann Annahmeverzug grundsätzlich erst eintreten, wenn der Gläubiger die Leistung, so wie sie zu bewirken ist, tatsächlich durch die Transportperson **am Versandort (= Empfangsort) angeboten bekommt** (§§ 293, 294).[47] Allerdings gehört der Transport hier gerade nicht zu den Pflichten des Schuldners. Sein Wohn- bzw. Geschäftssitz ist gem. § 269 der maßgebliche Leistungsort.[48]

116 Für die Rechtzeitigkeit ist daher nach bislang herrschender Auffassung entscheidend, wann der Schuldner **das zur Übermittlung der Sache seinerseits Erforderliche getan** hat.[49] Die Verzögerung des Leistungserfolges **durch die nun folgende Übermittlung durch die Transportperson kann jetzt keine Pflichtverletzung mehr darstellen**.

Hinweis

Beachten Sie, dass die Transportperson aus diesem Grunde auch kein Erfüllungsgehilfe des Schuldners ist, so dass eine Zurechnung etwaigen Verschuldens nach § 278 nicht in Betracht kommt.[50]

Beispiel Händler V verkauft dem K 100 Druckerpatronen, die K auf seine Kosten vereinbarungsgemäß zugeschickt werden sollen. Als Fälligkeitstermin ist der 10.6. vereinbart. V bringt die Patronen am 10.6. zum Paketkurier, der die Zustellung wegen organisatorischer Schwierigkeiten jedoch erst zum 15.6. ausführt. Hier liegt tatbestandlich keine Leistungsverzögerung vor, weil V am Termin das seinerseits zur Leistung Erforderliche getan hatte. ■

117 Die Parteien haben es aber in der Hand, den Termin in der Weise zu vereinbaren, dass der Termin nur durch Eintritt des Leistungserfolges gewahrt ist (sog. **„Rechtzeitigkeitsklausel"**). Dann muss die Leistungshandlung so frühzeitig vorgenommen werden, dass der Erfolg rechtzeitig eintreten kann.

---

46 *BGH* NJW 1997, 581 unter Ziff. II 1b.
47 Grüneberg-*Grüneberg* § 294 Rn. 2.
48 Vgl. dazu Skript „Schuldrecht AT I" Rn. 154 ff.
49 *BGH* in BGHZ 44, 178, 179 f. unter Ziff. 2: „Für die Rechtzeitigkeit der Leistung kommt es aber auf den Zeitpunkt der Leistungshandlung, nicht auf den des Leistungserfolges an (...)"; Grüneberg-*Grüneberg* § 286 Rn. 36.
50 Vgl. oben unter Rn. 59 f.

Beispiel So läge es, wenn die Parteien im vorherigen Beispiel vereinbart hätten: „Ablieferung am 10.6." Es gilt auch hier, dass die Transportperson kein Erfüllungsgehilfe des V ist. Trotzdem hätte V die gesamte Verzögerung zu vertreten, also auch den Zeitraum, der durch die „Bummelei" des Paketkuriers eingetreten ist: Weil er die Ware nicht rechtzeitig auf den Weg gebracht hatte, befand er sich mit Ablauf des 10.6. nach § 286 Abs. 2 Nr. 1, Abs. 4 in Verzug. Für die weiteren Umstände der Verzögerung gilt § 287 S. 2, so dass es auf § 278 gar nicht erst ankommt! ■

b) Besonderheiten bei Geldschulden

Wie sich aus dem Gesetz ergibt stellen Geldschulden im Zweifel Schickschulden dar, da bei ihnen der Erfolgsort bei der Zahlstelle des Gläubigers liegt (§ 270 Abs. 1) und der Leistungsort beim Schuldner (§§ 270 Abs. 4, 269). Leistungs- und Erfolgsort fallen also auseinander.[51] 118

Deshalb ist grds. die rechtzeitige Vornahme der zur Bewirkung der Geldleistung erforderlichen Leistungshandlung ausreichend, um eine Leistungsverzögerung abzuwehren.

Beispiel Bei Zahlung durch Überweisung käme es danach für die Rechtzeitigkeit darauf an, wann der Schuldner den Zahlungsvorgang (§ 675f Abs. 4) veranlasst und das Konto gedeckt ist und nicht darauf, wann der Betrag dem Konto des Gläubigers gutgeschrieben wurde. ■

Eine solche Sichtweise verstößt **im unternehmerischen Zahlungsverkehr jedoch gegen die EU-Zahlungsverzugsrichtlinie.**[52] Insoweit hat der Gerichtshof, auf Grundlage von Art. 3 Abs. 1 Buchst. d der Vorgänger-RL 2000/35/EG vom 29.6.2000, dass der Zeitpunkt, der für die Beurteilung maßgeblich ist, ob eine Zahlung durch eine Banküberweisung im Rahmen eines Geschäftsvorgangs als rechtzeitig bewirkt anzusehen ist, der Zeitpunkt ist, zu dem der geschuldete Betrag auf dem Konto des Gläubigers **gutgeschrieben** wird[53] 119

Auch nach der Neufassung der Richtlinie Art. 3 Abs. 1 Buchst b Hs. 2 soll der Gläubiger berechtigt sein, „bei Zahlungsverzug Zinsen insoweit geltend zu machen, als er seine vertraglichen und gesetzlichen Verpflichtungen erfüllt hat und den fälligen Betrag **nicht rechtzeitig erhalten hat**, es sei denn, dass der Schuldner für die Verzögerung nicht verantwortlich ist." Damit greifen die Verzugsfolgen nicht, wenn der Schuldner die für die Banküberweisung üblicherweise erforderlichen Fristen eingehalten hat.[54]

Dieser Zinsanspruch wird im nationalen Recht durch §§ 288, 286 gewährt, die Zinsen während des Verzuges vorsehen. Die Richtlinie setzt voraus, dass der Verzug erst durch das Erhalten des Geldbetrages beendet wird. Die Übertragung der allgemeinen Grundsätze für Schickschulden auf den besonderen Fall der Geldschuld würden dazu führen, dass der Zinsanspruch bereits vor Erhalt des Geldes endet, nämlich dann, wenn der Schuldner das seinerseits zur Leistung in bar oder per Überweisung Erforderliche getan hat.

51 Vgl. dazu Skript „Schuldrecht AT I" Rn. 161 und 162.
52 Richtlinie 2011/7/EU vom 16. Februar 2011 zur Bekämpfung von Zahlungsverzug im Geschäftsverkehr.
53 *EuGH* NJW 2008, 1935 Tz. 28.
54 BGH NJW 2017, 1596 (1598) Tz. 29.

Deswegen ist im unternehmerischen Verkehr in jedem Fall auf den rechtzeitigen Zahlungseingang, im Falle der Überweisung also auf die Gutschrift abzustellen.[55]

Hinweis

Davon zu trennen ist – wie immer – die Frage, ob der Schuldner eine eingetretene Verzögerung auch zu vertreten hat.[56] Sonst kann auch nach Art. 3 der Richtlinie kein Verzug eintreten.

In der Rechtsprechung der Instanzgerichte und im Schrifttum wird **teilweise vertreten**, dass diese Grundsätze auf Geschäfte zwischen Unternehmern und Verbrauchern zu übertragen sind. Nur so könne eine gespaltene Auslegung nationalen Rechts in richtlinienkonformer Auslegung der §§ 269 Abs. 1, 270 Abs. 1 und 4 verhindert werden.[57] Dieser Auffassung hat sich der **BGH** nicht angeschlossen. Die Richtlinie will Geschäfte mit Verbrauchern nicht erfassen. Ein anderweitiger Umsetzungswille des nationalen Gesetzgebers ist nicht erkennbar, vielmehr sollte die Position von Verbrauchern nicht betroffen werden.[58] Eine abweichende Vereinbarung in AGB verstößt zumindest dann gegen § 307 Abs. 1 S. 1, wenn sie dem Mieter das Verschulden des Zahlungsdienstleisters auferlegt. Die in Fn. 54 angeführte Entscheidung betraf das Mietrecht. Hier würde nach erstgenannter Ansicht dem Mieter das Risiko einer Kündigung auch bei nicht von ihm zu vertretenden Zahlungsverzögerung aufgebürdet.

Beispiel Unternehmer M hat bei der V GmbH Büroräume angemietet. Der Mietzins ist spätestens am 3. Werktag eines Monats im Voraus auf ein Konto der V zu zahlen. M gibt den Betrag erst am 3. Werktag zur Überweisung (vgl. zu den Fristen § 675s, t). Aufgrund eines internen Versehens der Bank wird die Überweisung erst am 15. des Monats ausgeführt. Hier befindet sich M bis zum 15. nach § 286 Abs. 2 Nr. 1, Abs. 4 in Verzug, da er die Nichtleistung bei Fälligkeit wegen eigenen Verschuldens zu vertreten und für die weitere Verzögerung nach § 287 S. 2 ohne Rücksicht auf weiteres Verschulden ebenfalls einzustehen hat.

Anders liegt es, wenn er den Geldbetrag rechtzeitig zur Überweisung gebracht hätte und die Ausführung zum 3. Werktag lediglich aufgrund eines bankinternen Versehens unterblieben wäre. Denn das Verschulden der Bank muss sich der M nach § 278 nicht zurechnen lassen, da er zur Transaktion des Buchgeldes selbst nicht verpflichtet ist und die Bank deshalb nicht als seine Erfüllungsgehilfin tätig wird. Wegen § 286 Abs. 4 kann hier Verzug zu keinem Zeitpunkt eingetreten sein.

---

55 Urteil des *EuGH* (Rs. C – 306/06 – Telekom) vom 3. April 2008 unter Tz. 23 ff. (abrufbar unter www.curia.europa.eu) = NJW 2008, 1935.

56 Ausdrücklich auch das Urteil des *EuGH* (Rs. C – 306/06 – Telekom) vom 3. April 2008 unter Tz. 29 ff.

57 U.a. LG Freiburg, NJOZ 2015, 960.

58 BT-Drs. 18/1309, 13.

B. Anspruch auf Schadensersatz aus §§ 280 Abs. 1, Abs. 2, 286

Anspruch auf Schadensersatz aus §§ 280 Abs. 1, Abs. 2, 286 120

I. Gesetzliches oder vertragliches Schuldverhältnis

II. Pflichtverletzung in der Form des Schuldnerverzuges nach § 286

1. Abgrenzung zum Schadensersatz statt der Leistung
2. Unbefristete/befristete Mahnung
   a) Eindeutige und bestimmte Leistungsaufforderung des Gläubigers/eines Vertreters
      (P) Zuvielforderung des Gläubigers Rn. 139
   b) Allgemeine Wirksamkeitsvoraussetzungen (analog)
      aa) für empfangsbedürftige WE, §§ 105, 130 f.
      bb) für einseitige Rechtsgeschäfte, §§ 164, 174, 180
3. oder: Zustellung einer Klage/eines Mahnbescheides, § 286 Abs. 1 S. 2
4. oder: Entbehrlichkeit einer Mahnung gem. § 286 Abs. 2, Abs. 3
   (P) Einseitig bestimmter Leistungstermin Rn. 142
   (P) Kalendermäßig bestimmbarer Leistungstermin ohne Frist Rn. 143
5. Fälligkeit und Durchsetzbarkeit des Anspruchs im Moment von Ziff. 2–4
   (P) Mahnung in fälligkeitsbegründender Rechnung Rn. 158 ff.
6. Nichtleistung

III. Vertretenmüssen des Schuldners, § 280 Abs. 1 S. 2

1. Bezugspunkt: Eintritt der obj. Verzugsvoraussetzungen
2. Vertretenmüssen nach §§ 276 ff.
3. Verschuldensvermutung bei unklarem Sachverhalt (§ 280 Abs. 1 S. 2)

IV. Ersatzfähiger Schaden (Differenzhypothese)

(P) Kosten einer Erstmahnung Rn. 175
(P) Entgangener Gewinn Rn. 176
(P) Nutzungsausfallschäden Rn. 177 ff.
(P) Berechnung bei Abtretung Rn. 184 ff.

V. Art und Umfang des Schadensersatzes, §§ 249 ff.

VI. Ergebnis: Anspruch entstanden/nicht entstanden

[→ Je nach Ergebnis weiter mit Prüfung rechtsvernichtender Einwendungen bzw. Durchsetzbarkeit des Anspruchs]

PRÜFUNGSSCHEMA

I. Die Unterscheidung zwischen Schadensersatz „neben" und „statt" der Leistung

121

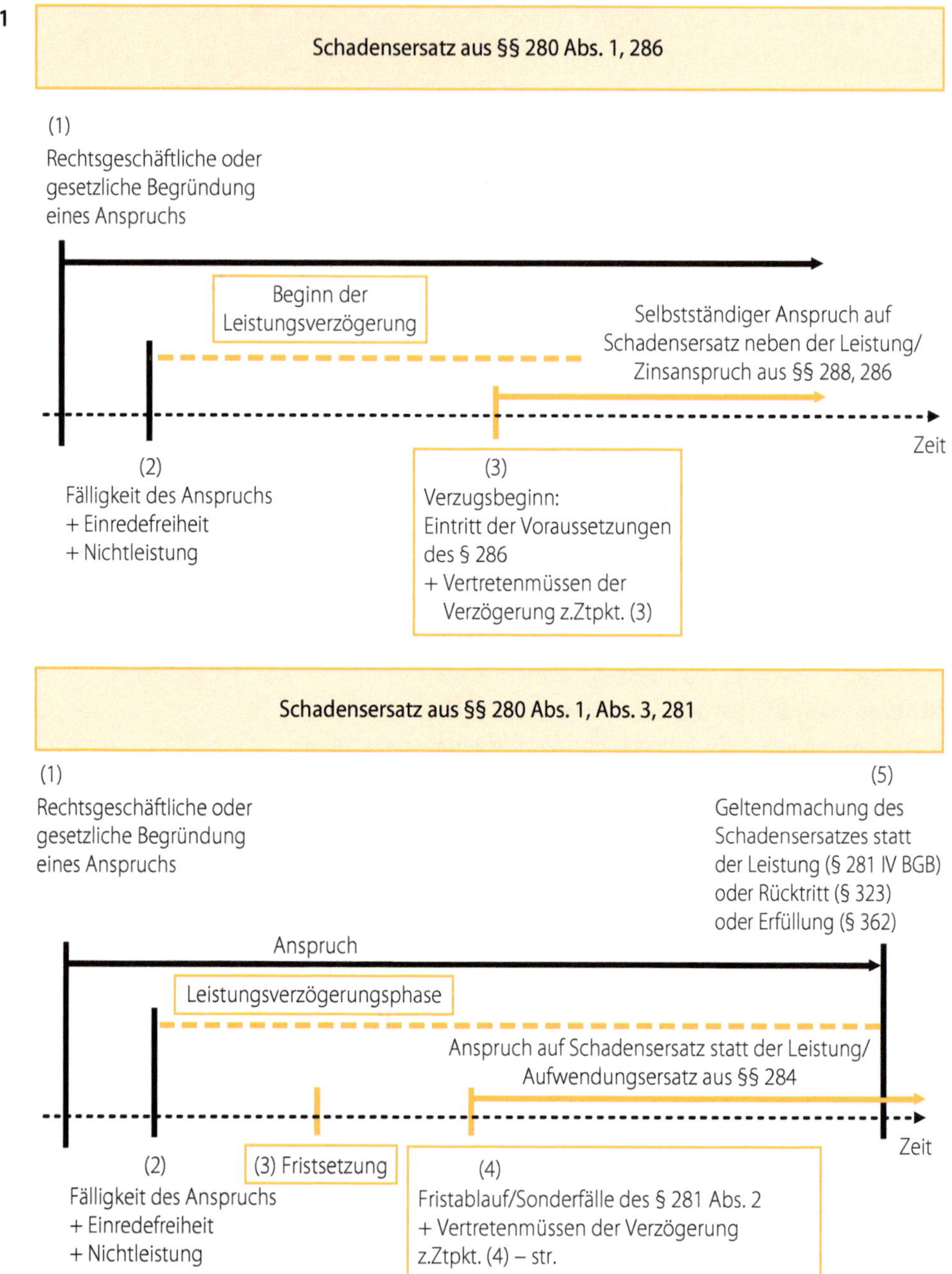

122 Wie sich aus § 280 Abs. 1, Abs. 2 einerseits und §§ 280 Abs. 1, Abs. 3, 281 andererseits ergibt, unterscheidet das Gesetz zwischen dem Schadensersatz „statt der Leistung" einerseits und dem Schadensersatz „neben" der Leistung wegen Verzögerung der Leistung andererseits.

123 Der Sinn der systematischen Unterscheidung zwischen Schadensersatz „statt" und „neben" der Leistung wird durch folgende Überlegung deutlich: Durch das in § 281 Abs. 1 für den Schadensersatz statt der Leistung grundsätzlich vorgesehene Erfordernis einer angemesse-

nen Nachfristsetzung soll dem Schuldner die (zweite) Chance eröffnet werden, seine Leistung zu erbringen und damit seine Schadensersatzpflicht abzuwehren. Dadurch soll ihm eine Haftung durch fristgerechtes Nachholen der Leistung erspart bleiben. Das Privileg der durch Nachfristsetzung zu eröffnenden „zweiten Chance" schützt also den Schuldner vor einer Schadensersatzhaftung.

Hinweis

In der Klausur kann die Abgrenzung des Schadensersatzes statt der Leistung vom Schadensersatz neben der Leistung entweder einleitend geprüft werden oder im Rahmen des Fristsetzungs- oder Mahnungserfordernisses vorgenommen werden.

Allerdings wäre es unbillig, wenn der Gläubiger solche Schäden ersatzlos hinnehmen müsste, die durch nachträgliche Erfüllung des Schuldners gar nicht mehr vermieden werden können und damit endgültig eingetreten sind.

Beispiele für „irreparable" Verzögerungsschäden Mahnkosten, Zinsschäden, Mehrkosten bei der Produktion, Mietkosten wegen vorübergehender Nutzung einer Ersatzsache. ■

Der Schuldner verdient wegen seiner begangenen Pflichtverletzung keine vollständige Befreiung von einer Schadensersatzhaftung durch Nachholen der Leistung. Schließlich hat er vor Fristsetzung die Leistung bereits verzögert und damit eine Pflichtverletzung i.S.d. § 280 verwirklicht. Er soll deshalb für bestimmte Schäden auch dann haften, wenn er seine Leistung innerhalb der ihm gesetzten Frist nachholt. Es muss folglich zusätzlich zum Anspruch auf (pünktliche) Leistung im Hinblick auf bestimmte Schäden noch einen weiteren Schadensersatzanspruch des Gläubigers geben, der unabhängig vom Nachholen der Leistung – ggf. neben einem anderweitigen Schadensersatz statt der Leistung – besteht: den Anspruch auf Schadensersatz **„neben"** der Leistung.

Der Schadensersatz „neben der Leistung" kann immer „neben" der Erfüllung des Primäran- **124**
spruches oder des Schadensersatzes „statt" der Leistung verlangt werden. Der Schadensersatz „statt der Leistung" kann immer nur „statt" der Erfüllung des Primäranspruches geltend gemacht werden, wie sich aus der Klarstellung in § 281 Abs. 4 ergibt.

Zur Abgrenzung der verschiedenen Schadensersatzarten werden unterschiedliche Ansätze **125**
bemüht, die in den allermeisten Konstellationen zu denselben Ergebnissen kommen. Bevor wir uns die einzelnen Theorien ansehen, wollen wir noch einmal die maßgeblichen Unterschiede, mithin Gründe und teleologischen Grundsätze für die Notwendigkeit einer sauberen Abgrenzung vor Augen führen. Denn jede der nachfolgenden Theorien muss sich am Ende daran messen, ob sie die Zwecke des Gesetzes im jeweiligen Fall zur möglichst großen Entfaltung bringt. Die Unterscheidung ist unter Beachtung folgender bewusst vereinfacht dargestellter Grundintentionen des Gesetzes vorzunehmen:

1. Wer eine Pflicht aus dem Schuldverhältnis verletzt, soll – ohne weitere besondere Voraussetzungen – haften, sofern er sich nicht exkulpieren kann (§ 280 Abs. 1).

2. Beruht der Schaden auf einer Leistungsverzögerung, steht der Anspruch grds. unter dem Vorbehalt einer Mahnung, vgl. §§ 280 Abs. 1, 2, 286.

3. Der Schadensersatz statt der Leistung steht in einem Exklusivitätsverhältnis zum ursprünglichen Erfüllungsanspruch (vgl. § 281 Abs. 4) und steht grds. unter dem Vorbehalt der Fristsetzung.

4. § 281 Abs. 4 dient der Verhinderung einer Doppelkompensation (ursprünglich geschuldete Leistung und Schadensersatz statt der Leistung).

5. Die Kategorie der Pflichtverletzung dient primär der Zuordnung zu einer passenden Anspruchsgrundlage im Rahmen des Schadensersatzes (vgl. §§ 281, 282, 283, 311a Abs. 2).

Zur Abgrenzung werden verschiedene Ansichten vertreten. So der phänomenologische Ansatz, die sog. Zauberformel und die Lehre von der Gesamtabrechnung.[59] Die Rechtsprechung hat sich keinem der Ansätze abschließend oder ausschließlich verschrieben. Vielmehr löst die Rechtsprechung die Fallkonstellationen unter (teilweiser) Heranziehung der nachfolgend genannten Theorien auf, orientiert sich jedoch maßgeblich am teleologischen Unterbau der Vorschriften. Im Ergebnis kann gesagt werden, dass die Rechtsprechung damit relativ nah am phänomenologischen Ansatz arbeitet.

Am zuverlässigsten lassen sich die gefundenen Ergebnisse in der Klausur mit dem (differenzierten) **phänomenologischen Ansatz** begründen. Hiernach ist danach zu unterscheiden, **ob der Schadensersatz ein Äquivalent (sog. leistungspflichtbezogenes Äquivalenzinteresse)** für das bisherige oder endgültige Ausbleiben der Leistung darstellt oder das **Integritätsinteresse** betroffen ist. In Anlehnung an *Canaris* verstehen *Giroleit* und *Bender*[60] das Äquivalenzinteresse als *„Interesse am Ertrag* der unmittelbar gestörten Leistungspflicht". Dem Integritätsinteresse unterfällt dabei **alles, was nicht** dem Äquivalenzinteresse zuzuordnen ist. Das Äquivalenzinteresse kann dabei auf einer Verspätung der Leistung beruhen oder dem endgültigen Ausbleiben der Leistung. Es erfasst die Kompensation für die Leistungssubstanz, den Nutzwert der Leistung und sonstige Schäden, die auf dem Ausbleiben der Leistung beruhen. Daraus folgt folgende schadensartenbezogene Dreiteilung der Ersatzkategorien:

1. Das leistungs**ersetzende** Äquivalenzinteresse entspricht den §§ 280 Abs. 1, 3, 281–283, 311a Abs. 1.

Beispiele

1. Substanzschäden

a. Beschaffungsaufwand (Deckungsgeschäft, Reparaturkosten),

b. Kompensation wegen endgültigen Ausbleibens der Naturalleistung (Entgangener Gewinn, (mangelbedingter) Minderwert oder Mindererlös).

2. Kompensation für Nutzwert der Leistung ab endgültigem Ausbleiben der Leistung:

Z.B. rückabwicklungsbedingter Nutzungsausfallschaden[61] ■

2. Das zeitabhängig leistungs**ergänzende** Äquivalenzinteresse entspricht §§ 280 Abs. 1, 2, 286.

59 Diese Theorie werden wir nicht erörtern. In Klausurlösungen wird dieser Ansatz nicht verlangt. In Hausarbeiten sollte man auch diesen Ansatz kritisch würdigen. Umfassende Ausführungen finden Sie im Aufsatz von *Girgoleit/Bender* ZfPW 2019, 1 (41 ff.).

60 *Giroleit/Bender* ZfPW 2019, 1 (5) m.w.N.

61 Gem. § 254 Abs. 2 zu begrenzen auf den Zeitraum bis zur zumutbaren Vornahme eines Deckungskaufs.

Beispiele Alle Positionen, die nicht unter Ziffer 1 fallen und dem leistungspflichtbezogenen Äquivalenzinteresse zuzuordnen sind. Hier insb. Kompensation für den Nutzwert der Leistung bis zum endgültigen Wegfall des Naturalanspruchs.

3. Das Integritätsinteresse dagegen § 280 Abs. 1.

Beispiel Alle nicht von Ziffer 1 oder 2 erfassten Positionen.

Daraus folgt, dass im Fall der Beeinträchtigung des Äquivalenzinteresses Ziffern 1 und 2 in Betracht kommen. Gemeinsam führen sie zu einer vollständigen Kompensation des „Interesses am Ertrag". **Kommt es nicht zum endgültigen Leistungsausfall**, liegt **nur** ein Fall von Ziffer 2 vor. Diese Positionen sind zeitabhängig (Schaden tritt zeitabhängig – da unabhängig vom späteren Ausbleiben der Leistung – und endgültig ein) und leistungsergänzend (da (potenziell) neben den Schadensersatz statt der Leistung tretend). **Kommt es zum endgültigen Leistungsausfall,** kommen die Ziffern 1 und 2 in Betracht. Ziffer 2 wie soeben, allerdings **nur** für Positionen bis zum endgültigen Ausfall der Naturalleistung. Ansonsten greift Ziffer 1. Alle Positionen, die nicht Ziffer 1 oder 2 zugeordnet werden konnten, sind über § 280 Abs. 1 ersatzfähig. Das folgt daraus, dass ein „Recht" zur zweiten Andienung oder eine Mahnung in diesen Konstellationen nicht sinnvoll und damit vom Gesetz nicht vorgesehen sind.

Die Anwendung dieses Ansatzes bietet Vorteile auf verschiedenen Ebenen. Zum einen werden Sie gezwungen, sich die Grundsätze und den Telos der Schadensersatzvorschriften bewusst zu machen. Dadurch können alle Fälle in einer Klausur einer sehr gut nachvollziehbaren und mit dem Gesetzeszweck übereinstimmenden Lösung gebracht werden. Sie müssen bewusst machen, dass der dargestellte Ansatz **„KEINE Zauberformel"** darstellt, sondern vielmehr eine aus dem Telos des Gesetzes normativ abgeleitete schadensphänomenologische Kategorisierung der Ersatzkategorien. Mit ein wenig Nacharbeit[62] und Übung werden Sie das schadenersatzrechtliche System besser verstehen und infolgedessen in Klausuren wesentlich überzeugender argumentieren können.

Schauen wir uns nun den **zeitlich (dynamischen) Ansatz (sog. „Zauberformel")** an. Nach diesem wird, von der wohl (und noch) herrschenden Lehre, insb. auf den Sinn und Zweck des Fristsetzungserfordernisses abgestellt. Eine Fristsetzung macht nur Sinn, wenn der Schaden durch eine (gedachte, deren Möglichkeit unterstellte) Nachholung der zunächst ausgebliebenen Leistung (ggf. Nacherfüllung) im letztmöglichen Zeitpunkt hätte vermieden werden können.[63] Wenn dies bejaht werden kann, liegt ein Schadensersatz statt der Leistung vor. Ist der Schaden dagegen (vor dem letztmöglichen Leistungszeitpunkt) endgültig eingetreten, macht eine Fristsetzung keinen Sinn; in dieser Konstellation liegt ein Schadensersatz neben der Leistung vor. Der letztmögliche Zeitpunkt liegt im Fall der Unmöglichkeit im Eintritt der Unmöglichkeit (§ 275), ansonsten im Schadensersatzverlangen (vgl. § 281 Abs. 4) oder in der Ausübung des Rücktritts (§§ 323, 346).[64]

62 Ich empfehle Ihnen den Aufsatz von *Giroleit/Bender* ZfPW 2019, 1 ff. zumindest im Hinblick auf den soeben dargestellten Ansatz vollständig zu lesen. Dort finden sie zudem eine Vielzahl von Fällen und Vertiefungen zur hinter dem Ansatz stehenden Wertungsebene.

63 BGH NJW 2019 1867 (1869) Tz. 28.

64 Nach einer anderen Ansicht ist auf den Ablauf der Leistungs- oder Nacherfüllungsfrist abzustellen. Nach Ablauf dieses Zeitpunkts steht es im Belieben des Gläubigers, ob er die – für den Schuldner erfüllbare – Leistung annimmt oder zurückweist.

Aus diesem Ansatz folgt, dass die gedankliche Trennung des Schadensersatzes statt der Leistung und des Anspruches auf Schadensersatz neben der Leistung **nach dem begehrten Ersatz, also von der begehrten Rechtsfolge her, unter Berücksichtigung des Entstehungszeitpunkts, erfolgen muss.**[65]

JURIQ-Klausurtipp

In Ihrem Gutachten müssen Sie also immer deutlich machen, wegen welcher Schadensposition Sie die jeweilige Anspruchsgrundlage prüfen. Die Prüfung erfolgt gedanklich stets für jede geltend gemachte Schadensposition getrennt. Entfallen mehrere Schadenspositionen auf dieselbe Anspruchsgrundlage können Sie die Prüfung in der schriftlichen Ausarbeitung dann selbstverständlich zusammenfassen. Nach der zeitlich dynamischen Abgrenzung kann es dazu kommen, dass eine Schadensposition nicht für den gesamten Zeitraum stets derselben Schadensersatzkategorie zuzuordnen ist (siehe *Beispiel 2* in Rn. 127). Die obige Abgrenzung sollte nur im Rahmen problematischer Fälle vorgenommen werden. In allen anderen Fällen wählen Sie die passende Anspruchsgrundlage und prüfen diese anhand der üblichen Voraussetzungen durch. Kommen Sie über die oben genannten Ansichten zu verschiedenen Ergebnissen, ist eine wertende Betrachtung vorzunehmen. Die Ansätze sind Faustformeln, die i.E. am Sinn und Zweck von § 280 Abs. 3 gemessen werden müssen.[66]

126 Die zeitlich (dynamische) Abgrenzung setzt – wie auch die erstgenannte Theorie – eine genaue Bestimmung der geschuldeten Leistung voraus. In Gewährleistungsfällen lässt sich in Klausuren an dieser Stelle die Frage der Reichweite der Nacherfüllung gut einbauen.[67] Neben der obigen Abgrenzung gilt es im Besonderen Teil des Schuldrechts im ersten Schritt abzugrenzen, ob die Vorschriften des Allgemeinen Schuldrechts unmittelbar oder (nur) über Verweisvorschriften (§§ 437, 634, 651i, 327c, 327i) zur Anwendung gelangen. Diese Unterscheidung ist wegen der unterschiedlichen Verjährungsfristen und Sondervorschriften im Besonderen Teil des Schuldrechts sehr relevant. Mit diesen Abgrenzungsfragen werden wir uns im Rahmen der jeweiligen Verträge umfassend beschäftigen.

127 Unter den Schadensersatz **neben** der Leistung fallen nach dieser Ansicht diejenigen Schadenspositionen, die **durch die Leistungsverzögerung** endgültig eingetreten sind und auch durch eine spätere Leistung nicht mehr verhindert werden können.[68] Die Leistung kann insoweit lediglich die Entstehung eines **weiteren** Schadens verhindern.

JURIQ-Klausurtipp

Der Umgang mit diesen Formeln bereitet vielen gedankliche Schwierigkeiten, weil sie an einer entscheidenden Stelle in eine „Falle" tappen: Wenn bestimmte Schäden, insbesondere Kosten, angefallen sind, können sie durch Leistung nicht mehr beseitigt werden. Das bedeutet aber nicht, dass sich der Ersatz nun zwingend nach den Regeln über den Schadensersatz „neben der Leistung" richtet. Das wird häufig missverstanden. Entscheidend ist vielmehr, ob diese Schäden (Kosten) durch Abwarten des Gläubigers bis zur zulässigen Nachholung der Leistung durch den Schuldner noch hätten vermieden werden können.

---

65 *Lorenz* NJW 2005, 1889, 1890 f. unter Ziff. 2 m.w.N. (sehr lesenswert!); Grüneberg-*Grüneberg* § 280 Rn. 18 m.w.N.

66 *Looschelders* Schuldrecht AT § 24 Rn. 22.

67 *BGH* NJW 2019, 1867.

68 *Lorenz* NJW 2005, 1889, 1890 f. unter Ziff. 2 m.w.N.

Beispiel 1: Verfrühter Deckungskauf 1 K kauft von V einen Pkw zu einem Preis von 10 000 €, der am 1.10. geliefert werden soll. Als V am 1.10. nicht liefert, kauft sich K bei X das gleiche Modell für 12 000 €. Die Mehrkosten aus diesem „Deckungskauf" hätten durch eine Nachholung der Leistung des V vermieden werden können, da sie im Ergebnis das Interesse des K an der Leistungserbringung durch V befriedigen. Zur Leistungserbringung war V auch nach dem 1.10. noch berechtigt, da seine Verzögerung die Primärleistungspflicht nicht automatisch entfallen lässt. Die Mehrkosten fallen also unter den Schadensersatz statt der Leistung. Da V dem K die nach § 281 Abs. 1 grundsätzlich erforderliche Frist nicht gesetzt hat, besteht kein Anspruch auf Ersatz der mit dem zweiten Kaufvertrag (tatsächlich und irreparabel!) verbundenen Mehrkosten.

Zum gleichen Ergebnis kommt im Ausgangspunkt der schadensphänomenologische Ansatz. Für die Ersatzfähigkeit kommt es nicht darauf an, ob das Deckungsgeschäft vor oder nach Fristablauf vorgenommen wurde.[69] Der Gläubiger, der vor Fristablauf ein Deckungsgeschäft vornimmt, trägt jedoch das Risiko, dass der Schuldner noch innerhalb der Frist leistet und er dadurch seinen Schadensersatzanspruch verliert.[70] Für das Bestehen eines Schadensersatzanspruchs käme es vorliegend darauf an, ob beim Schadensersatzverlangen des K die Voraussetzungen des Anspruchs eingehalten wurden. Nach diesem Ansatz müsste K eine Frist setzen und könnte im Fall der Nichtleistung den Schaden nach Fristablauf liquidieren. ■

Beispiel 2: Verfrühter Deckungskauf 2 Wie soeben. Allerdings setzt K dem V eine angemessene Frist. Nach Ablauf der Frist tätigt K den Deckungskauf und verlangt eine Woche später Schadensersatz in Höhe der Mehrkosten von 2000 €.

Nach dem **schadensphänomenologischen Ansatz** liegt beim Deckungskauf stets (zeitpunktunabhängig!) eine das leistungsersetzende Äquivalenzinteresse (Substanzschaden) betreffende Position vor; mithin ein Schadensersatz statt der Leistung. Die Nichtleistung erlaubt sodann die Zuordnung zu §§ 280 Abs. 1, 3 281.[71]

Nach dem zeitlich dynamischen Ansatz ist (u.a.) umstritten, ob der letztmögliche Leistungszeitpunkt schon mit Ablauf der Frist[72] eintritt oder erst mit dem (späteren) Schadensersatzverlangen.[73] Würde man auf den Fristablauf abstellen, würde der Schaden durch Leistung nach dem Deckungskauf nicht entfallen. Es läge ein Schadensersatz nach §§ 280 Abs. 1, 2, 286 vor. Stellt man dagegen auf das Schadensersatzverlangen ab, liegt ein Schadensersatz statt der Leistung vor. Hier wird sodann eine Vielzahl von Ansätzen vertreten, wie eine Wertungskorrektur aussehen könnte.[74]

Diese teilweise umständlichen Korrekturversuche weisen häufig keinen Bezugspunkt zu den teleologischen Grundlagen des Schadensersatzrechts auf und sind eigentlich unnötig. Dadurch müssen Sie hier mehr lernen. Die erstgenannte Ansicht können Sie in der Klausur mit dem Argument der engen Übereinstimmung mit dem Telos der §§ 280 ff. stets bevorzugt zur Anwendung bringen. Die Rechtsprechung nimmt in solchen Fällen ebenfalls den Schadensersatz statt der Leistung an. ■

---

69 *Ostendof* NJW 2010, 2833 (2835 ff.).

70 *Hellgard* JuS 2016, 1057 (1061).

71 Zum teleologischen Unterbau beachten Sie ergänzend die Ausführungen in *Girgoleit/Bender* ZfPW 2019, 1 (23, lit. a.).

72 *Ostendorf* NJW 2010 2833 (2838).

73 *Medicus/Lorenz* Schuldrecht allgemeiner Teil § 38 Rn. 19 ff. m.w.N.

74 *Giroleit/Bender* ZfPW 2019, 1 (25) mwN.

» Beachten Sie hiezu die Ausführungen in Rn. 128. «

Beispiel 3 Wenn K im Beispiel nach fruchtlosem Verstreichen des 1.10. keinen zweiten Kaufvertrag mit X schließt, sondern am 2.10. einen Mietwagen bei Y bucht, stellt sich das Ersatzsystem folgendermaßen dar:

Der mit der Leistungsverzögerung ab dem 2.10. verbundene Ausfall der Nutzungsmöglichkeit des gekauften Pkw lässt sich durch ein Nachholen der Leistung bis zum letztmöglichen Zeitpunkt nicht mehr vermeiden, sondern besteht **bis dahin** als endgültiger Schaden. Wegen dieses Nutzungsausfalls hat K einen Mietwagen nehmen müssen, dessen Kosten folglich nach den Regeln über den Schadensersatz neben der Leistung ersetzt verlangt werden können. Wenn K nun am **1.11.** nach erfolgloser Fristsetzung zurücktritt und/oder Schadensersatz statt der Leistung geltend macht, endet die Primärleistungspflicht des V. Die Erstattung der ab dem **1.11.** entstandenen Mietwagenkosten erfolgt dann nach den Regeln über den Anspruch auf Schadensersatz statt der Leistung, da sie auf einem endgültigen Ausbleiben der Leistung beruhen, die wegen des Rücktritts jetzt nicht mehr nachgeholt werden darf.[75] Dieser Anspruch kann auch nach Rücktritt geltend gemacht werden (§ 325). Dass K nicht ewig mit dem Mietwagen fahren darf, ergibt sich aus dem Verbot der schadensrechtlichen Besserstellung und seiner Schadensminderungsobliegenheit (§ 254 Abs. 2).

Zu diesem Ergebnis gelangen sie auch nach der **schadensphänomenologischen** Betrachtung. Die Mietwagenkosten betreffen das zeitabhängige leistungsergänzende Äquivalenzinteresse (siehe Rn. 125), da diese nicht den Substanzschaden betreffen und bis zum 1. November nicht auf einem endgültigen Ausbleiben der Leistung beruhen. Wie oben richtet sich der Ersatz nach dem Schadensersatz neben der Leistung wegen Verzugs. Nach diesem Zeitpunkt beruht die Kompensation auf dem endgültigen Ausbleiben der Leistung und unterfällt damit dem leistungsersetzenden Äquivalenzinteresse und ist daher dem Schadensersatz statt der Leistung zuzuordnen. Freilich ist der Schadensersatzanspruch nicht für einen endlosen Zeitraum, sondern gemäß § 254 Abs. 2 auf den Zeitraum bis zur zumutbaren Vornahme eines Deckungskaufs zu begrenzen. ■

128 In seiner Entscheidung vom 3.7.2013 („Biodiesel-Fall")[76] hatte sich der *BGH* mit der Frage befasst, ob die **Mehrkosten eines Deckungskaufs**, den der Käufer **nach Ablauf der von ihm gesetzten Nachfrist**, aber noch **vor dem Erlöschen des Erfüllungsanspruchs** getätigt hatte, als Verzugsschaden nach §§ 280 Abs. 1, Abs. 2, 286 zu ersetzen sind. Der Käufer hatte in diesem Fall trotz des Fristablaufs und nach Vornahme des Deckungskaufs auf Lieferung bestanden und diese schließlich auch erhalten. Der *BGH* hatte dem Käufer zunächst einen Ersatz nach §§ 280 Abs. 1, Abs. 3, 281 mit der Begründung versagt, dass dieser Anspruch zwar **mit Fristablauf** tatbestandlich dem Grunde nach gegeben gewesen sei, aber mit späterer Annahme der Leistung durch den Käufer wieder erloschen sei. Zur Begründung hat er ausgeführt, dass sich Erfüllung und Schadensersatz statt der Leistung schon begrifflich ausschließen.

Obwohl sich der Verkäufer **im Zeitpunkt des Deckungskaufs** noch im Schuldnerverzug befand (dieser endet noch nicht mit dem Fristablauf), hat der *BGH* auch einen Anspruch aus §§ 280 Abs. 1, Abs. 2, 286 abgelehnt. Jeder Deckungskauf ist eine endgültige Ersetzung der ursprünglich erwarteten Leistung durch eine gleichwertige andere; der Deckungskauf ersetzt funktional die Leistung, so dass ein Schaden statt der Leistung vorliegt. Beschafft sich der Gläubiger die geschuldete Leistung am Markt, stellt er genau den Zustand her (und zwar in Natur), der bei einer Naturalleistung des Schuldners bestünde.

---

75 *BGH* Urteil vom 28. November 2007 (Az. VIII ZR 16/07) unter Ziff. II 2a = NJW 2008, 911.

76 *BGH* Urteil vom 3. Juli 2013 (Az. VIII ZR 169/12).

Der Käufer wäre, falls ihm neben der im Vorprozess erfolgreich geltend gemachten Vertragserfüllung ein Anspruch auf Erstattung der Mehrkosten des eigenen Deckungskaufs zugebilligt würde, zum Nachteil des Verkäufers so gestellt, als hätte er die bestellte Dieselmenge zu dem vertraglich vereinbarten Preis **doppelt** zu beanspruchen. Hieran wird besonders deutlich, dass die Kosten des eigenen Deckungskaufs des Käufers, der an die Stelle der vom Verkäufer geschuldeten Leistung tritt, nicht neben dieser Leistung als Verzögerungsschaden geltend gemacht werden können.

Hier orientiert sich der BGH am Telos der §§ 280 ff. und argumentiert entsprechend dem schadensphänomenologischen Ansatz. Vgl. insoweit die unter Rn. 125 (Ziff. 4) aufgezeigten Grundsätze und die Lösung zu *Beispiel 2*.

Hinweis 129

Wie diese Entscheidung zeigt, findet eine **rein zeitliche** Einordnung (Schadenseintritt vor Erlöschen des Erfüllungsanspruchs = Schadensersatz neben der Leistung, Schadenseintritt danach = Schadensersatz statt der Leistung)[77] ihre Grenze u.a. bei den Mehrkosten des Deckungskaufs. Diese sind **stets** nur als Schadensersatz **statt der Leistung** zu ersetzen, gleichgültig, ob sie vor oder nach dem Erlöschen des Erfüllungsanspruchs angefallen sind.[78]

Gehen wir nun die einzelnen Voraussetzungen des Anspruchs auf Schadensersatz neben der Leistung wegen Leistungsverzögerung aus §§ 280 Abs. 1, Abs. 2, 286 Schritt für Schritt durch:

II. Schuldverhältnis

In Betracht kommt grundsätzlich jedes anspruchsbegründende Schuldverhältnis, aus Vertrag oder aus Gesetz. Bei bestimmten gesetzlichen Schuldverhältnissen gelten aber Besonderheiten und Einschränkungen, die wir uns im jeweiligen Zusammenhang an anderer Stelle näher ansehen werden.[79] 130

Da im vorvertraglichen Schuldverhältnis aus § 311 Abs. 2 bzw. Abs. 3 keine Leistungspflichten, sondern nur Rücksichtnahmepflichten gem. § 241 Abs. 2 begründet werden, scheidet ein Schuldverhältnis aus § 311 Abs. 2, Abs. 3 als Anknüpfungspunkt aus.

77 Vgl. *Lorenz* in: Festschrift Leenen, 2012 S. 147, 153; *Faust* in: Festschrift Huber, 2006 S. 239, 254; *Klöhn* JZ 2010, 46, 47. Die Einordnung als Verzögerungsschaden führt allerdings auch nach dieser Auffassung nicht dazu, dass der Käufer die Mehrkosten des Deckungsgeschäfts ohne weiteres neben dem Erfüllungsanspruch geltend machen kann. Vielmehr wird der Anspruch durch unterschiedliche Konstruktionen dann doch wieder ausgeschlossen bzw. auf bestimmte Fälle eingeschränkt (s.o.).

78 Beachten Sie zu den **weiteren Störfällen** bei zeitlichen Ansatz *Girgoleit/Bender* ZfPW 2019, 1 (28 ff.).

79 Lesen Sie in diesem Zusammenhang gerne den recht aktuellen **Überblicksaufsatz** von *Croon Gestefeld* in ZfPW 2022, 285. Ergänzend die **sehr examensrelevante** Entscheidung des BGH zu § 1004 Abs. 1 in JuS 2023, 783.

III. Pflichtverletzung in Form des Schuldnerverzuges gem. §§ 280 Abs. 2, 286

131 Die Leistungsverzögerung als solche ist eine Pflichtverletzung im Sinne von § 280. Denn der geschuldete Leistungserfolg wird nicht zum geschuldeten Zeitpunkt durch Vornahme der Leistungshandlung am Leistungsort herbeigeführt. Gem. § 280 Abs. 1 kann der Gläubiger den Ersatz des durch eine Pflichtverletzung entstandenen Schadens verlangen, es sei denn, dass der Schuldner die Pflichtverletzung nicht zu vertreten hat. § 280 Abs. 2 bestimmt aber, dass ein Anspruch auf Schadensersatz „neben der Leistung" **wegen Leistungsverzögerung** nur unter den zusätzlichen Voraussetzungen des § 286 besteht. Das bedeutet:

132 Ein Schadensersatzanspruch neben der Leistung wegen Leistungsverzögerung besteht nur, wenn die weiteren verschärften Voraussetzungen des § 286 erfüllt sind. Der Schuldner muss sich mit der Erfüllung seiner Leistungspflicht also im **Verzug gem. § 286** befinden.

JURIQ-Klausurtipp

Zur Prüfung der Pflichtverletzung leiten Sie etwa wie folgt über:

„(...) Als maßgebliche Pflichtverletzung kommt hier (nur/zunächst) eine Verzögerung der Leistung in Betracht."

Spätestens an dieser Stelle sollten Sie in der Klausur jetzt erläutern, warum Sie auf §§ 280 Abs. 2, 286 abstellen und nicht auf die Regeln der §§ 280 Abs. 1, 3, 281. Sie müssen also anhand der oben beschriebenen Formeln erläutern, warum der von Ihnen geprüfte Schadensersatzanspruch den Regeln des Schadensersatzanspruches „neben" der Leistung und nicht den Regeln des Schadensersatzes „statt" der Leistung folgt. Alternativ können Sie die Abgrenzung auch eingangs der Anspruchsprüfung in einem ersten Prüfungspunkt vornehmen.

Die Verzugsprüfung „moderieren" Sie dann etwa folgendermaßen an:

„(...) Folglich richtet sich der Ersatz nach den Regeln über den Schadensersatzanspruch neben der Leistung, hier also nach den Voraussetzungen der §§ 280 Abs. 1, 2, 286. Demzufolge erfordert der Anspruch eine Leistungsverzögerung in der besonderen Form des Schuldnerverzuges gem. § 286. Zu prüfen ist daher zunächst, ob ...."

1. Mahnung

a) Charakter und Inhalt der Mahnung

133 Der Schuldner gerät grundsätzlich nur in Verzug, wenn der Gläubiger **ihn nach Eintritt der Fälligkeit des Anspruches mahnt**, § 286 Abs. 1 S. 1.

» Worin liegt der Unterschied zwischen Willenserklärung und geschäftsähnlicher Handlung? «

134 Die Mahnung ist eine empfangsbedürftige Erklärung, aber keine Willenserklärung, sondern **rechtsgeschäftsähnliche Handlung**.[80] Die Wirkungen des Verzugs treten ja unabhängig vom Willen des Gläubigers ein.

Die Vorschriften über Willenserklärungen und einseitige Rechtsgeschäfte sind auf die Mahnung analog anwendbar.[81]

80 Grüneberg-*Grüneberg* § 286 Rn. 16.
81 *BGH* Urteil vom 22. November 2005 (Az. VI ZR 126/04) unter Ziff. II 1b = NJW 2006, 687.

Daraus folgt, dass die Mahnung als Erklärung analog § 130 Abs. 1 S. 1 erst mit Zugang beim Schuldner als maßgeblichem Empfänger bzw. dessen Empfangsvertreter wirksam wird.[82] Bei Geschäftsunfähigen gelten die §§ 105, 131 Abs. 1 analog, beim Zugang einer gegenüber einem beschränkt Geschäftsfähigen abgegebenen Mahnung kommt § 131 Abs. 2 zur Anwendung. **135**

Die Mahnung verfolgt den Zweck, den Schuldner über das Bestehen der Forderung zu informieren (Informationsfunktion) und zu umgehender Leistung zu veranlassen (Appell- oder Warnfunktion). **136**

Mahnung ist die eindeutige und bestimmte Leistungsaufforderung.

Die erstmalige Zusendung einer Rechnung ist grds. nicht als Mahnung zu qualifizieren.[83] Eine Fristsetzung ist ebenso wenig notwendig wie die Androhung von Folgen.[84] Die Mahnung kann aber befristet ausgesprochen werden, so dass Verzug erst nach Fristablauf eintritt. Man spricht hier von einer **„befristeten Mahnung"**. **137**

Wegen § 281 ist es Auslegungsfrage (§§ 133, 157 analog), ob die Mahnung erst nach der Frist gelten soll oder sofort und die Frist sich nur auf die Rechte nach § 281 bezieht.[85]

Letzteres wird zutreffen, wenn man in der Fristsetzung eine Sofortmahnung sehen kann. Die Erklärung des Gläubigers muss in diesem Fall sinngemäß lauten, dass er die Leistung *„sofort, spätestens aber bis zum Ablauf der Frist"* verlangt.

Verlangt der Gläubiger die Leistung dagegen unter einer auf Termin gestellten Mahnung (sinngemäß: *„Die Leistung kann bis zum 15.11.2024 erfolgen, muss dann aber auch eingegangen sein"*), handelt es sich also um eine **befristete Mahnung**, so ergibt sich, dass der Schuldner erst mit dem Ablauf der Nachfrist zugleich in Verzug kommt, dass gleichzeitig aber schon die Berechtigung des Gläubigers zum Rücktritt entsteht.

Die Frist beginnt in diesem Fall im Zweifel mit dem Datum der Mahnung und nicht mit Zugang.[86] Der Fristablauf berechnet sich nach §§ 186 ff., wobei insbesondere § 193 zu beachten ist.[87]

Beispiel „Zahlen Sie bitte innerhalb der nächsten 2 Wochen, spätestens am 15.6." Ist der 15.6. ein Samstag, kann nach § 193 Verzug erst am Montag, den 17.6. eintreten.

Stets muss die Mahnung aber die geschuldete und vom Gläubiger nun geforderte Leistung **eindeutig** erkennen lassen. Wer also beispielsweise mehrere fällige Ansprüche gegen denselben Schuldner hat, muss in seiner Mahnung deutlich machen, welche Forderung gemeint ist. Anderenfalls ist die Mahnung mangels inhaltlicher Bestimmtheit von vornherein wirkungslos.[88] **138**

---

82 Grüneberg-*Grüneberg* § 286 Rn. 16.
83 BGH NJW 2008, 50.
84 *BGH* NJW 1998, 2132, 2133 unter Ziff. II 2; Grüneberg-*Grüneberg* § 286 Rn. 17.
85 Grüneberg-*Grüneberg* § 286 Rn. 17.
86 Grüneberg-*Grüneberg* § 286 Rn. 17.
87 *BGH* Urteil vom 1. Februar 2007 (Az. III ZR 159/06) unter Tz. 24 ff. = NJW 2007, 1581.
88 St. Rspr. des *BGH*, z.B. Urteil vom 5. Oktober 2005 (Az. X ZR 276/02) unter Ziff. II 3c = NJW 2006, 769 f.; Grüneberg-*Grüneberg* § 286 Rn. 20.

139 Fordert der Gläubiger (versehentlich) zu viel, kann die Mahnung im Einzelfall dennoch wirksam sein. Die Prüfung, ob eine versehentliche **Zuvielforderung** zur Unwirksamkeit der Mahnung führt, richtet sich nach der vom Horizont des Empfängers vorzunehmenden Auslegung analog §§ 133, 157: Wenn der Schuldner die Erklärung trotz der fehlerhaften Leistungsbezeichnung aufgrund der Umstände als Aufforderung zur Bewirkung der tatsächlich geschuldeten Leistung verstehen muss und der Gläubiger auch zur Annahme der gegenüber seinen Vorstellungen geringeren Leistung bereit erscheint, liegt eine wirksame Mahnung vor.[89] Die Zuvielforderung des Gläubigers darf also nicht konkludent als Zurückweisung der tatsächlich geschuldeten reduzierten Leistung zu verstehen sein. Denn sonst hat der Schuldner keine Veranlassung, die geschuldete Leistung tatsächlich zu erbringen, weil er von ihrer Zurückweisung ausgehen muss.[90]

JURIQ-Klausurtipp

Merke! Diese Grundsätze gelten auch für die Ausübung eines Zurückbehaltungsrechts. In einem **sehr examensrelevanten** Fall zu den Abschleppfällen wurde genau diese Fragestellung im Rahmen des Annahmeverzugs (§ 298) relevant.[91]

Beispiel V verkauft K einen gebrauchten Pkw für 10 000 €. Der Kaufpreis soll nach einem von K durchgeführten TÜV-Termin in der Woche nach Übergabe gezahlt werden. Aus der TÜV-Prüfung ergeben sich mehrere Mängel, weshalb K eine Minderung erklärt, deren Umfang er in Höhe von 5000 € ansetzt. V stellt die Mängel nicht in Abrede, will die Minderung aber nur im Umfang von 2000 € gelten lassen. Nachdem eine Einigung über den Minderungsumfang nicht zustande kommt, erklärt V dem K er verlange nun Zahlung „des Kaufpreises". Der Minderungswert beträgt tatsächlich 3500 €.

Hier liegt keine inhaltlich ausreichende Mahnung vor, da K nicht ermitteln kann, ob V den vereinbarten Betrag (10 000 €), den nach seiner Auffassung um 2000 € geminderten Betrag (also 8000 €) oder den tatsächlich um 3500 € geminderten Betrag (also 6500 €) einfordert. K muss weiter davon ausgehen, dass V sich allenfalls mit einer Zahlung von 8000 €, aber nicht mit der tatsächlich geschuldeten Summe von 6500 € zufrieden gibt.

b) Allgemeine Wirksamkeitsvoraussetzungen

140 Da auf die Mahnung die Vorschriften über Willenserklärungen analoge Anwendung finden, gelten die allgemeinen Wirksamkeitsvoraussetzungen **für einseitige Rechtsgeschäfte** entsprechend, also die §§ 164, 174, 180.[92]

Hinweis

Die allgemeinen Regeln über die Wirksamkeit des von einem beschränkt Geschäftsfähigen vorgenommenen Rechtsgeschäfts nach §§ 107, 111 haben keine Bedeutung, da die von einem beschränkt Geschäftsfähigen ausgesprochene Mahnung für diesen rechtlich lediglich

89 *BGH* Urteil vom 5. Oktober 2005 (Az. X ZR 276/02) = NJW 2006, 769 unter Ziff. II 3c m.w.N.
90 *BGH* Urteil vom 5. Oktober 2005 (Az. X ZR 276/02) = NJW 2006, 769 unter Ziff. II 3c m.w.N.
91 BGH NJW 2024, 279 (283, 284) Rn. 45 ff.
92 Grüneberg-*Grüneberg* § 286 Rn. 16.

vorteilhaft ist.[93] Ein beschränkt Geschäftsfähiger kann daher den Schuldner wirksam mahnen. Dagegen ist die Mahnung durch einen Geschäftsunfähigen nichtig.[94]

Beachte aber: Wird ein beschränkt Geschäftsfähiger oder Geschäftsunfähiger gemahnt, gilt § 131 (bitte lesen).

Eine Nichtigkeit wegen Verstoßes gegen ein gesetzliches Formgebot nach § 125 S. 1 kommt nicht in Betracht, da für die Mahnung keine besondere Form vorgeschrieben ist.

§ 286 Abs. 1 verlangt, dass

2. Mahnungssurrogat, § 286 Abs. 1 S. 2

Nach § 286 Abs. 1 S. 2 sind der Mahnung die Erhebung der Klage auf die Leistung durch 141
Zustellung der Klageschrift beim Schuldner (§ 253 Abs. 1 ZPO) sowie die Zustellung eines Mahnbescheids im Mahnverfahren gleichgestellt, so dass spätestens bei Zustellung Verzug eintreten kann. Eine Feststellungsklage reicht nach dem Tatbestand hingegen nicht aus.[95]

3. Entbehrlichkeit der Mahnung

a) Fall des § 286 Abs. 2 Nr. 1

Die Mahnung ist entbehrlich, wenn die Leistungszeit nach dem Kalender bestimmt ist. Das 142

setzt nach dem Willen des Gesetzgebers voraus, dass die Parteien den Leistungszeitpunkt **vertraglich** nach dem Kalender bestimmt haben oder der Termin **kraft Gesetzes oder Urteil** bestimmt worden ist.[96]

Eine **einseitige Bestimmung durch den Gläubiger**, z.B. auf Rechnungen oder Lieferscheinen, genügt grds. **nicht**! Ausnahmsweise dann, wenn dem Gläubiger bzgl. der Leistungszeit ein einseitiges Bestimmungsrecht gem. § 315 eingeräumt wurde.[97]

Beispiel 1 Ausreichend ist beispielsweise die Bestimmung „im August" – dann ist als spätester Leistungszeitpunkt der 31.8. vereinbart, Verzug tritt also am 1.9. ein.[98] ■

Beispiel 2 Hingegen stellt die Formulierung in der Rechnung: „Den Rechnungsbetrag überweisen Sie bitte bis zum 5.10.2023 auf das rechts unten angegebene Konto." **mangels vertraglicher Vereinbarung** keine kalendermäßige „Bestimmung" i.S.d. § 286 Abs. 2 Nr. 1 dar.[99] Die erstmalige Übersendung der Rechnung stellt grds. keine Mahnung dar. ■

b) Fall des § 286 Abs. 2 Nr. 2

Die Mahnung ist weiter entbehrlich, wenn der Leistung ein bestimmtes Ereignis voranzuge- 143

hen hat und **eine angemessene Frist** zwischen diesem Ereignis und der Leistung **vertrag-**

93 Grüneberg-*Grüneberg* § 286 Rn. 16.
94 Grüneberg-*Grüneberg* § 286 Rn. 16.
95 Grüneberg-*Grüneberg* § 286 Rn. 21.
96 Ganz h.M., z.B. *BGH* Urteil vom 25. Oktober 2007 (Az. III ZR 91/07) unter Ziff. II 1 m.w.N. = NJW 2008, 50.
97 *BGH* NJW 2005, 1772.
98 *BGH* NJW-RR 1999, S. 593, 595.
99 *BGH* Urteil vom 25. Oktober 2007 (Az. III ZR 91/07) unter Ziff. II 1 m.w.N. = NJW 2008, 50.

lich oder kraft Gesetzes bestimmt worden ist, die eine Berechnung des Leistungszeitpunktes **nach dem Kalender** zulässt.

144 Erforderlich ist ein reales Ereignis, gedacht ist hier zum Beispiel an Kündigungen oder den Zugang einer Rechnung. Ferner bedarf es einer angemessenen Frist.

Beispiel Vereinbarte Verpflichtung zur Zahlung „zwei Wochen nach Lieferung".

145 Der Gesetzeswortlaut schließt die Möglichkeit einer **Reduzierung der Frist auf Null** aus. Deshalb ist in den Fällen, in denen die Fälligkeit der Leistung lediglich an den Eintritt eines bestimmten Ereignisses ohne zusätzlichen kalendermäßigen Fristablauf geknüpft wird, eine Mahnung erforderlich.[100]

Beispiel Die Vereinbarung lautet: „Kaufpreis: zahlbar sofort bei Lieferung". Hier kann Verzug nicht nach § 286 Abs. 2 Nr. 2 ohne Mahnung eintreten. Die Formulierung ist als bloße Fälligkeitsbestimmung zu verstehen.

Eine unangemessen kurze Frist ist nach einer Ansicht in eine angemessene Frist „umzudeuten". Andere halten die Fristbestimmung für unwirksam, da eine kalendermäßige Berechnung gerade nicht in Betracht kommt.[101]

c) Fall des § 286 Abs. 2 Nr. 3

146 Die Mahnung ist ferner entbehrlich, wenn der Schuldner die Leistung **ernsthaft und endgültig** verweigert (§ 286 Abs. 2 Nr. 3). Grund für diesen Ausnahmetatbestand ist die Überlegung, dass das Erfordernis einer Mahnung in diesen Fällen sinnloser Formalismus wäre. Dabei sind an das Vorliegen einer endgültigen Erfüllungsverweigerung strenge Anforderungen zu stellen. Die Erklärung des Schuldners muss eindeutig als sein „letztes Wort" aufzufassen sein.[102]

Beispiel 1 Die Äußerung: „Sie werden klagen müssen, freiwillig zahle ich nicht!" stellt eine endgültige Leistungsverweigerung dar.[103]

Beispiel 2 Wenn der Verkäufer dem Käufer mitteilt, er wisse nicht, wann genau er die Ware liefern könne, da er von seinem eigenen Lieferanten noch keine Nachricht erhalten habe, stellt dies keine endgültige Leistungsverweigerung dar.[104] Der Verkäufer will ja leisten, er weiß eben nur noch nicht, wann er das kann. Hier ist aber an § 286 Abs. 2 Nr. 4 zu denken.

Beispiel 3 In dem Bestreiten von Mängeln liegt nicht ohne weiteres eine endgültige Nacherfüllungsverweigerung; denn das Bestreiten ist prozessuales Recht des Schuldners. Vielmehr müssen zu dem bloßen Bestreiten weitere Umstände hinzutreten, welche die Annahme rechtfertigen, dass der Schuldner über das Bestreiten der Mängel hinaus bewusst und endgültig die Erfüllung seiner Vertragspflichten ablehnt und es damit ausgeschlossen erscheint, dass er sich von einer Mahnung/Fristsetzung umstimmen lassen werde.[105]

100 Grüneberg-*Grüneberg* § 286 Rn. 23.

101 Für Umdeutung siehe Grüneberg-*Grüneberg* § 286 Rn. 23; dagegen *Looschelders* Schuldrecht AT § 26 Rn. 11 mwN.

102 Grüneberg-*Grüneberg* § 281 Rn. 14 m.w.N.

103 Vgl. *BGH* NJW 1997, 581 unter Ziff. II 1b.

104 *BGH* NJW 1992, 235 unter Ziff. 2.

105 *BGH* NJW-RR 1993, 882.

d) Fall des § 286 Abs. 2 Nr. 4

Schließlich ist die Mahnung entbehrlich, wenn der sofortige Eintritt des Verzuges **aus besonderen Gründen nach Abwägung der beiderseitigen Interessen** gerechtfertigt ist. Sie merken sich hier folgende Fallgruppen: 147

Die Mahnung verfolgt den Zweck, den Schuldner zu umgehender Leistung zu veranlassen („Signalwirkung"). Bei **offenkundiger Dringlichkeit** ist dieses Signal unnötig. Eine solche Dringlichkeit liegt dann vor, wenn der Gläubiger nach dem Sinn des Vertrages auf die pünktliche Leistung in besonderem Maße angewiesen ist. 148

Beispiel A beauftragt den Handwerker U, einen Wasserrohrbruch in seiner Wohnung zu reparieren. ■

Ganz ähnlich liegen die Fälle der **sog. „Selbstmahnung" des Schuldners**. Der Schuldner verspricht von sich aus uneingeschränkt die Leistung zu einem – nicht kalendermäßig bestimmten – nahen Zeitpunkt und hält den Gläubiger durch dieses Verhalten geradezu davon ab, ihn zu mahnen. Eine Mahnung des G zu fordern wäre hier pure Förmelei.[106] 149

Beispiel Handelsvertreter A gibt am 1.6. beim Handwerker U seinen Pkw zur Reparatur. U verspricht „schnellstmögliche" Erledigung. Die Fertigstellung erfolgt tatsächlich aber erst am 15.7., weil U erst andere Aufträge abgearbeitet hatte. ■

Der Schuldner ist zur **Herausgabe einer durch seine deliktische Handlung entzogenen Sache** (z.B. Diebstahl) verpflichtet. In diesen Fällen bedarf es keiner besonderen Aufforderung an den Dieb – er ist nicht schutzwürdig, da sich seine sofortige Herausgabepflicht von selbst versteht.[107] Ein Diebstahl im strafrechtlichen Sinne ist aber nicht erforderlich. Jede vorsätzliche verbotene Eigenmacht – auch ohne Zueignungsabsicht, wie sie § 242 StGB verlangt – reicht aus.[108] 150

Beispiel A „entwendet" das Fahrrad des Eigentümers E, um damit eine Spritztour zu machen. Unterwegs wird A ohne Verschulden in einen Unfall verwickelt. Das Fahrrad wird dabei irreparabel zerstört. Nach § 286 Abs. 1 Nr. 4 befand sich A auch ohne Mahnung im Verzug. Gem. §§ 989, 990, und §§ 992, 823 Abs. 1 muss A dem E den Schaden auch ohne Verschulden (vgl. § 287 S. 2) ersetzen, da er ab Verzugseintritt wegen der Unmöglichkeit der Rückgabe des Fahrrads auch für Zufall haftet (fur semper in mora[109]). Dieser Grundsatz kommt auch in § 848 (lesen) zum Ausdruck. ■

Ebenfalls kommt der Schuldner in Verzug, wenn er den Zugang der Mahnung **arglistig verhindert**, wie z.B. beim Wegfahren von einer Tankstelle ohne Bezahlung.[110] 151

e) Digitale Produkte

Liegt ein Fall der verspäteten Bereitstellung digitaler Produkte gemäß § 327 vor, ist die Mahnung nach der Regelung aus § 327c Abs. 3 S. 2 auch dann entbehrlich, wenn einer der in § 327c Abs. 3 S. 1 geregelten Tatbestände erfüllt ist, welcher die „Aufforderung" entbehrlich macht. 152

106 Grüneberg-*Grüneberg* § 286 Rn. 25.
107 Grüneberg-*Grüneberg* § 286 Rn. 25.
108 Grüneberg-*Grüneberg* § 286 Rn. 25.
109 *Lat.*: Der Dieb ist immer im Verzug.
110 *BGH* NJW 2011, 2871; *Grüneberg*-Grüneberg, § 286 Rn. 25.

f) Sonderfall des § 286 Abs. 3 für Entgeltforderungen

153 Besondere Regelungen für Entgeltforderungen trifft § 286 Abs. 3. Der Begriff der Entgeltforderung stimmt nicht mit dem der Geldforderung überein, er ist enger. Entgeltforderungen sind nur Forderungen, die auf Zahlung eines Entgeltes für die Lieferung von Gütern oder für die Erbringung von Dienstleistungen gerichtet sind.[111] Deshalb fallen Ansprüche auf Schadensersatz oder aus ungerechtfertigter Bereicherung nicht unter § 286 Abs. 3.

154 Der Schuldner einer Entgeltforderung gerät gem. § 286 Abs. 3 S. 1 (spätestens) in Verzug, wenn er nicht innerhalb von 30 Tagen nach Fälligkeit **und** nach Zugang der Rechnung zahlt. Eine Rechnung erfordert die Möglichkeit ihrer Überprüfung durch den Schuldner. Daraus folgt, dass die mündliche Form nicht ausreicht, sondern zumindest Textform zu fordern ist.[112]

Hinweis

Wenn die Rechnung kraft Gesetzes Fälligkeitsvoraussetzung ist, ist meistens ein besonderer Inhalt und eine besondere Form vorgeschrieben (z.B. in § 12 Gebührenordnung für Ärzte, GoÄ). Dann sind diese Anforderungen zu beachten, da Verzug sonst mangels Fälligkeit nicht eintreten kann.

155 Ist der **Schuldner Verbraucher** wird die 30-Tages-Frist nach § 286 Abs. 3 S. 1 Hs. 2 nur ausgelöst, wenn darauf besonders hingewiesen wurde.

156 § 286 Abs. 3 S. 2 enthält schließlich eine besondere Regelung für den Fall, dass der Schuldner nicht Verbraucher und der Zugangszeitpunkt der Rechnung unsicher ist: Dann soll der Zeitpunkt für den Fristbeginn maßgebend sein, an dem Fälligkeit eingetreten und die Leistung empfangen worden ist.

4. Fälligkeit und Durchsetzbarkeit der Forderung

a) Fall des Verzugseintritts durch Mahnung

157 Wie sich aus § 286 Abs. 1 S. 1 ergibt, muss die Mahnung nach „Fälligkeit" erfolgen. Eine **vorher zugegangene** Mahnung – und sei sie auch nur „vorsorglich im Voraus" für den Fall einer späteren Säumnis erklärt worden – **ist unwirksam**.[113] Bei Zugang der Mahnung muss der Anspruch also fällig sein und einredefrei bestehen. Dies folgt nicht nur aus § 286 Abs. 1 S. 1, sondern auch aus der Tatsache, dass die Leistungsverzögerung im Verzug enthalten ist. Aus dem von Ihnen in der Prüfung oben unter Ziff. 1 gewählten Schuldverhältnis muss sich ein „fälliger und durchsetzbarer" Anspruch ergeben haben. Wegen der Voraussetzungen dieses Prüfungsabschnitts kann wegen der „vor die Klammer" gezogenen Darstellung oben auf die Rn. 88 ff. verwiesen werden.

158 Nach allgemeiner Auffassung kann die Mahnung mit **der die Fälligkeit begründenden Handlung verbunden werden**.[114] Als solche Handlung kommt bei Zahlungsansprüchen vor

111 Grüneberg-*Grüneberg* § 286 Rn. 27 m.w.N.

112 Grüneberg-*Grüneberg* § 286 Rn. 29.

113 *BGH* NJW 1992, 1956 f. unter Ziff. 1.

114 St. Rspr., z.B. *BGH* Urteil vom 25. Oktober 2007 (Az. III ZR 91/07) unter Ziff. II 3a m.w.N. = NJW 2008, 50.

allem die Rechnungsstellung in Betracht, weil diese Ansprüche häufig kraft Vereinbarung oder kraft Gesetzes erst mit Rechnungsstellung fällig werden sollen.

Beispiel 1 Vertraglich wird die Fälligkeit des Kaufpreises wie folgt vereinbart: „Zahlbar bei Rechnungsstellung." ■

Beispiel 2 Die Honorarforderung des Arztes wird erst mit Rechnungsstellung fällig (§ 12 GoÄ). ■

Mahnung und Rechnung können miteinander verbunden werden. Allerdings ist nicht jede Zahlungsfrist in einer Rechnung sofort und ohne weiteres als Mahnung aufzufassen: 159

Die **Terminangabe in einer Rechnung** kann entweder als **(befristete) Mahnung**, **Angebot** zum Abschluss einer **Stundungsvereinbarung** (= Fälligkeit wird verschoben) oder eines **pactum de non petendo** (= einvernehmlicher und vorübergehender Ausschluss der gerichtlichen Geltendmachung) verstanden werden.[115] Im Falle eines Angebots auf Abschluss einer Stundungsvereinbarung bzw. eines pactum de non petendo kann die Annahme nach der Verkehrssitte wegen der einseitigen Begünstigung des Schuldners über § 151 erfolgen.[116]

In der Regel stellt eine Zahlungsfrist **in der ersten Rechnung keine befristete Mahnung, sondern nur ein Zahlungsziel** im Sinne eines Stundungsangebots bzw. Angebots zum Abschluss eines pactum de non petendo dar.[117] Entscheidendes Argument hierfür ist, dass die Regelung des **§ 286 Abs. 3 S. 1**, insbesondere der 2. Halbsatz, ansonsten weitgehend obsolet wäre. Schließlich würde Verzug regelmäßig mit Rechnungsstellung und nicht erst 30 Tage später eintreten, da fast jede Rechnung eine Zahlungsbestimmung („sofort", „umgehend" oder „bis zum") enthält. Außerdem würde der besondere Verbraucherschutz in § 286 Abs. 3 S. 1 Hs. 2 umgangen, der einen besonderen Hinweis auf die Verzugsfolgen in der Rechnung verlangt, um die 30-Tages-Frist auszulösen.

Beispiel 1 Die Formulierung: „Den Rechnungsbetrag überweisen Sie bitte bis zum 5.10.2023 auf das rechts unten angegebene Konto." in der ersten Rechnung eines Arztes wertet der *BGH* nicht als Mahnung, sondern als bloße Angabe eines Zahlungsziels.[118] ■

Beispiel 2 Eine Mahnung läge aber bei folgender Formulierung vor: „Der Rechnungsbetrag ist sofort/bis zum … zu zahlen, andernfalls tritt Verzug ein." ■

b) Sonstige Fälle

Wie bei der Mahnung kann Verzug aber auch in den Fällen, in denen eine Mahnung entbehrlich ist, nur eintreten, wenn der Anspruch fällig und durchsetzbar ist. 160

Daraus folgt für den **Fall des § 286 Abs. 1 S. 2**, dass eine Klage auf zukünftige Leistung (§§ 257 ff. ZPO) mangels Fälligkeit der eingeklagten Leistung Verzug nicht herbeiführen kann.[119] 161

In den **Fällen der § 286 Abs. 2 Nr. 1 und 2** haben die Parteien die Fälligkeit in kalendermäßig bestimmter Weise festgelegt. Verzug kann also erst ab diesem Termin eintreten. Jedoch ist 162

115 *BGH* Urteil vom 25. Oktober 2007 (Az. III ZR 91/07) unter Ziff. II 3a m.w.N. = NJW 2008, 50.
116 *BGH* Urteil vom 25. Oktober 2007 (Az. III ZR 91/07) unter Ziff. II 3a m.w.N. = NJW 2008, 50.
117 *BGH* Urteil vom 25. Oktober 2007 (Az. III ZR 91/07) unter Ziff. II 3a m.w.N. = NJW 2008, 50.
118 *BGH* Urteil vom 25. Oktober 2007 (Az. III ZR 91/07) unter Ziff. II 3a m.w.N. = NJW 2008, 50.
119 Grüneberg-*Grüneberg* § 286 Rn. 21.

Verzug dann ausgeschlossen, wenn der Anspruch zum Fälligkeitstermin erloschen oder wegen einer Einrede nicht durchsetzbar gewesen ist. Verzug kann nur eintreten, wenn alle Hindernisse beseitigt sind. Dann ist aber eine Mahnung notwendig, da der kalendermäßig bestimmte Termin den Verzug nicht auslösen konnte.

163 Die Erfüllungsverweigerung im **Fall des § 286 Abs. 2 Nr.** 3 führt die Fälligkeit nicht herbei, so dass beide Verzugsvoraussetzungen in jedem Fall in einem Moment eintreten würden. Vereinbarte oder gesetzliche Leistungstermine werden durch die Erfüllungsverweigerung nicht hinfällig. Eine Erfüllungsverweigerung vor Fälligkeit kann daher selbst dann keinen Verzug begründen, wenn sie endgültig gemeint ist.[120] Verzug tritt auch nicht etwa nach Erreichen des Fälligkeitstermins ein. Es gibt wie bei der Mahnung auch bei den anderen objektiven Tatbestandsmerkmalen des Verzuges grundsätzlich **keine Nachwirkung** für den Zeitpunkt einer später eintretenden Fälligkeit.

Hinweis

In Betracht kommen dann aber Schadensersatzansprüche wegen Verletzung einer Rücksichtspflicht nach § 241 Abs. 2.[121]

164 Bei den **Fallgruppen des § 286 Abs. 2 Nr. 4** ergeben sich keine Besonderheiten: Wenn der Anspruch nicht fällig und durchsetzbar ist, kann ein Verzug unter keinen Umständen eintreten.

165 Es bleiben die **Fälle des § 286 Abs. 3**. Hier sagt uns bereits der Tatbestand, dass die 30-Tages-Frist erst ab Fälligkeit beginnen kann, wobei das Merkmal der Durchsetzbarkeit wie in allen anderen Tatbeständen zu ergänzen ist.

5. Nichtleisten des Schuldners

166 Verzug kann naturgemäß nur vorliegen, wenn der Schuldner trotz Fälligkeit, Durchsetzbarkeit und Mahnung bzw. eines sonstigen verzugsbegründenden Umstandes i.S.d. § 286 Abs. 1 S. 2, Abs. 2, Abs. 3 nicht leistet.

» Gehen Sie jetzt noch einmal das Prüfungsschema zur Leistungsverzögerung oben unter Rn. 88 durch. «

Wegen der Einzelheiten zur Nichtleistung können wir wieder auf oben unter Rn. 88 ff. verweisen, wo wir das Thema allgemein besprochen haben. Besonderes Augenmerk ist hier auf die Rechtsprechung des *EuGH* zum Zahlungsverzug zu legen, wonach die Veranlassung der Überweisung allein den Verzugseintritt nicht verhindern kann.

Die nachfolgende Übersicht soll die verzugsbegründenden Umstände noch einmal in merkbarer Form zusammenfassen. Diese lassen sich in drei Fallgruppen einteilen: Handlungen **des Gläubigers** (der Gläubiger muss aktiv werden), Handlungen **des Schuldners** (der Gläubiger muss nicht aktiv werden), **Zeitablauf** (keiner muss etwas tun).

120 *BGH* Urteil vom 28. September 2007 (Az. V ZR 139/06) unter Ziff. II 1a, Tz. 11 = ZGS 2007, 470, 471.

121 *Gsell* „Redaktionelle Urteilsanmerkung" zum Urteil des *BGH* vom 28. September 2007 (Az. V ZR 139/06) unter Ziff. II 3 in ZjS 1/2008, kostenlos abrufbar unter www.zjs-online.com (eine allen Leserinnen und Lesern sehr zu empfehlende Seite, auf der eine kostenlose Ausbildungszeitschrift von der Uni Augsburg angeboten wird).

Verzugsbegründende Umstände können sein

I. Handlung des Gläubigers als Regelfall (3 Fälle)

1. Mahnung (§ 286 Abs. 1 S. 1)
2. Zustellung eines Mahnbescheids (§ 286 Abs. 1 S. 2)
3. Klage (§ 286 Abs. 1 S. 2)

II. Handlungen des Schuldners (4 Fälle)

1. Selbstmahnung (§ 286 Abs. 2 Nr. 4)
2. Definitive Erfüllungsverweigerung (§ 286 Abs. 2 Nr. 3)
3. Fur semper in mora (§ 286 Abs. 2 Nr. 4)
4. Arglistige Verhinderung des Mahnzugangs (§ 286 Abs. 2 Nr. 4)

III. Zeitablauf (4 Fälle)

1. Leistungszeit nach dem Kalender bestimmt (§ 286 Abs. 2 Nr. 1)
2. Leistungszeit ab Eintritt eines Ereignisses nach dem Kalender berechenbar (§ 286 Abs. 2 Nr. 2)
3. Evidente Eilbedürftigkeit (§ 286 Abs. 2 Nr. 4)
4. 30-Tages-Frist nach Zugang der Rechnung bei Entgeltforderungen (§ 286 Abs. 3)

IV. Vertretenmüssen

Das Vertretenmüssen bezieht sich nach dem Wortlaut des § 280 Abs. 1 S. 2 auf „die Pflichtverletzung“. Die Pflichtverletzung, die die Haftung aus §§ 280 Abs. 1, Abs. 2 auslösen soll, ist – wie § 286 zeigt – der **Verzug**. Wie sich aus dem Verweis auf § 286 ergibt, kommt es nicht auf die (ursprüngliche) „einfache“ Leistungsverzögerung als haftungsbegründende Pflichtverletzung an sondern den **Zeitpunkt des Verzugseintritts**.[122] Die **Funktion** von § 286 Abs. 4 beschränkt sich in diesen Fällen darauf, den maßgeblichen Zeitpunkt für das Vertretenmüssen festzulegen. Vertretenmüssen muss zu dem Zeitpunkt vorliegen, indem alle objektiven Voraussetzungen des Verzugs vorliegen. **167**

Der Schuldner gerät nach § 286 Abs. 4 ausnahmsweise nicht in Verzug, wenn die Leistung(shandlung) infolge eines Umstandes unterbleibt, den der Schuldner nicht zu vertreten hat. Es gibt also ohne Vertretenmüssen bei Eintritt der objektiven Voraussetzungen des § 286 keinen Verzug.

JURIQ-Klausurtipp

Es handelt sich bei § 286 Abs. 4 aufgrund der Formulierung wie bei § 280 Abs. 1 S. 2 um Ausnahmetatbestände, die dem Schuldner günstig sind. Dieser muss deshalb nach allgemeinen Grundsätzen die Tatsachen darlegen und im Streitfalle beweisen, die diese Ausnahme rechtfertigen sollen.

122 *Lorenz* NJW 2005, 1889, 1891 unter Ziff. 3.

Im Falle der Haftung aus §§ 280 Abs. 1, Abs. 2, 286 folgt diese Ausnahme bereits aus § 280 Abs. 1 S. 2. Im Rahmen anderer Normen wie z.B. § 288 behält § 286 Abs. 4 aber seine Bedeutung als **selbstständiges Verzugsmerkmal** bei.

Es handelt sich beim Fehlen des Vertretenmüssens also um eine rechtshindernde Einwendung. Gelingt dem Schuldner der Nachweis seiner fehlenden Verantwortlichkeit nicht, bleibt es bei der gesetzlich vorgesehenen Haftung, da das Vertretenmüssen des Schuldners nun vermutet werden muss.

168 Der Entlastungsbeweis ist **nach § 286 Abs. 4 also für den Zeitpunkt zu führen, in dem alle sonstigen Verzugsvoraussetzungen vorliegen.**[123] Besteht zu diesem Zeitpunkt ein Entschuldigungsgrund (so z.B. im Fall der Erkrankung oder beim Streik der Mitarbeiter), kann Verzug und damit eine Schadensersatzhaftung aus §§ 280 Abs. 1, Abs. 2, 286 **erst eintreten, wenn der Entschuldigungsgrund entfällt.** Einer **erneuten Mahnung** bedarf es dann aber **nicht mehr.**[124]

169 Der Beginn der Leistungsverzögerung und der Zeitpunkt, in dem zusätzlich auch die objektiven Verzugsvoraussetzungen vorliegen, können zusammenfallen. Dann spielt die Unterscheidung der Zeitpunkte bei der Prüfung des Vertretenmüssens keine Rolle – in allen anderen Fällen kann sie von erheblicher Relevanz sein.

Beispiel A schuldet dem B Zahlung, wobei der Anspruch sofort fällig und durchsetzbar gewesen ist und durch Überweisung auf ein Konto des B erfüllt werden soll. A leistet nicht. 10 Tage nach Fälligkeit ändert sich die Bankverbindung des B, wovon A keine Kenntnis erlangt. Nach 20 Tagen mahnt B den A, ohne auf die Änderung seiner Bankverbindung hinzuweisen.

A kann sich nicht in Verzug befinden: Als die dem A bekannte Bankverbindung des B noch intakt war, fehlte die hier erforderliche Mahnung. Bei Mahnung fehlte jedoch eine geeignete Bankverbindung, so dass A das Ausbleiben der Zahlung nicht vermeiden konnte.

Anders liegt es hingegen, wenn der Leistungstermin vertraglich kalendermäßig bestimmt worden wäre, da sich A dann zum Fälligkeitstermin bereits nach § 286 Abs. 2 Nr. 1 in Verzug befunden hätte. ■

170 Ein **erst nach Eintritt des Verzuges entstehender Entschuldigungsgrund** beseitigt den Verzug hingegen nicht, da der Schuldner **gem. § 287 S. 2** nunmehr für **Zufall,** also unabhängig vom Verschulden haftet.

» Gehen Sie jetzt noch einmal das Prüfungsschema zum Vertretenmüssen oben unter Rn. 20 durch. «

171 Das Vertretenmüssen richtet sich nach §§ 276 ff. Die Prüfung richtet sich nach den Ausführungen im 2. Teil oben unter Rn. 20 ff.

V. Ersatzfähiger Schaden

172 Liegen die Tatbestandsvoraussetzungen der §§ 280 Abs. 1, Abs. 2, 286 vor, kann der Gläubiger neben der Leistung den Ersatz des ihm aus der Leistungsverzögerung entstandenen Schadens verlangen.

123 *Lorenz* NJW 2005, 1889, 1891 unter Ziff. 3.
124 Grüneberg-*Grüneberg* § 286 Rn. 32.

Hinweis

Denken Sie daran, dass nach §§ 280 Abs. 1, Abs. 2, 286 nur solche Schäden ersatzfähig sind, die durch Nachholen der Leistung nicht mehr hätten vermieden werden können. Insofern ist die Ersatzfähigkeit der konkret geprüften Schadensposition nach dieser Anspruchsgrundlage bereits Gegenstand Ihrer Ausführungen bei der Abgrenzung zu §§ 280 Abs. 1, Abs. 3, 281.[125]

Die Ermittlung des ersatzfähigen Schadens richtet sich im Übrigen wie immer nach der Differenzhypothese.[126] 173

Zu fragen ist dabei, wie der Gläubiger ohne den Leistungsverzug des Schuldners stünde, also so, als ob der Schuldner die Leistung spätestens bei Eintritt sämtlicher Verzugsvoraussetzungen erbracht haben würde.

Hinweis

Falsch ist es, darauf abzustellen, wie der Gläubiger bei Leistung *zum Fälligkeitstermin* stehen würde. Denn das Ausbleiben der Leistung bei Fälligkeit ist ja nur unter den Voraussetzungen des § 286 Abs. 2 bei Entbehrlichkeit der Mahnung eine haftungsbegründende Pflichtverletzung und damit ein „zum Ersatz verpflichtender Umstand" i.S.d. § 249 Abs. 1.

Theoretisch sind die Erscheinungsformen des Verzögerungsschadens unbegrenzt, da sie von den tatsächlichen Umständen des Einzelfalles abhängen. Eine abschließende Erfassung und Darstellung ist dementsprechend nicht möglich. Folgende Positionen sollen hier besonders hervorgehoben werden: 174

1. Rechtsverfolgungskosten

Die Kosten der Rechtsverfolgung, also vor allem die durch die Hinzuziehung eines Rechtsanwalts entstehenden Kosten, hat der Schuldner zu ersetzen, soweit sie **nach Eintritt des Verzuges entstanden sind.**[127] 175

Beispiel[128] Arzt A stellt seinem Privatpatienten B für Behandlungen ein Honorar in Höhe von 300 € in Rechnung. Die Rechnung geht B am 1.6. zu. Ein Hinweis auf den Verzugseintritt gem. § 286 Abs. 3 S. 1 unterbleibt. Da B nicht zahlt, beauftragt A am 15.7. Rechtsanwalt R mit der Durchsetzung seiner Forderung. R schickt dem B ein anwaltliches Mahnschreiben und stellt dem A dafür 75 € in Rechnung. Das Schreiben des R geht dem B am 20.7. zu. B zahlt dem A daraufhin das Honorar in Höhe von 300 €. Kann A von B noch Erstattung seiner Anwaltskosten in Höhe von 75 € verlangen?

Als Ersatzanspruch kommt mangels sonstiger Pflichtverletzungen des B nur ein Schadensersatzanspruch wegen Zahlungsverzögerung in Betracht. Da die Anwaltskosten nicht auf dem endgültigen Ausfall des primären Honoraranspruches, sondern allein auf der vorü-

125 Siehe dazu oben unter Rn. 121 ff.

126 Ausführlich dazu im Skript „Schuldrecht AT I" unter Rn. 367 ff.

127 *BGH* Urteil vom 25. Oktober 2007 (Az. III ZR 91/07) unter Tz. 6 = NJW 2008, 50.

128 Nach *BGH* Urteil vom 25. Oktober 2007 (Az. III ZR 91/07) unter Tz. 6 = NJW 2008, 50.

bergehenden Nichtleistung des B beruhen, richtet sich ihr Ersatz nach den Regeln über den Schadensersatz **neben** der Leistung gem. §§ 280 Abs. 1, Abs. 2, 286. Dieser Anspruch setzt zunächst voraus, dass sich der B mit der Zahlung des Honorars in Verzug befunden hat. Verzug konnte hier erstmalig mit Zugang der anwaltlichen Mahnung gem. § 286 Abs. 1 S. 1 eintreten, da ein Zahlungstermin weder vertraglich noch gesetzlich bestimmt worden ist und mangels Hinweises in der Rechnung auch die Voraussetzungen des § 286 Abs. 3 nicht erfüllt sind. Anhaltspunkte für einen Ausschluss der Schadensersatzhaftung wegen fehlender Verantwortlichkeit des B nach § 280 Abs. 1 S. 2 sind nicht ersichtlich. Der ersatzfähige Schaden ist nach der Differenzhypothese zu bestimmen. Zu fragen ist danach, wie A ohne den zum Ersatz verpflichtenden Umstand im Vergleich zur realen Lage stünde. Der zum Ersatz nach §§ 280 Abs. 1, Abs. 2, 286 verpflichtende Umstand besteht noch nicht in der Leistungsverzögerung bei Fälligkeit, sondern im Verzugseintritt. Verzug wäre nicht eingetreten, wenn B unmittelbar nach Zugang der Mahnung das Honorar des Arztes gezahlt hätte. Zu fragen ist deshalb, wie A in diesem Falle gestanden hätte. Dann wären die Anwaltskosten jedoch nicht entfallen, da sie auf der bereits vor Verzugseintritt erfolgten Mandatierung des R (= Abschluss eines Geschäftsbesorgungsvertrages i.S.d. § 675) beruhen. Im Vergleich zur realen Lage ergibt sich insoweit also keine Differenz, so dass diese Kosten keinen nach §§ 280 Abs. 1, Abs. 2, 286 ersatzfähigen Schaden darstellen. ■

2. Entgangener Gewinn

176 Ein entgangener Gewinn ist Teil des Verzögerungsschadens i.S.d. §§ 280 Abs. 1, Abs. 2, 286, soweit er auch bei Nachholung der Leistung nicht mehr realisiert werden kann.[129] Anderenfalls richtet sich die Erstattung nach §§ 280 Abs. 1, Abs. 3, 281.

Beispiel V verkauft dem Händler K für 8000 € 2000 T-Shirts mit dem Bild der Pop-Gruppe „Bubis", die am 1.5. gegen Rechnung geliefert werden sollen. Die T-Shirts werden im Markt für 20 €/Stück an Fans vertrieben. V liefert jedoch erst am 1.7. K kann die T-Shirts nur noch zum Preis von 5 €/Stück verkaufen, da sich die Gruppe am 1.6. direkt nach einem Konzert aufgelöst hat und sich die meisten Fans enttäuscht abgewendet haben. Bis zum Konzert am 1.6. hätte K nach dem bis dahin gewöhnlichen Verlauf alle T-Shirts für 20 €/Stück verkaufen können. Da die Verzögerung des V seine Lieferpflicht gem. § 433 Abs. 1 hier mangels absoluter Fixschuldabrede nicht berührt, konnte er mit seiner Lieferung am 1.7. noch erfüllen. Mit dieser Lieferung ließ sich der nach Auflösen der Gruppe am 1.6. eingetretene Preisverfall aber nicht mehr vermeiden, so dass sich der Ersatz des insoweit zwangsläufig entgangenen Gewinns nach den Regeln über den Schadensersatz neben der Leistung gem. §§ 280 Abs. 1, Abs. 2, 286 Abs. 2 Nr. 1 richtet. Auch ist hier das zeitabhängig leistungs**ergänzende** Äquivalenzinteresse betroffen, da die Äquivalenzstörung nicht auf dem endgültigen Ausbleiben der Leistung beruht. Die Verzugsvoraussetzungen lagen am 1.5. vor, da V trotz kalendermäßig bestimmten Liefertermins seine fällige Leistungspflicht nicht erfüllt hat und ein Ausschluss seiner Verantwortlichkeit nicht ersichtlich ist. Zur Bestimmung des ersatzfähigen Schadens ist zu fragen, wie K ohne Verzugseintritt im Vergleich zur realen Lage stehen würde. Dann hätte V am 1.5. rechtzeitig geliefert und K hätte nach dem gewöhnlichen Verlauf der Dinge (§ 252 S. 2) die gekauften T-Shirts zum Preis von 20 €/Stück vollständig verkauft. Dabei hätte K einen Gewinn von

129 *Lorenz* NJW 2005, 1889, 1890 f. unter Ziff. IV 2.

32 000 € erwirtschaftet. Real beträgt sein Gewinn nur 2000 €, so dass ihm 30 000 € Gewinn entgangen sind. Eine Kürzung des Anspruchs nach § 254 scheidet aus, da dem K kein Mitverschulden vorgeworfen werden kann. Insbesondere ist nicht ersichtlich, dass K die T-Shirts „verschleudert" und damit gegen seine Schadensminderungsobliegenheit nach § 254 Abs. 2 verstoßen hat. K kann somit von V Zahlung von 30 000 € aus §§ 280 Abs. 1, Abs. 2, 286, 251 Abs. 1 beanspruchen.

Achtung: Wäre K nach vorheriger und erfolgloser Fristsetzung am 15.5. zurückgetreten, hätte die Lieferpflicht des V am 15.5. geendet. Wenn K die gesamte Menge bei Lieferung am 15.5. noch für 20 €/Stück hätte verkaufen können, stellt sich der entgangene Gewinn als Schaden dar, der über den Schadensersatz statt der Leistung zu ersetzen ist. Er beruht jetzt auf einem endgültigen Ausbleiben der Leistung, da V seine Leistung bis zum 15.5. hätte erbringen können und K bei Leistung bis zu diesem letztmöglichen Zeitpunkt nicht vom Preisverfall betroffen worden wäre.[130] In diesem Fall ist der Schadensersatz das leistungs**ersetzende** Äquivalenzinteresse (Siehe Rn. 125).

3. Nutzungsausfall

Problematisch ist weiter die Ersatzfähigkeit bei entgangenen Gebrauchsvorteilen (Nutzungsausfall). 177

Diese Schäden unterfallen dem Schadensersatz neben der Leistung, solange der Schuldner noch zur Leistung berechtigt ist. Entfällt die Leistungspflicht des Schuldners wegen Leistungsbefreiung (§ 275), Rücktritt (§ 346) oder Geltendmachung von Schadensersatz statt der Leistung (§ 281 Abs. 4) sind Nutzungsausfallschäden ab dann Bestandteil des Schadensersatzes statt der Leistung (siehe oben).[131] Dann beruht der Ausfall auf dem endgültigen Ausbleiben der Leistung und stellt das leistungsersetzende Äquivalent für die Leistung dar.

Hinweis

Allerdings ist der Gläubiger wegen § 254 Abs. 2 gehalten, binnen angemessener Zeit sich die Leistung anderweitig zu beschaffen.[132] Er kann die Mehrkosten des Deckungskaufes über den Schadensersatz statt der Leistung verlangen. § 254 Abs. 2 verhindert also eine Liquidation „ewiger" Nutzungsausfallschäden.

Entstehen dem Gläubiger durch die Verzögerung tatsächlich wirtschaftliche Nachteile (z.B. entgangener Gewinn, etc.) sind diese als Vermögensschaden über § 251 Abs. 1 abzüglich ersparter Aufwendungen zu ersetzen.[133] 178

Wird dem Gläubiger, insbesondere beim Kauf, hingegen durch die Verzögerung „nur" die Gebrauchsmöglichkeit entzogen, ohne dass deshalb konkrete Kosten entstehen (Gläubiger verzichtet z.B. auf Anmietung einer Ersatzsache), kommt ein Ersatzanspruch i.d.R. nur im Falle einer ersatzfähigen **„Kommerzialisierung" der Gebrauchsvorteile** in Betracht.[134] 179

130 *Medicus/Lorenz* Schuldrecht I Rn. 353 ff.
131 *BGH* Urteil vom 14. April 2010 (Az. VIII ZR 145/09) unter Tz. 13 ff. = NJW 2010, 2426 ff.
132 *BGH* Urteil vom 14. April 2010 (Az. VIII ZR 145/09) unter Tz. 13 ff. = NJW 2010, 2426 ff. (Kläger verlangte Nutzungsausfall für 168 Tage!).
133 Siehe dazu im Skript „Schuldrecht AT I" Rn. 411 und 412.
134 Siehe dazu im Skript „Schuldrecht AT I" unter Rn. 423 ff.

Hinweis

Machen Sie sich klar, bei einer gesamtvermögensorientierten Differenzrechnung ergibt sich in diesen Fällen gerade kein Vermögensschaden! Die normative Durchbrechung des Grundsatzes, dass außerhalb der gesetzlich angeordneten Ausnahmen Nichtvermögensschäden nicht ersatzfähig sind, bedarf damit einer besonderen Rechtfertigung.[135]

180 Eine **Kommerzialisierung** kann zum einen dann angenommen werden, wenn die bloße Nutzungsmöglichkeit im Rechtsverkehr mit einem bestimmten Geldbetrag bewertet wird. Regelmäßig wird man sich hier an den marktgerechten Mietkosten, abzüglich eines Unternehmensgewinns und den allgemeinen Betriebskosten des Unternehmens, für eine vergleichbare Sache orientieren.[136] Die h.M. vertritt dabei den **eingeschränkten Kommerzialisierungsgedanken**. Erfasst sind danach **nur Wirtschaftsgüter „von allgemeiner, zentraler Bedeutung für die Lebenshaltung"**. Nur in diesen Fällen kann eine normative Durchbrechung (s.o.) gerechtfertigt werden.

181 Die Nutzungsbeeinträchtigung muss schließlich **„fühlbar"** geworden sein. Im Rahmen der Differenzhypothese ist beim hypothetischen Verlauf daher zu prüfen, ob der Gläubiger die Gebrauchsvorteile **tatsächlich genossen hätte oder ob eine Nutzung ohnehin unterblieben wäre.** Wäre eine tatsächliche Nutzung aus anderen Gründen unterblieben, wäre die bloße Nutzungsmöglichkeit für den Gläubiger wertlos gewesen. Dann kommt ein Ersatz für diesen Zeitraum nicht in Betracht.[137]

Beispiel K kauft bei V ein Wohnmobil, das am 15.7. geliefert werden soll. K will damit am 1.8. in Urlaub reisen. V verzögert die Lieferung, so dass dem K das Wohnmobil am 1.8. noch nicht zur Verfügung steht. Da man Wohnmobile mieten kann, ist die Nutzungsmöglichkeit als solche kommerzialisiert. Wäre K nun am 1.8. erkrankt und hätte die geplante Reise ohnehin nicht antreten können, stünde aber fest, dass durch die Leistungsverzögerung keine tatsächliche Nutzung vereitelt wurde. Ein Schadensersatzanspruch käme in Ermangelung der „Fühlbarkeit" insoweit nicht in Betracht. Die Fühlbarkeit wäre dagegen breiter zu diskutieren, wenn K über einen anderen Pkw verfügt. Hier wäre die Fühlbarkeit nur dann anzunehmen, wenn die besondere Größe und Beschaffenheit des Fahrzeugs für die Fortbewegung maßgeblich wäre. Wäre dies nicht der Fall und ging es bloß um das Verbringen des Fahrers von einem Ort an den anderen, so wäre Fühlbarkeit abzulehnen. Der besondere Genuss des Fahrens mit einem bestimmten Fahrzeug ist von dieser Fallgruppe gerade nicht erfasst.[138] ■

182 Die Rechtsprechung hat ein privaten Schwimmbad,[139] einen Pelzmantels[140], einen Wohnwagens[141] oder ein Motorboots[142] nicht als Wirtschaftsgüter von zentraler Bedeutung für die Lebensführung eingestuft.

---

135 Grüneberg-*Grüneberg* vor § 249 Rn. 11, 12.

136 BGHZ 63, 98 (102); Grüneberg-*Grüneberg* § 249 Rn. 40 ff. – im Ergebnis etwa 30–40% der marktüblichen Miete.

137 Urteil des *BGH* vom 10. Juni 2008 (Az: VI ZR 248/07) unter Tz. 7 m.w.N.

138 BGH NJW 2023, 47.

139 BGHZ 76, 179 ff.

140 BGHZ 63, 393 ff.

141 BGHZ 86, 128 ff.

142 BGHZ 89, 60 ff.

Hinweis

Beim Kriterium der „Fühlbarkeit" gibt es kein richtig oder falsch – hier entscheidet die Qualität der Argumentation und die erkennbare Rückkopplung an die Ausnahmekonstellation! Auch das Kriterium der „Fühlbarkeit" ist Teil der Rechtfertigung der Durchbrechung allgemeiner Grundsätze (s.o.).

Denken Sie daran, dass diese Fallgruppe nur zum Tragen kommt, wenn sich der Nutzungsausfall weder in einem entgangenen Gewinn noch in konkret entstandenen Mietkosten ausgedrückt hat. Dann liegt schon ein (echter) Vermögensschaden vor.

4. Zinsschaden

Während des Verzugs ist eine Geldschuld gem. § 288 ohne weiteres mit den in § 288 Abs. 1, Abs. 2 vorgesehenen Zinssätzen zu verzinsen. Das bedeutet: Ein Gegenbeweis dergestalt, dass dem Gläubiger kein Zinsschaden entstanden sei, ist nicht möglich. **183**

Hinweis

Bei § 288 i.V.m. § 286 handelt es sich um eine eigenständige Anspruchsgrundlage. Hier hat § 286 Abs. 4 auch eigenständige Bedeutung.

§ 288 Abs. 4 stellt aber klar, dass diese Regelung nicht abschließend ist. Vielmehr kann der Gläubiger über den Schadensersatzanspruch aus §§ 280 Abs. 1, Abs. 2, 286 auch einen höheren Zinsausfall ersetzt verlangen, wenn er diesen beweisen kann.

5. Schadensberechnung bei Abtretung

Tritt der Gläubiger einen Anspruch an einen Dritten ab, wird dieser nach § 398 S. 2 neuer Inhaber des Anspruchs. Da es nach der Differenzhypothese für die Schadensberechnung stets auf die hypothetische und reale Lage beim Gläubiger des Ersatzanspruches ankommt, ist bis zur Abtretung die Person des alten Gläubigers („Zedent") und nach Abtretung die Person des neuen Gläubigers („Zessionars") maßgeblich.[143] Denn nach Abtretung besteht das Schuldverhältnis zum neuen Gläubiger, so dass der Anspruch aus §§ 280 Abs. 1, Abs. 2, 286 bei andauerndem Verzug in dessen Person neu entsteht. Dies verstößt nicht gegen § 404, da dem Schuldner kein Recht auf die Schadensberechnung nach einer bestimmten Person zusteht. Droht sich der Ersatzanspruch durch die verschiedenen Verhältnisse beim neuen Gläubiger zu erhöhen, wird der Schuldner hinreichend durch § 254 Abs. 2 geschützt. **184**

Beispiel Verbraucher A befindet sich gegenüber Händler H mit der Zahlung einer Forderung in Höhe von 1000 € seit dem 1.6. in Verzug. Am 1.7. tritt H die Forderung an den Z ab, der mit dem Geld einen Kredit zurückführen möchte, der mit 10 % verzinst ist. Als Basiszinssatz nehmen wir 2,5 % an. A zahlt erst am 1.8.

In der Person des H ist bis zur Abtretung neben der Hauptforderung ein Zinsanspruch gem. §§ 288 Abs. 1, 286 begründet. Es sind also 7,5 % Zinsen (5 Prozentpunkte über dem Basiszinssatz, vgl. § 288 Abs. 1 S. 2) bis zum 30.6. zu zahlen. Ab dem 1.7. kann Z nach §§ 288 Abs. 4, 280 Abs. 1, Abs. 2, 286 Ersatz des ihm entstandenen Verzögerungsschadens

143 *BGH* Urteil vom 9. Februar 2006 (Az. I ZR 70/03) unter Ziff. II 1 = NJW 2006, 1662.

verlangen, und zwar Kreditkosten in Höhe von 10 % aus 1000 € für die Zeit vom 1.7. bis 31.7. Hätte A früher gezahlt, hätte Z den Kredit um diesen Betrag getilgt und nicht 10 % Zinsen aus diesem Betrag zahlen müssen. Wurde dem A von der Abtretung keine Kenntnis gegeben, kann Z ihn allerdings nicht in die höhere Verzugshaftung „rasseln" lassen. Aus § 254 Abs. 2 kann man herleiten, Z habe den A auf das nach Abtretung erhöhte Haftungsrisiko hinweisen müssen und den Anspruch wegen Verletzung der Schadensminderungsobliegenheit gem. § 254 Abs. 2 kürzen. ■

185 Tritt der Gläubiger seinen Anspruch hingegen nur zur Sicherheit an einen Dritten ab (z.B. eine Bank), nimmt diese ihre Gläubigerstellung zunächst nur treuhänderisch ein. Die Forderung soll ja nur als Sicherheit dienen und nicht endgültig beim Dritten (z.B. der Bank) verbleiben. Erst wenn die Forderung ihre Sicherungsfunktion erfüllen und als Sicherheit herhalten muss, greift der Dritte auf die Forderung zu. Ist dies nicht nötig, wird die Forderung wieder an den alten Gläubiger zurück abgetreten. Solange der alte Gläubiger von einem Rückerwerb der Forderung ausgehen kann, steht sie zwar nicht rechtlich, aber „wirtschaftlich" noch in seinem Vermögen. Der Schadensersatzanspruch wegen Zahlungsverzuges soll deshalb trotz Abtretung nach den Umständen **der Person des alten Gläubigers berechnet** werden, da er der tatsächlich Geschädigte ist.[144] Der neue Gläubiger kann den Schaden des (Sicherungs-) Zedenten im Wege der Drittschadensliquidation geltend machen.[145]

Beispiel Stellen Sie sich vor, im vorigen *Beispiel* würde Z die Forderung zur Sicherheit weiter auf seine Bank B übertragen. B darf die Forderung nicht sofort einziehen, sondern erst dann, wenn sie gegenüber Z dazu berechtigt ist. Das ist aber noch nicht der Fall. Würde man wegen des formalen Abtretungsvorganges bei der Berechnung des Verzugsschadens nun auf die B abstellen, wäre kein über § 288 Abs. 1 hinausgehender Verzögerungsschaden ersichtlich. B könnte ab Abtretung also „nur" Zinsen in Höhe von 7,5 % für die Dauer des weiteren Verzuges verlangen. Dies ginge zum Nachteil des Z, dessen Kredit mit 10 % verzinst ist. Bei ihm entsteht der eigentliche Zinsschaden. Bei der Bestimmung der Schadenshöhe ist demnach auf Z abzustellen. ■

VI. Art und Umfang des Schadensersatzes

186 Art und Umfang des Schadensersatzes richten sich – wie immer – nach den §§ 249 ff. Es gelten die allgemeinen Regeln,[146] wobei eine Naturalrestitution meistens wegen Unmöglichkeit ausgeschlossen ist und deshalb nach § 251 Abs. 1 regelmäßig Ersatz der Vermögensnachteile in Geld zu leisten ist.[147] Die verzögerte Leistung kann schließlich nicht mehr rückwirkend zum richtigen Zeitpunkt vorgenommen werden, wie es § 249 Abs. 1 entspräche.

Hinweis

Der Zinsanspruch verjährt gem. §§ 195, 199, spätestens mit der verzögerten Hauptforderung, § 217.

144 *BGH* Urteil vom 9. Februar 2006 (Az. I ZR 70/03) unter Ziff. II 2 = NJW 2006, 1662; Grüneberg-*Grüneberg* § 398 Rn. 19.

145 *BGH* Urteil vom 9. Februar 2006 (Az. I ZR 70/03) unter Ziff. II 2 = NJW 2006, 1662; Grüneberg-*Grüneberg* § 398 Rn. 18a.

146 Vgl. dazu das Skript „Schuldrecht AT I" unter Rn. 401 ff.

147 Grüneberg-*Grüneberg* § 286 Rn. 42.

C. Schadensersatz statt der Leistung aus §§ 280 Abs. 1, Abs. 3, 281

Schadensersatz statt Leistung aus §§ 280 Abs. 1, Abs. 3, 281 187

I. Gesetzliches oder vertragliches Schuldverhältnis

II. Pflichtverletzung
1. Leistungsverzögerung
2. Nichtleistung trotz Fristsetzung
   a) Fristsetzung
      aa) Eindeutige und bestimmte Fristsetzung des Gläubigers/eines Vertreters nach Fälligkeit
         Zuvielforderung des Gläubigers Rn. 192
      bb) Allgemeine Wirksamkeitsvoraussetzungen (analog)
         (1) für empfangsbedürftige WE, §§ 105, 130 f.
         (2) für einseitige Rechtsgeschäfte, §§ 164, 174, 180
   b) Angemessenheit der Frist
      Zu kurz bemessene Frist Rn. 195
   c) Fortbestehende Leistungsverzögerung bei Fristablauf
3. Oder: Erfolglose Abmahnung, § 281 Abs. 3 (Ziffer III 1 gilt entsprechend)
4. Oder: Entbehrlichkeit der Fristsetzung/Abmahnung nach § 281 Abs. 2

III. Vertretenmüssen des Schuldners nach §§ 276–278
Bezugspunkt Rn. 202 ff.

IV. Ersatzfähiger Schaden
Mehrkosten aus vorzeitigen Deckungsgeschäften Rn. 208 ff.

V. Art und Umfang des Schadensersatzes
1. Wahlrecht zwischen „großem und kleinem Schadensersatz" bei Teilleistung
   a) Teilbarkeit der Leistung
   b) Bewirken einer Teilleistung
   c) Interessefortfall des Gläubigers bzgl. erbrachter Teilleistung wegen Ausbleibens der Restleistung
2. Anwendung der §§ 249 ff.
   Differenz- und Surrogationsmethode Rn. 212 ff.

[→ Je nach Ergebnis weiter mit Prüfung rechtsvernichtender Einwendungen bzw. Durchsetzbarkeit des Anspruchs]

PRÜFUNGSSCHEMA

Unter den Voraussetzungen der §§ 280 Abs. 1, 3, 281 kann der Gläubiger einer verzögerten Leistung „Schadensersatz statt der Leistung" verlangen. Sie erinnern sich: Über den Anspruch auf Schadensersatz statt der Leistung werden diejenigen Schadenspositionen geltend gemacht, die durch eine Nachholung der zunächst ausgebliebenen Leistung bis zum letztmöglichen Zeitpunkt hätten vermieden werden können und das Interesse des Gläubigers an der Leistung als solcher befriedigen.[148] Der Schadensersatz stellt in diesen Fällen das leistungs**ersetzende** Äquivalenzinteresse dar (Rn. 125). 188

148 Vgl. oben unter Rn. 121 ff.

Erforderlich ist hier grundsätzlich das erfolglose Verstreichen einer angemessenen Frist sowie ein Vertretenmüssen des Schuldners. Verlangt der Gläubiger Schadensersatz statt der Leistung, entfällt der Anspruch auf die Leistung, vgl. § 281 Abs. 4 endgültig.

Hinweis

Erinnern Sie sich? Der fruchtlose Ablauf der Nachfrist lässt den Primäranspruch noch nicht entfallen, sondern erst das Verlangen von Schadensersatz statt der Leistung oder die Rücktrittserklärung. Bis zu diesem Zeitpunkt bleibt das Auswahlrecht des Gläubigers (sog. „ius variandi") erhalten und kann nur durch das Gebot von Treu und Glauben vorübergehend eingeschränkt sein.

Ein daneben entstandener Schadensersatz neben der Leistung kann separat geltend gemacht werden.

Gehen wir die Voraussetzungen nun im Einzelnen durch.

I. Schuldverhältnis

189 Die Haftung aus §§ 280 ff. setzt nach § 280 Abs. 1 S. 1 ein bestehendes Schuldverhältnis voraus. In Betracht kommt grundsätzlich jedes anspruchsbegründende Schuldverhältnis, aus Vertrag oder aus Gesetz. Bei bestimmten gesetzlichen Schuldverhältnissen gelten aber Besonderheiten und Einschränkungen, die wir uns im jeweiligen Sachzusammenhang an anderer Stelle näher ansehen werden.

II. Pflichtverletzung

1. Leistungsverzögerung

190 Der Schadensersatzanspruch aus §§ 280 Abs. 1, 3, 281 knüpft an die in § 281 Abs. 1 S. 1 beschriebene Leistungsverzögerung und die Schlechtleistung an, in der ersten Alt. also an das Nichterbringen einer fälligen und durchsetzbaren Leistung. Hingegen verweist § 281 nicht auf § 286, so dass der Anspruch auf Schadensersatz statt der Leistung tatbestandlich **keinen Verzug** erfordert.

» Gehen Sie jetzt noch einmal das Prüfungsschema zur Leistungsverzögerung oben unter Rn. 88 durch. «

Die Prüfung der Leistungsverzögerung erfolgt nun in den Schritten, wie Sie oben unter Rn. 88 ff. dargestellt sind.

2. Erfolgloser Ablauf einer angemessenen Frist

191 **JURIQ-Klausurtipp**

Spätestens an dieser Stelle sollten Sie in der Klausur – wie beim Schadensersatz neben der Leistung – erläutern, warum Sie auf §§ 280 Abs. 1, 3, 281 abstellen und nicht auf die Regeln des Schadensersatzes neben der Leistung. Zur Abgrenzung siehe oben unter Rn. 125 f.

In die weitere Prüfung könnten Sie dann etwa folgendermaßen „einsteigen":

„(...) Folglich richtet sich der Ersatz nach den Regeln über den Schadensersatzanspruch statt der Leistung, hier also nach den Voraussetzungen der §§ 280 Abs. 1, 3, 281. Demzufolge erfordert der Anspruch neben einer eingetretenen Leistungsverzögerung grundsätzlich noch den erfolglosen Ablauf einer angemessenen Nachfrist. Zu prüfen ist daher zunächst, ob...."

a) Fristsetzung

Der Gläubiger muss dem Schuldner nach Eintritt der Leistungsverzögerung grds. eine Nachfrist gesetzt und ihm damit eine „zweite Chance" zur Leistungserbringung eröffnet haben. 192

Da die Leistungsverzögerung die Fälligkeit der Leistung voraussetzt, entfaltet die Nachfristsetzung nur Rechtswirkungen, wenn sie **nach Eintritt der Fälligkeit** der Leistung gesetzt wurde.[149] Es verhält sich hier ebenso wie bei der Mahnung, die auch nicht „vorsorglich" im Voraus erklärt werden kann. 193

Die Fristsetzung gleicht der Mahnung u.a. dahingehend, dass sie eine **geschäftsähnliche Handlung** darstellt, auf die die Regeln über die Wirksamkeit von Willenserklärungen (§§ 105, 131) und einseitige Rechtsgeschäfte (§§ 164, 174, 180) entsprechende Anwendung finden.[150] 194

Inhaltlich ist eine **bestimmte, eindeutige Aufforderung zur Leistung** erforderlich.[151] Es gelten die gleichen Grundsätze wie für die Mahnung, insbesondere stellt sich auch hier das Problem der Zuvielforderung (siehe oben unter Rn. 139).

Insbesondere nach Ansicht des **BGH** muss die Fristsetzungserklärung **keinen kalendermäßig bestimmten Endtermin oder eine kalendermäßig bestimmte Zeitspanne** („1 Woche", „10 Tage") enthalten.[152] Für eine Fristsetzung nach § 281 Abs. 1 genüge es, wenn der Gläubiger durch das Verlangen nach sofortiger, unverzüglicher oder umgehender Leistung oder vergleichbare Formulierungen deutlich macht, dass dem Schuldner für die Erfüllung nur ein begrenzter Zeitraum zur Verfügung stehe. Dem Begriff der Fristsetzung lasse sich – so der *BGH* – nämlich nicht entnehmen, dass die maßgebliche Zeitspanne nach dem Kalender bestimmt sein müsse oder in konkreten Zeiteinheiten anzugeben sei. Vielmehr könne die Dauer einer Frist grundsätzlich auch durch einen unbestimmten Rechtsbegriff bezeichnet werden. Mit der Aufforderung, die Leistung oder die Nacherfüllung „in angemessener Zeit", „umgehend" oder „so schnell wie möglich" zu bewirken, werde eine zeitliche Grenze gesetzt, **die aufgrund der jeweiligen Umstände des Einzelfalls durch Auslegung bestimmbar sei.**[153] Zwar bestehe für den Schuldner dann die Ungewissheit, welcher genaue Zeitraum ihm für die Leistung bzw. Nacherfüllung zur Verfügung stehe. Diese **Ungewissheit** besteht aber in vielen Fällen auch bei Angabe einer bestimmten Frist, nämlich immer dann, wenn die vom Gläubiger gesetzte Frist zu kurz sei (dazu sogleich). Mit anderen Worten: Die Ungewissheit über die angemessene Dauer führt zu einem Einschätzungsrisiko beider Parteien. Ohne die Pflichtverletzung wäre es zu dieser Unsicherheit nicht gekommen, insoweit ist diese Unsicherheit vom Schuldner hinzunehmen.

---

149 *BGH* NJW-RR 2015, 565.
150 Grüneberg-*Grüneberg* § 281 Rn. 9.
151 *BGH* Urteil vom 25. März 2010 (Az. VII ZR 224/08) unter Tz. 16 = NJW 2010, 2200 f.
152 *BGH* Urteil vom 12. August 2009 (Az. VIII ZR 254/08) unter Tz. 10 f. = NJW 2009, 3153.
153 *BGH* Urteil vom 12. August 2009 (Az. VIII ZR 254/08) unter Tz. 10 f. = NJW 2009, 3153.

b) Angemessenheit der Frist

195 Die erforderliche Frist ist so zu bemessen, dass der Schuldner **eine bereits in Angriff genommene Leistungshandlung** vollenden kann. Sie muss nicht so lange bemessen sein, dass der Schuldner in die Lage versetzt wird, die noch gar nicht in Angriff genommene Leistungshandlung erst zu beginnen und fertig zu stellen.[154]

Bestimmt der Gläubiger keine ausdrückliche Frist oder mit ausdrücklich bestimmten Zeiteinheiten zu kurz bemessene Frist („1 Stunde"), wird eine angemessene Frist in Lauf gesetzt.[155]

Von einer „angemessenen Fristsetzung" kann aber nicht mehr gesprochen werden, wenn der Gläubiger missbräuchlich eine offensichtlich zu knapp bemessene Frist setzt („1 Minute") und deutlich macht, er werde die Leistung nach Ablauf seiner Frist nicht mehr akzeptieren. In derartigen Fällen ist noch gar keine Frist wirksam gesetzt worden.[156]

c) Fortbestehende Leistungsverzögerung bei Fristablauf

196 Schadensersatz „statt der Leistung" kann der Gläubiger naturgemäß nur verlangen, wenn der Schuldner trotz Fälligkeit und Nachfrist nicht leistet. Die Leistungsverzögerung muss bei Fristablauf noch fortbestehen. Daran fehlt es, wenn der Anspruch bei Fristablauf erloschen ist (z.B. durch Erfüllung oder Aufrechnung)[157], nicht mehr fällig ist (etwa wegen einer nachträglichen Stundungsvereinbarung) oder wegen einer Einrede (z.B. Verjährung) nicht mehr durchgesetzt werden kann.[158] Dabei gelten die allgemeinen Grundsätze, so dass bereits eine während der Nachfrist eintretende Einredelage grundsätzlich die Entstehung des Schadensersatzanspruches ausschließt.[159]

3. Abmahnung, § 281 Abs. 3

197 Besteht die Leistungspflicht in einem Unterlassen (vgl. § 241 Abs. 1 S. 2), macht eine Fristsetzung bei Verletzung durch Zuwiderhandlung keinen Sinn. Die Zuwiderhandlung soll ja gerade nicht „nachgeholt", sondern weitere Zuwiderhandlungen sollen dauerhaft unterlassen werden. An die Stelle der Fristsetzung tritt dann die Obliegenheit des Gläubigers zur Abmahnung.

Die Abmahnung ist ebenfalls (nur) eine rechtsgeschäftsähnliche Handlung, die den für Willenserklärungen geltenden Regeln in entsprechender Anwendung unterliegt. Wie die Mahnung und Fristsetzung muss sie inhaltlich eindeutig und bestimmt sein. Es gelten die gleichen Grundsätze wie für diese.

---

154 Grüneberg-*Grüneberg* § 281 Rn. 10.

155 Grüneberg-*Grüneberg* § 281 Rn. 10.

156 Grüneberg-*Grüneberg* § 281 Rn. 10.

157 Vgl. *BGH* Urteil vom 12. März 2010 (Az. V ZR 147/09) unter Tz. 10 = NJW 2010, 1805 (zu §§ 437 Nr. 2, 323).

158 *Herresthal* JURA 2008, 561, 563 f. unter Ziff. IV.

159 Vgl. Grüneberg-*Grüneberg* § 281 Rn. 16; *Herresthal* JURA 2008, 561, 563 f. unter Ziff. IV; Ausnahmen gelten wieder bei §§ 273, 410 und § 369 HGB.

4. Entbehrlichkeit der Fristsetzung/Abmahnung

Eine Fristsetzung ist unter den Voraussetzungen des § 281 Abs. 2 entbehrlich. Gleiches gilt für eine an ihre Stelle tretende Abmahnung. 198

a) Fall des § 281 Abs. 2 Var. 1

Eine Nachfristsetzung ist natürlich sinnlos und wäre reine Förmelei, wenn der Schuldner bereits ernsthaft und endgültig zu erkennen gegeben hat, dass er die Leistung verweigert. Wie wir gesehen haben, entfällt dann auch die Obliegenheit des Gläubigers zur Mahnung, § 286 Abs. 2 Nr. 3. Hierfür reicht es, wenn der Schuldner die Leistung nur für den Zeitraum bis zum Ablauf einer angemessenen Frist endgültig verweigert. 199

b) Fall des § 281 Abs. 2 Var. 2

Die Fristsetzung ist auch dann entbehrlich, wenn besondere Umstände vorliegen, die unter Abwägung der beiderseitigen Interessen die sofortige Geltendmachung des Schadensersatzes rechtfertigen.[160] 200

Beispiele Ware wird wegen Verzögerung unverkäuflich, Kunden des Gläubigers verweigern wegen der Verzögerung ihrerseits die Abnahme.[161] ■

Hinweis

Beim sog. „relativen Fixgeschäft" sieht § 323 Abs. 2 Nr. 2 ein Rücktrittsrecht ohne Nachfristsetzung vor. Eine solche Regelung fehlt in § 281 Abs. 2. Der Gläubiger steht beim relativen Fixgeschäft also allein wegen der Verzögerung noch kein sofortiger Anspruch auf Schadensersatz statt der Leistung aus §§ 280 Abs. 1, 3, 281 zu.

III. Vertretenmüssen des Schuldners, § 280 Abs. 1 S. 2

Die Haftung des Schuldners auf Schadensersatz ist nach § 280 Abs. 1 S. 2 ausgeschlossen, wenn feststeht, dass er die Pflichtverletzung nicht zu vertreten hat. Seine Verantwortlichkeit bestimmt sich nach §§ 276–278. 201

» Wiederholen Sie hierzu noch einmal die Prüfungsschritte und Grundregeln beim Vertretenmüssen oben unter Rn. 21 ff. «

Problematisch gestaltet sich bei diesem Prüfungspunkt die Bestimmung des **maßgeblichen Bezugspunktes**: Genügt es einerseits, wenn der Schuldner die Leistungsverzögerung bei Fälligkeit, nicht aber das Ausbleiben der Leistung nach Fristablauf zu vertreten hat? Genügt es andererseits, wenn der Schuldner zwar nicht die Verzögerung bei Fälligkeit, sondern nur das Ausbleiben der Leistung nach Fristablauf zu vertreten hat? 202

Beispiel 1 Schreinermeister S hat den bestellten Schrank bei Fälligkeit nicht fertig gestellt und erkrankt während der gesetzten Nachfrist. Gesellen beschäftigt er nicht. Wegen seiner Erkrankung kann er nicht leisten und – wegen der Schwierigkeit der Arbeit – auch keinen anderen Schreiner vom Krankenbett aus mit der Fertigstellung beauftragen. ■

160 Grüneberg-*Grüneberg* § 281 Rn. 15.
161 *BGH* NJW-RR 1998, 1489, 1491.

Beispiel 2 S hat den bestellten Schrank bei Fälligkeit wegen einer Erkrankung nicht fertig gestellt und wird aber während der gesetzten Nachfrist wieder gesund. Gleichwohl leistet er nicht. ■

203 Beim Verzug haben wir gesehen, dass es auf den Zeitpunkt ankommt, an dem alle sonstigen Verzugsvoraussetzungen vorliegen. Überträgt man diesen Gedanken auf § 281, so muss **nach einer Ansicht** entscheidend sein, ob der Schuldner das Ausbleiben der Leistung bei Ablauf der angemessenen Frist zu vertreten hat.[162]

Hinweis

Denken Sie daran, dass § 281 und § 286 tatbestandlich nicht deckungsgleich sind. § 286 verlangt keinen Fristablauf, um Verzug eintreten zu lassen.

204 Ist eine Fristsetzung nach § 281 Abs. 2 entbehrlich, so tritt an die Stelle des Fristablaufs das Ereignis, das die Fristsetzung entbehrlich macht (z.B. die Erfüllungsverweigerung des Schuldners).

205 Für diese Auffassung spricht, dass die haftungsbegründende Pflichtverletzung beim Schadensersatz statt der Leistung eben nicht nur in der Verzögerung als solcher, sondern in der Verzögerung **trotz Fristablaufs bzw. trotz der besonderen Umstände i.S.d. § 281 Abs. 2.**[163] Die haftungsbegründende Pflichtverletzung ist erst mit Verwirklichung **aller** objektiven Tatbestandsmerkmale – auch der des § 281 – vollendet.[164]

206 **Andere vertreten** demgegenüber die Auffassung, die haftungsbegründende Pflichtverletzung sei auch bei §§ 280, 281 (auch) das Ausbleiben der Leistung bei Fälligkeit. Die Nachfrist diene lediglich der Abwehr des bereits angelegten Schadensersatzanspruches.[165] Das Vertretenmüssen beziehe sich daher grundsätzlich auf den Zeitpunkt der Fälligkeit. Sofern der Schuldner zum Zeitpunkt der Fälligkeit seine Verzögerung entschuldigen kann, soll es dann allerdings genügen, wenn er für das Ausbleiben der Leistung bei Fristablauf nicht mehr entschuldigt ist. Dies ist konsequent, da die fällige Leistungspflicht ja weiterhin besteht und sich der Pflichtverletzungstatbestand spätestens bei Fristablauf in zu vertretender Weise verwirklicht hat.[166]

207 Im *Beispiel 1* könnten die Meinungen zu unterschiedlichen Ergebnissen führen, da S den fruchtlosen Fristablauf nicht zu vertreten hat. Hier sind beide Auffassungen vertretbar. Zum selben Ergebnis kommen die Ansichten dann, sofern bereits vor der Erkrankung des S Verzug eingetreten war, da der Schuldner anschließend nach § 287 S. 2 jede zufällige Störung zu vertreten hat.

Beispiel Stellen Sie sich in *Beispiel 1* vor, S hätte mit seinem Kunden den Fälligkeitstermin kalendermäßig bestimmt, so dass nach § 286 Abs. 2 Nr. 1 ohne Mahnung Verzug eintreten konnte. Nun hat er auch das Ausbleiben der Leistung bei Fristablauf trotz seiner Erkran-

---

162 *Lorenz* NJW 2005, 1889, 1891 f.; für den Anwendungsfall der Schlechtleistung im Kaufrecht (§§ 437 Nr. 3, 280 Abs. 1, Abs. 3, 281) nach dieser Auffassung entschieden vom *OLG Celle* Urteil vom 28. Juni 2006 (Az. 7 U 235/05) unter Ziff. B 2 = NJW-RR 2007, 352, 354; Grüneberg-*Grüneberg* § 281 Rn. 16.

163 Grüneberg-*Grüneberg* § 281 Rn. 16.

164 So ausdrücklich Grüneberg-*Grüneberg* § 281 Rn. 16.

165 *Looschelders* Schuldrecht AT § 27 Rn. 22.

166 *Looschelders* Schuldrecht AT § 27 Rn. 22.

kung gem. § 287 S. 2 zu vertreten. Im Übrigen enthält die Fristsetzung in der Regel zugleich eine Mahnung, sodass der Schuldner auch hierdurch in Verzug gerät. ■

Im *Beispiel 2* kann der Meinungsstreit offen bleiben, da S das Ausbleiben der Leistung zumindest bei Fristablauf zu vertreten hatte. Das genügt nach allen Ansichten.

IV. Ersatzfähiger Schaden

Die Ermittlung des ersatzfähigen Schadens richtet sich – wie immer – nach der Differenzhypothese. **208**

Hinweis

Denken Sie wieder daran, dass nach §§ 280 Abs. 1, Abs. 3, 281 nur solche Schäden ersatzfähig sind, die durch Nachholen der Leistung vermieden werden können und deren Erstattung das Interesse des Gläubigers an der Leistung als solcher befriedigt. Insofern ist die Ersatzfähigkeit der konkret geprüften Schadensposition nach dieser Anspruchsgrundlage bereits Gegenstand Ihrer Ausführungen bei der Abgrenzung zu §§ 280 Abs. 1, Abs. 2, 286.[167]

Nach der Differenzhypothese ist zu fragen, wie der Gläubiger stünde, wenn der Schuldner die Leistung spätestens bei Fristablauf bzw. an dem Zeitpunkt, der eine Fristsetzung entbehrlich gemacht hat, erbracht hätte. Denn das ist der „zum Ersatz verpflichtende Umstand" im Sinne des § 249 Abs. 1, der hinweggedacht werden muss.

Diese Betrachtung führt aber in bestimmten Fällen zu Ergebnissen, die von der Rechtsprechung für unbillig gehalten wurden.

Beispiel 1[168] V verkauft dem K für 350 000 € am 1.2. ein Grundstück. Die Eintragung im Grundbuch unterbleibt zunächst. Zugunsten des K wird aber eine Vormerkung eingetragen. Der Kaufpreis ist nach dem Vertrag zum 1.3. zur Zahlung fällig. Da der Kaufpreis am 1.3. noch nicht gezahlt wurde, verkaufte V am 15.3. das Grundstück für 230 000 € an D, wobei dieser ebenfalls noch nicht im Grundbuch eingetragen wurde. Mit Schreiben vom 1.4. setzt V dem K eine Nachfrist zur Zahlung des Kaufpreises bis 10.4. Da diese Frist fruchtlos verstreicht, verlangt V nun von K Schadensersatz statt der Leistung in Höhe von 120 000 €. Mit Recht?

Fragt man nun nach der Differenzhypothese, wie V stünde, wenn K den Kaufpreis wenigstens bei Fristablauf, also am 10.4. gezahlt hätte, so ergibt sich folgender hypothetischer Verlauf: V hätte dann 350 000 € erhalten und nach dem gewöhnlichen Verlauf der Dinge das Eigentum am Grundstück an K gem. §§ 873, 925 übertragen. Er hätte den Kaufpreis aber nach § 285 wegen der Unmöglichkeit der Erfüllung des mit D geschlossenen Kaufvertrages an D herausgeben müssen, so dass im Vergleich zur jetzigen Lage gar kein Schaden entstanden sein kann. V könnte also mangels Schadens keinen Schadensersatz statt der Leistung verlangen. ■

167 Siehe dazu oben unter Rn. 125 ff.
168 Nach *BGH* NJW 1994, 2480 = BGHZ 126, 131 ff.

Hinweis

Beachten Sie in diesem Zusammenhang, dass allein durch den Abschluss zweier Kaufverträge über das Grundstück noch *keine Unmöglichkeit* eintritt, da das Eigentum des V dadurch noch nicht berührt wird (Trennungsprinzip!).

Beispiel 2[169] K kauft von V Holz, das sofort geliefert werden soll. Als die Lieferungen ausbleiben, kauft K zu höheren Preisen bei D anderes Holz ein. Anschließend setzt er dem V eine Frist und verlangt Nachlieferung. Als die Frist fruchtlos verstreicht, möchte er die Mehrkosten aus dem mit D geschlossenen Deckungskauf ersetzt verlangen. Mit Recht?

Fragt man, wie K stünde, wenn V das Holz wenigstens bei Fristablauf geliefert hätte, so ergibt sich folgender hypothetischer Verlauf: K hätte das Holz bekommen, aber trotzdem die Mehrkosten für das bereits von D gekaufte Holz zahlen müssen. Die Mehrkosten könnten über den Schadensersatz statt der Leistung folglich nicht ersetzt verlangt werden, da sie keinen ersatzfähigen Schaden darstellen. ■

Hinweis

Denken Sie daran, dass ein Ersatz über den Schadensersatz „neben der Leistung" in beiden *Beispielen* nach dem zeitlich dynamischen Ansatz ausscheidet, da es sich bei den jeweiligen Wertdifferenzen um Nachteile handelt, die durch Nachholung der verzögerten Leistung grundsätzlich hätten vermieden werden können. Diese Unterscheidung entfällt beim schadensphänomenologischen Ansatz. Der Schadensersatz stellt beim Deckungsgeschäft, **immer** das leistungsersetzende Äquivalent dar und ist daher dem Schadensersatz statt der Leistung zuzuordnen.

209 Der *BGH* und die wohl ganz überwiegende Auffassung betrachten diese Ergebnisse deshalb als unbillig, da es dem Schuldner nun zugute kommt, dass der Gläubiger seine Deckungsgeschäfte[170] „zu früh" vorgenommen hat. Natürlich handelt der Gläubiger auf eigenes Risiko, wenn er das Deckungsgeschäft vor Ablauf einer zu setzenden Nachfrist vornimmt. Nimmt der Schuldner die Leistungshandlung während der Nachfrist vor, fallen die Voraussetzungen für den Schadensersatz statt der Leistung weg. Der Gläubiger muss das Risiko dann selbst tragen und kann keinen Ersatz verlangen. Bleibt der Schuldner die Leistung nach Fristablauf aber immer noch schuldig, gibt es keinen ausreichenden Grund, ihn von einer Haftung für bereits eingetretene Verluste des Gläubigers zu befreien. Der Schuldner hätte schließlich auch dafür zu haften, wenn die Verluste erst jetzt eintreten würden. Außerdem ist sein Deckungsgeschäft – rückblickend betrachtet – gerechtfertigt gewesen.[171]

Auf den Zeitpunkt des Deckungsgeschäftes soll es daher nicht entscheidend ankommen. Die Rechtsprechung und ganz überwiegende Auffassung greift daher zu einem „Trick", indem sie den Anknüpfungspunkt für die Differenzhypothese wie folgt korrigiert:

169 Nach *BGH* NJW 1998, 2901.

170 Unter einem „Deckungsgeschäft" versteht man ein solches Geschäft, das die Interessen des Gläubigers an der Leistung ganz oder zumindest teilweise „abdeckt", d.h. befriedigt.

171 So ausdrücklich der *BGH* in NJW 1998, 2901, 2903.

Der Gläubiger ist gemäß § 249 Abs. 1 beim Schadensersatz statt der Leistung so zu stellen, wie er bei ordnungsgemäßer Leistung, also bei **Erbringung der Leistung bei Fälligkeit** gestanden hätte.[172]

Hinweis

Dabei müssen die Schäden, die definitionsgemäß über den Schadensersatz „neben der Leistung" aus §§ 280 Abs. 1, Abs. 2, 286 zu ersetzen und bis zur Geltendmachung des Schadensersatzes statt der Leistung entstanden sind, ausgeklammert bleiben. Sie werden immer separat nach den Regeln des §§ 280 Abs. 1, Abs. 2, 286 ersetzt.[173] Der Anspruch aus §§ 280 Abs. 1, Abs. 2, 286 bleibt selbstständig erhalten und wird nicht etwa in den Schadensersatz statt der Leistung „integriert".[174]

Für solche Nachteile, die auch durch Nachholung der verzögerten Leistung nicht mehr vermieden werden können, bleibt es daher dabei, dass sie nur ersetzt verlangt werden können, wenn zum Zeitpunkt ihrer Entstehung sämtliche Voraussetzungen des § 286 vorlagen.

Im *Beispiel 1* folgt aus dieser „Korrektur" beim Ausgangspunkt der Differenzhypothese, dass V seinen Verlust in Höhe von 120 000 € von K ersetzt verlangen kann, da er das Grundstück bei rechtzeitiger Zahlung nicht an D verkauft hätte. Es spielt also keine Rolle, dass V das Grundstück vor Fristablauf verkauft hatte. Allerdings ist stets zu prüfen, ob dem Verkäufer ein Mitverschulden anzulasten ist, wenn er zu einem niedrigeren Preis weiterverkauft (vgl. § 254 Abs. 2).

Hätte K den Kaufpreis bei Fristablauf gezahlt, könnte V keinen Schadensersatz statt der Leistung verlangen. Er würde dem D dann seinerseits haften. Er müsste den von K erlangten Kaufpreis in jedem Fall über § 285 an D herausgeben.

Im *Beispiel 2* folgt aus diesem Ansatz, dass K seine Mehrkosten von V ersetzt verlangen kann, obwohl er den Einkauf des Holzes vor Fristablauf getätigt hatte. Auch hier ist nach einem Mitverschulden zu fragen, wenn K woanders günstiger hätte einkaufen können. Hätte V hingegen vor Fristablauf noch geliefert, hätte K keinen Schadensersatzanspruch statt der Leistung. Er hätte mehr Holz eingekauft als nötig und für das „überflüssige" Holz auch noch mehr bezahlt. Dieses Risiko und die damit verbundenen Kosten ist K freiwillig eingegangen und müsste es bei rechtzeitiger Leistung des V selbst tragen.

V. Art und Umfang des Schadensersatzes

Art und Umfang des Schadensersatzes richten sich auch beim Anspruch auf Schadensersatz 210
statt der Leistung grundsätzlich nach den §§ 249 ff. Es gelten aber Besonderheiten, die sich aus § 281 Abs. 4 ergeben. Außerdem sind bei gegenseitigen Verträgen verschiedene Abrechnungsmöglichkeiten denkbar.

172 *BGH* Urteil vom 11. Februar 2009 (Az. VIII ZR 328/07 unter Tz. 20) = JZ 2010, 44 ff.; NJW 1998, 2901, 2902; NJW 1994, 2480 = BGHZ 126, 131 ff.

173 So ausdrücklich *BGH* NJW 1994, 2480 = BGHZ 126, 131 ff. und *BGH* NJW 1984, 42 = BGHZ 88, 46, 49, jeweils noch zum „alten" Schuldrecht.

174 Grüneberg-*Grüneberg* § 281 Rn. 17 m.w.N.

1. Beschränkung auf Wertersatz

211 Nach § 249 Abs. 1 ist der Schuldner zur Herstellung des durch Anwendung der Differenzhypothese ermittelten Zustandes verpflichtet. Dies müsste eigentlich zu einem Anspruch auf die verzögerte Leistung führen, da diese bei hypothetischer Betrachtung ja bewirkt worden wäre. Doch dann liefe der Schadensersatz statt der Leistung im Ergebnis auf die Verwirklichung des Primäranspruches hinaus. Das wäre aber ein Widerspruch zu § 281 Abs. 4, der den Primäranspruch bei Geltendmachung des Schadensersatzes statt der Leistung ausschließt. Damit steht eine Besonderheit der Restitution beim Schadensersatz statt der Leistung fest: Sein Inhalt darf nicht auf die natürliche Leistung des Primäranspruches gerichtet sein – diese ist vielmehr ihrem Wert nach in Geld zu ersetzen.[175] Besteht der Primäranspruch in einer Zahlungspflicht wird sozusagen „Geld durch Geld" ersetzt. Das verstößt nicht gegen § 281 Abs. 4, wie wir sogleich sehen werden.

JURIQ-Klausurtipp

Es genügt, wenn Sie hier auf § 281 Abs. 4 verweisen. § 251 Abs. 1 könnte allenfalls wegen „rechtlicher Unmöglichkeit" zitiert werden.[176] Das ist aber unnötig und im Übrigen auch unüblich.

2. Surrogations- und Differenzmethode

212 Bei **gegenseitigen Verträgen** tritt ein weiterer Aspekt hinzu: Bei hypothetischem Verlauf wäre es zu einem Leistungsaustausch gekommen, der aufgrund der Pflichtverletzung nun gestört ist. Dem tragen die – gesetzlich nicht näher geregelten – Surrogations- und Differenzmethode Rechnung. Zwischen beiden besteht grundsätzlich ein Wahlrecht.

Hinweis

Surrogations- und Differenzmethode kommen nur bei gegenseitigen Verträgen und nur beim Schadensersatz statt der Leistung zur Anwendung!

In allen Fällen muss Ihre Lösung folgende Nagelprobe bestehen: Egal, nach welcher Abrechnungsmethode der Gläubiger vorgeht, stets muss die Abrechnung *im Ergebnis* zu einem Ersatz des nach der Differenzhypothese festgestellten Schadens führen: Zu ersetzen ist im Ergebnis nicht mehr (Bereicherungsverbot), aber auch nicht weniger (Prinzip der Totalreparation).

a) Ansatz der Surrogationsmethode

213 Die „Surrogationsmethode" will dem Gläubiger einer ausgebliebenen Leistung die Möglichkeit eröffnen, seinerseits die Gegenleistung noch zu erbringen und statt der ausgebliebenen Leistung Wertersatz (= „Surrogat" in Geld) zu verlangen. Die Leistung als solche kann der Gläubiger wegen § 281 Abs. 4 nicht mehr fordern, wenn er Schadensersatz statt der Leistung verlangt. Deswegen ist eine „Transformation" in einen Wertersatzanspruch zwingend und hat mit § 251 Abs. 1 nichts zu tun (siehe oben).

Der hypothetische Zustand wird so in möglichst „realer" Weise angenähert.

---

175 Grüneberg-*Grüneberg* § 281 Rn. 17.

176 *Weiss* NJOZ 2024, 353 (354).

Die Surrogationsmethode bietet sich an, wenn der Gläubiger eine von ihm selbst geschuldete Sachleistung noch gegen Zahlung des Werts der ausgebliebenen Gegenleistung erbringen möchte.

Beispiel So kann es für beide Parteien beim Tausch oder beim Kauf aus Sicht des Verkäufers liegen, der die Übereignung und Übergabe gem. § 433 Abs. 1 schuldet und seinerseits Schadensersatz wegen Verzögerung der Kaufpreiszahlung verlangt. ■

b) Ansatz der Differenzmethode

Anders als die Surrogationsmethode verzichtet die Differenzmethode auf den Austausch beider Leistungen und will stattdessen den hypothetischen Zustand rein wirtschaftlich durch Verrechnung der beiderseits bestehenden Anspruchspositionen und wirtschaftlichen Folgeschäden aufgrund der ausgebliebenen Leistung herstellen. Das Vertragsverhältnis wird durch die Geltendmachung des Schadensersatzanspruches in der Weise umgestaltet, dass an die Stelle der beiderseitigen Leistungspflichten ein Anspruch auf Zahlung des Abrechnungsüberschusses tritt. Die wechselseitigen Ansprüche der Vertragspartner sind nicht mehr durchsetzbar, sondern werden nur als unselbstständige Rechnungsposten bei der Abrechnung mit ihrem Geldwert erfasst.[177] 214

c) Methodenauswahl

Bei der Frage, nach welcher Methode der Gläubiger seinen Schaden ersetzt verlangt, muss zunächst unterschieden werden, ob er selbst bereits geleistet hat oder nicht und welchen Inhalt die verzögerte Leistung hat. 215

aa) Konstellation 1: Gläubiger hat selbst noch nicht geleistet

(1) Ausgebliebene Leistung ist eine Geldleistung (Vergütung in Geld)

Beispiel Der vorleistungspflichtige Käufer (K) hat dem Verkäufer (V) den fälligen Kaufpreis in Höhe von 20 000 € für einen gekauften Pkw (Wert: 18 000 €) trotz Fristsetzung nicht gezahlt. Der ersatzfähige Schaden des V besteht hier in einem entgangenen Gewinn von 2000 €. Da dieser Schaden durch Nachholen der Leistung (Zahlung) durch K vermieden werden kann, ist er nach den Regeln über den Schadensersatz statt der Leistung zu ersetzen. Uns interessiert nun, auf welche Art und Weise die Surrogations- und Differenzmethode den Schaden von 2000 € ersetzen wollen. ■ 216

Besteht die ausgebliebene Leistung in der Vergütung der Sachleistung durch Geldzahlung (z.B. Kaufpreis), könnte der Gläubiger nach der Surrogationsmethode den „Wert des Kaufpreises" Zug-um-Zug gegen Übereignung und Übergabe der verkauften Sache verlangen. Wirtschaftlich entspricht dies exakt der Durchsetzung seines primären Zahlungsanspruches gem. § 433 Abs. 2. Wegen § 281 Abs. 4 kann man vertreten, dass der Gläubiger eines Zahlungsanspruches in dieser Konstellation Schadensersatz grundsätzlich nur nach der Differenzmethode vorgehen kann. Will er weiterhin den Austausch seiner Sachleistung gegen Vergütung, kann er auf Erfüllung seines Zahlungsanspruches klagen, weil der Primäranspruch **mit Ablauf der Nachfrist nicht ipso iure erlischt**. Daneben kann er den Verspätungsschaden (§§ 280 Abs. 1, Abs. 2, 286) ersetzt verlangen. 217

177 So die einprägsame Darstellung des *BGH* in NJW 1994, 2480, 2481.

218 Die wohl überwiegende Meinung gestattet dem Gläubiger des Vergütungsanspruchs dagegen, seinen Schadensersatzanspruch nach der Surrogationsmethode zu berechnen. Dem ist auch zu folgen: § 281 Abs. 4 will den Schuldner davor bewahren, sich trotz Schadensersatzverlangens weiterhin leistungsbereit halten zu müssen.[178] Der Schuldner soll davor geschützt werden, trotz Schadensersatzverlangens eine Sachleistung vorhalten oder sich gar beschaffen zu müssen. Richtet sich der Primäranspruch von vorneherein auf die Zahlung einer Geldsumme, ist der Schuldner nicht schutzwürdig, da sich keine besonderen „Beschaffungs- oder Lagerprobleme" ergeben können. Daher kann der Schadensersatzanspruch sowohl nach der Differenzmethode als auch im Wege der Surrogationsmethode berechnet werden.[179] Er entspricht bei Berechnung nach der Surrogationsmethode inhaltlich dann ausnahmsweise dem auf Kaufpreiszahlung gerichteten Primäranspruch.

Im *Beispiel* kann V nach der Surrogationsmethode folglich Zahlung von 20 000 € Zug-um-Zug gegen Übereignung des Pkw verlangen. Nach der Differenzmethode richtet sich der Anspruch von vorneherein auf die Wertdifferenz der beiden Ansprüche, wobei zugunsten V ein positiver Saldo von 2000 € verbleibt (Kaufpreis: 20 000 € ./. Wert des Kaufgegenstandes: 18 000 €).

Hinweis

Verhielten sich die Werte andersherum, wäre dem V nach der Differenzhypothese bereits kein in Geld ersatzfähiger Vermögensschaden entstanden. Ihm wäre vielmehr ein wirtschaftlich schlechtes Geschäft erspart geblieben, so dass ein Anspruch auf Schadensersatz statt der Leistung nicht zur Entstehung gelangen könnte.

(2) Ausgebliebene Leistung besteht in einer Sachleistung

219 **Beispiel** Der vorleistungspflichtige Verkäufer (V) hat dem Käufer (K) das verkaufte Auto im Wert von 20 000 € (Kaufpreis: 18 000 €) trotz Fristsetzung nicht geliefert. ■

220 Ist eine Sachleistung verzögert worden, kann der Gläubiger in jedem Fall zwischen beiden Methoden wählen. § 281 Abs. 4 will ja nur die Verpflichtung zur Sachleistung ausschließen, die nach beiden Methoden ohnehin durch Geld ersetzt wird.

Im *Beispiel* führt die Surrogationsmethode zu einem Anspruch des K auf Zahlung von Wertersatz in Höhe von 20 000 € Zug-um-Zug gegen Zahlung des Kaufpreises in Höhe von 18 000 €, wobei die wechselseitigen Zahlungsansprüche durch Aufrechnung erledigt werden können. Nach der Differenzmethode ist allein der V noch zur Zahlung verpflichtet, und zwar in Höhe des rechnerischen Saldos von 2000 €. Die Abwicklungen sind also in der Praxis wegen der Aufrechnungsmöglichkeit im Ergebnis gleich.

An der Surrogationsmethode wird der Gläubiger nur ein Interesse haben, wenn er seine eigene Leistung erbringen will. Dies ist im *Beispiel* nicht der Fall, da K dem V seinen Kaufpreis ja gar nicht bezahlen will und deshalb zur Aufrechnung gezwungen wäre. Eine Aufrechnung ist bei der Differenzmethode nicht notwendig. Dort geschieht die Verrechnung automatisch mit Wahl dieser Methode (spätestens im Prozess). Sie ist im *Beispiel* der für K bequemere Weg.

---

178 Begründung des Gesetzgebers in BT-Drucks. 14/6040 S. 140 re. Sp.

179 Grüneberg-*Grüneberg* § 281 Rn. 21 f., allerdings ohne Auseinandersetzung mit § 281 Abs. 4.

K kann aber ein Interesse an der Erbringung seiner Gegenleistung im Rahmen der Surrogationsmethode haben, wenn diese nicht in der Zahlung von Geld, sondern – wie beim **Tauschvertrag** – ebenfalls in einer Sachleistung besteht. 221

Beispiel K tauscht mit V sein Motorrad (Wert: 18 000 €) gegen den Pkw des V (Wert: 20 000 €). Der vorleistungspflichtige V hat dem K seinen Pkw trotz Fristsetzung nicht geliefert.

Die Surrogationsmethode führt zugunsten des K zu einem Anspruch auf Zahlung von 20 000 € Zug-um-Zug gegen Übereignung und Übergabe des Motorrads. ■

Hinweis

Verhielten sich die Wertverhältnisse andersherum, wäre dem K nach der Differenzhypothese im *Beispiel* gar kein in Geld ersatzfähiger Vermögensschaden entstanden.

bb) Konstellation 2: Gläubiger hat selbst bereits geleistet

(1) Ausgebliebene Leistung ist eine Geldleistung (Vergütung in Geld)

Beispiel Der Käufer (K) hat dem Verkäufer (V) den fälligen Kaufpreis in Höhe von 20 000 € für den gekauften und bereits gelieferten PKW (ursprünglicher Wert: 18 000 €) trotz Fristablaufs nicht gezahlt. Infolge Benutzung ist der Wagen jetzt nur noch 15 000 € wert. ■ 222

Nach der Surrogationsmethode kann der Gläubiger seine Leistung beim Schuldner belassen und Wertersatz für die verzögerte Leistung einschließlich sonstiger Nachteile fordern. 223

Im *Beispiel* führt die Surrogationsmethode zu einem Anspruch auf Zahlung von 20 000 €. Die Wertminderung des Pkw in Höhe von 3000 € bildet keinen ersatzfähigen Schaden des V, da die Wertminderung gem. § 446 das Vermögen des K belastet und nicht des V.

Hinweis

Die Abrechnung nach der Surrogationsmethode stellt sich bei der Leistungsverzögerung in dieser Variante folglich nur in den seltenen Tauschfällen, da der Zahlungsgläubiger regelmäßig seinen leichter durchsetzbaren Primäranspruch (z.B. gem. § 433 Abs. 2) geltend machen wird. Dieser ist deshalb leichter durchsetzbar, weil er kein Vertretenmüssen voraussetzt.

Will der Gläubiger seine eigene Sachleistung beim Schuldner belassen, ist für eine Abwicklung nach der Differenzmethode kein Raum, da nur eine Leistung offen ist und kein Saldo mehr gebildet werden kann. Wählt der Gläubiger die Surrogationsmethode, verzichtet er zugleich auf die Geltendmachung eines Rückforderungsanspruches aus einem Rücktritt (§ 346 Abs. 1) und belässt seine Leistung dauerhaft beim Schuldner.[180] 224

Zur Differenzmethode gelangt der Gläubiger aber folgendermaßen: Er kann vom **Vertrag zurücktreten (§ 323) und seine Leistung zurückfordern**. Dies kann er nach § 325 mit dem Schadensersatz statt der Leistung verbinden, **der jetzt nicht mehr nach der Surrogations-** 225

180 Grüneberg-*Grüneberg* § 281 Rn. 22 a.E.

methode, sondern nur nach der Differenzmethode zu berechnen ist.[181] Denn die Surrogationsmethode setzt ja voraus, dass der Gläubiger seine eigene Leistung erbringt – wegen des Rücktritts soll es ihm aber nicht mehr erlaubt sein, den Vertrag über die „Hintertür des Schadensersatzes" doch noch durchzuführen. Die dem Gläubiger aus Rücktritt gem. §§ 346 ff. **zurückzugewährenden Leistungen werden bei der Schadensermittlung im Rahmen der Differenzhypothese auf realer Lage einbezogen und müssen deshalb bei der Differenzmethode in die Verrechnung einbezogen werden.**[182] Andernfalls erhielte der Gläubiger mehr als ihm bei hypothetischem Verlauf zugestanden hätte.

Tritt V im *Beispiel* zurück, erhält V aus dem Rücktritt den Pkw (§ 346 Abs. 1 Var. 1). Dessen Wert wird mit 15 000 € berücksichtigt. Im Übrigen kann V für die Nutzung (Fahrleistung) Wertersatz nach § 346 Abs. 2 S. 1 Nr. 1 verlangen. Beruht die sonstige Wertminderung auf der bestimmungsgemäßen Ingebrauchnahme, kann V insoweit nach § 346 Abs. 2 S. 1 Nr. 3 Hs. 2 keinen Ersatz beanspruchen. K schuldet dem V aus Rücktritt also neben Rückgewähr der Sache noch Nutzungsersatz.[183] Der Wert dieser Ansprüche wird mit dem Wert der ihm gebührenden, verzögerten Leistung (20 000 €) verrechnet.

(2) Ausgebliebene Leistung besteht in einer Sachleistung

226 **Beispiel** Der Verkäufer (V) hat dem Käufer (K) den verkauften und bereits bezahlten (Kaufpreis: 18 000 €) Pkw im Wert von 20 000 € trotz Fristsetzung nicht geliefert. ■

In diesen Fällen gilt nichts anderes als zuvor. Der Gläubiger (K) kann wieder zwischen beiden Methoden wählen, da § 281 Abs. 4 nur den Primäranspruch, hier also die Sachleistung als solche ausschließt.

Wählt der Gläubiger die Surrogationsmethode, verzichtet er zugleich auf die Geltendmachung seiner Rückforderungsansprüche aus Rücktritt (§§ 346, 347) und belässt seine Leistung beim Schuldner.

Im *Beispiel* führt die Abwicklung nach der Surrogationsmethode zu einem Ersatzanspruch des K auf Zahlung von 20 000 €.

Tritt K zurück, erhält er von V den Kaufpreis in Höhe von 18 000 € nach § 346 Abs. 1 (zzgl. etwaiger Nutzungen in Form von Zinsen) zurück und kann diesen nach der Differenzmethode mit seinem Anspruch auf Lieferung des Wagens mit einem Wert von 20 000 € verrechnen. Der Ersatzanspruch richtet sich dann auf den Saldo, im *Beispiel* in Höhe von 2000 €. Wirtschaftlich entspricht dies wieder dem entgangenen Gewinn.

181 Grüneberg-*Grüneberg* § 281 Rn. 22.

182 Siehe im Skript „Schuldrecht AT I" unter Rn. 367 ff.

183 Vgl. zur Berechnung unten unter Rn. 271.

3. „Großer" und „kleiner" Schadensersatz statt der Leistung

„Kleiner" und „Großer" Schadensersatz aus §§ 280 Abs. 1, Abs. 3, 281 Abs. 1 S. 2 227

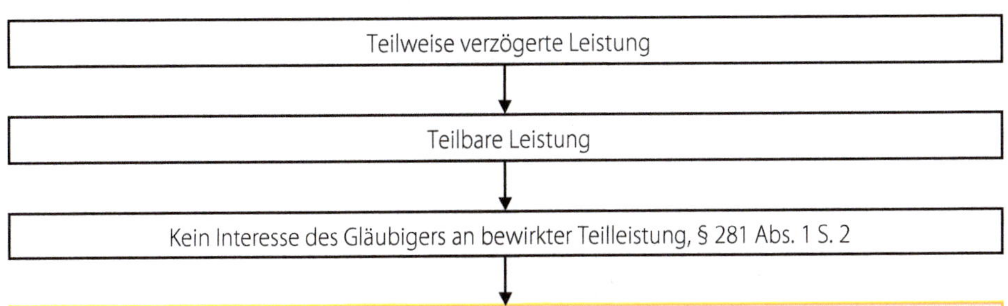

Wahlweise Berechnung des Schadensersatzes
wie bei vollständiger Leistungsverzögerung Zug-umZug gegen Rückerstattung bereits erbrachter Leistungsanteile nach §§ 281 Abs. 5, 346 ff. („großer Schadensersatz")
oder
unter Beibehaltung und Berücksichtigung der teilweise erbrachten Leistung („kleiner Schadensersatz")

§ 281 Abs. 1 S. 2 bestimmt, dass der Gläubiger „bei Bewirken einer Teilleistung" Schadenser- 228
satz „statt der ganzen Leistung" (sog. „großer Schadensersatz") nur verlangen kann, wenn **er an der bewirkten Teilleistung „kein Interesse"** mehr hat.

a) Bewirken einer Teilleistung

Solange der Schuldner nur eine Teilleistung anbietet, ist der Gläubiger nach § 266 berechtigt, 229
die Teilleistung abzulehnen, ohne selbst in Annahmeverzug zu geraten.

Teilbar ist eine Leistung dann, wenn sie ohne Wertminderung für die einzelnen Teilleistungen als solche und ohne Beeinträchtigung des Leistungszwecks in Teilleistungen zerlegt werden kann.[184]

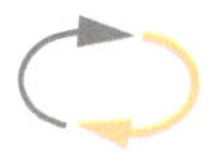

Zur Annahme einer Teilleistung kann der Gläubiger nur ausnahmsweise nach dem Gebot 230
von Treu und Glauben verpflichtet sein. Ein „Bewirken der Teilleistung" i.S.d. § 281 Abs. 1 S. 2 setzt folglich voraus, dass der Gläubiger die Teilleistung überhaupt angenommen hat.

Hinweis

Aus dem Anbieten und Annehmen eines Leistungsgegenstandes folgt im Zweifel, dass es sich um eine teilbare Leistung handelt. Ansonsten hätte der Gläubiger den ihm angebotenen Teil regelmäßig als unbrauchbar zurückgewiesen.

184 Grüneberg-*Grüneberg* § 266 Rn. 3.

b) Grundsatz: „Kleiner Schadensersatz"

231 Stellt sich nach Annahme einer Teilleistung heraus, dass der Schuldner die Restleistung verzögert, kann der Gläubiger immer wegen der ausgebliebenen Restleistung unter den weiteren, oben genannten Voraussetzungen Schadensersatz statt der Leistung verlangen. Der Vertrag zerfällt dann in zwei selbstständige Teile.

232 Der Gläubiger hat für die bewirkte Teilleistung einen entsprechenden Teil der Gegenleistung zu erbringen.

Hinweis

Die vereinbarte Vergütung lässt sich bei einer teilbaren Leistung regelmäßig den verschiedenen Leistungsteilen zuordnen. Wenn dies nicht der Fall ist, liegt nach der vertraglichen Vereinbarung meistens eine unteilbare Leistung vor: Schließlich wurde ein „unteilbares" Entgelt vereinbart.

233 Der Schadensersatzanspruch des Gläubigers beschränkt sich auf die ausstehende Teilleistung. Er ist wahlweise nach der Surrogations- oder Differenzmethode zu berechnen.[185] Wegen Art und Umfang dieses Anspruchs gelten im Übrigen keine Besonderheiten, sondern die normalen Regeln der §§ 249 ff.

Beispiel V verkauft dem K einen Verstärker (Einzelpreis: 1000 €) und ein dazu passendes Boxenpaar (Einzelpreis: 2000 €) für insgesamt 2400 €. Den Verstärker nimmt K gegen Anzahlung von 1000 € sofort mit. Die Boxen hat V hingegen nicht vorrätig und soll sie eine Woche später gegen Zahlung des Restbetrages liefern. V liefert die Boxen trotz Fristsetzung und -ablauf nicht. Nach der Differenzhypothese ist dem K ein Schaden in Höhe von 600 € entstanden (entgangener Vorteil, den K bei hypothetischem, vollständigen Leistungsaustausch wegen des „Rabatts" erzielt hätte).

Hier kann K im Wege der Surrogationsmethode Wertersatz für die ausstehende Teilleistung (Boxen) in Höhe von 2000 € Zug-um-Zug gegen Zahlung der – hypothetisch – zu erbringenden Restzahlung in Höhe von 1400 € verlangen. Durch Aufrechnung würde der Anspruch auf 600 € verkürzt (§ 389).

Im Wege der Differenzmethode könnte K von vorneherein nur den durch Verrechnung der offenen Leistungsteile verbleibenden Saldo in Höhe von 600 € verlangen.

c) Alternative: „Großer Schadensersatz" bei Interessefortfall

234 Wenn der Gläubiger an der bewirkten Teilleistung **wegen Ausbleibens der noch geschuldeten Restleistung <u>kein Interesse</u> mehr hat**, darf er statt des „kleinen Schadensersatzes" den „großen Schadensersatz" wählen. Sein Interesse an der bewirkten Teilleistung ist wegen der ausgebliebenen Restleistung entfallen, **wenn sein Leistungsinteresse durch die bewirkte Teilleistung zusammen mit dem für die fehlende Teilleistung geschuldeten („kleinen") Schadensersatz nicht vollkommen befriedigt wird.**[186] Das ist etwa dann der Fall, wenn die Teilleistung für den Gläubiger ohne den anderen Teil für seine Zwecke wertlos ist.[187]

185 Grüneberg-*Grüneberg* § 281 Rn. 39.
186 Grüneberg-*Grüneberg* § 281 Rn. 36.
187 Grüneberg-*Grüneberg* § 281 Rn. 38 m.w.N. aus der Rechtsprechung.

Hinweis

Ein Interessewegfall aus anderen Gründen – z.B. Finanzkrise des Gläubigers – darf nicht berücksichtigt werden.

Beispiel 1 Im vorigen *Beispiel*, wo Verstärker und Boxen veräußert wurden, gibt es keinen Grund, einen Interessefortfall anzunehmen, wenn K sich die Boxen mühelos anderweitig beschaffen kann. Die damit verbundenen Mehrkosten bekommt er ja von V ersetzt. ■

Beispiel 2 Anders läge es, wenn es vergleichbare Boxen bei anderen Händlern wegen eines exklusiven Vertriebssystems des Boxenherstellers nicht gäbe, so dass K eine „nicht optimale Abstimmung" seiner Anlage befürchten müsste. ■

Beim „großen" Schadensersatz „statt der ganzen Leistung" wird der ersatzfähige Schaden mit der Differenzhypothese so ermittelt, als ob real die gesamte Leistung ausgeblieben wäre. Die bereits erbrachte Teilleistung wird also ausgeblendet. Im Gegenzug ist der Gläubiger dem Schuldner wegen der erhaltenen (Teil-)Leistung über § 281 Abs. 5 nach §§ 346 ff. zu Rückgewähr und/oder Wertersatz verpflichtet. Bis zur Herausgabe der erhaltenen Teilleistung kann der Schuldner die Schadensersatzzahlung nach §§ 281 Abs. 5, 348 i.V.m. § 320 verweigern. 235

Beispiel Angenommen, K könnte anderweitig keine passenden Boxen auf dem Markt beschaffen und hätte deshalb kein Interesse an der bewirkten Teilleistung (Verstärker) mehr.

Dann könnte er nach der Surrogationsmethode Wertersatz für die gesamte Leistung, also 3000 € Zug-um-Zug gegen Zahlung seiner restlichen Kaufpreisschuld in Höhe von 1400 € und Rückübereignung des Verstärkers verlangen. Wird aufgerechnet, wäre V noch zur Zahlung von 1600 € verpflichtet (§ 389). Wirtschaftlich stellt sich die Zahlung des V als Rückzahlung der angezahlten 1000 € und Ersatz des entgangenen Gewinns dar.

Wenn K die Differenzmethode wählt, muss er wegen seiner Anzahlung vom ganzen Vertrag gem. § 323 Abs. 1, Abs. 5 S. 1 zurücktreten (siehe oben). Er erhält dann wegen des Rücktritts seine Anzahlung nach § 346 Abs. 1 gegen Rückübereignung des Verstärkers (§§ 346 Abs. 1, 348!) zurück. Dieser Betrag wird in die Verrechnung einbezogen. K kann dann den verbleibenden Saldo des Werts der Leistungen fordern. Der Saldo beträgt 600 €, nämlich den Wert der Gesamtleistung des V (3000 €) abzüglich des Werts der „durch Rückzahlung wieder offenen" Gesamtleistung des K (2400 €). ■

Hinweis

§ 281 Abs. 1 S. 3 sieht vor, dass bei Bewirken einer Leistung „nicht wie geschuldet" die Alternative des „großen Schadensersatzes" nicht erst bei Fortfall des Interesses, sondern regelmäßig eröffnet ist, es sei denn, dass die Pflichtverletzung unerheblich ist. Unter einer Leistung, die nicht „wie geschuldet erbracht wird" versteht das Gesetz die Pflichtverletzung in Form der Schlechtleistung, also der „mangelhaften" Leistung.[188]

Die Bedeutung des Begriffs der „Unerheblichkeit" wird nicht einheitlich eingeordnet. Während eine Ansicht[189] das Merkmal wertorientiert (Bagatellgrenze) betrachtet, nimmt die h.L.[190]

188 Siehe oben unter Rn. 10.
189 *Höpfner* NJW 2011, 3693 ff.
190 *Looschelders* Schuldrecht AT § 27 Rn. 30.

und Rechtsprechung[191] eine interessenorientierte Abwägung im Einzelfall vor. Daher ist Unerheblichkeit in den Fällen der Arglist des Schuldners stets zu verneinen; Abweichungen von einer Beschaffenheitsvereinbarung werden regelmäßig als erheblich eingeordnet. Auch kommt der Behebbarkeit des Mangels eine erhebliche Indizwirkung zu. Regelmäßig sind unbehebbare Mängel erhebliche Mängel. Bei behebbaren Mängeln ist die Erheblichkeit regelmäßig dann zu bejahen, wenn die Kosten für die Beseitigung des Mangels mehr als 5 % des Kaufpreises betragen. Der Formulierung aus § 281 Abs. 1 S. 3 kann entnommen werden, dass die Erheblichkeit vermutet wird.

Die Abgrenzung einer bewirkten Teilleistung von einer bewirkten Schlechtleistung kann sich insb. im Kauf- und Werkvertragsrecht wegen der Sachmangeldefinition in §§ 434 Abs. 3 S. 2 Var. 1, 633 Abs. 2 S. 3 schwierig gestalten. Wir werden dies im Kaufrecht vertiefen.[192]

D. Aufwendungsersatzanspruch nach § 284

PRÜFUNGSSCHEMA

236 **Aufwendungsersatzanspruch nach § 284**

I. Anspruchsvoraussetzungen für Schadensersatz statt der Leistung aus §§ 280 Abs. 1, Abs. 3, 281 (–283, 311a Abs. 2 S. 1) bis auf die Prüfungspunkte „Ersatzfähiger Schaden" und „Art und Umfang des Schadensersatzes"

II. Aufwendungen im Vertrauen auf Erhalt der Leistung
1. Entstandene Aufwendungen
2. Vertrauen auf Erhalt der Leistung
3. Zusammenhang zwischen Aufwendung und Vertrauen
4. Nutzlosigkeit der Aufwendungen infolge der Leistungsverzögerung
   - Anderweitige Einsatzmöglichkeiten Rn. 242

III. Beschränkung oder Ausschluss des Anspruchs aus Billigkeitsgründen
- Beschränkung des Anspruchs bei „Luxusaufwendungen" Rn. 246

IV. Keine Nutzlosigkeit der Aufwendungen aus anderen Gründen

V. Vorteilsausgleichung

[→ Je nach Ergebnis weiter mit Prüfung rechtsvernichtender Einwendungen bzw. Durchsetzbarkeit des Anspruchs]

237 Nach § 284 kann der Gläubiger „anstelle des Schadensersatzes statt der Leistung" Ersatz bestimmter Aufwendungen verlangen. Der Gläubiger muss sich also zwischen beiden Ansprüchen entscheiden.

---

191 BGH NJW 2009, 508.

192 Skript „Schuldrecht BT I" Rn. 169–171, 427.

Hinweis

Beachten Sie bitte, dass der Anspruch auf Schadensersatz „**neben** der Leistung" aus §§ 280 Abs. 1, Abs. 2, 286 durch die Wahl des Aufwendungsersatzanspruchs aus § 284 *nicht* ausgeschlossen wird. Beide Ansprüche können selbstständig nebeneinander geltend gemacht werden. Auch vor diesem Hintergrund ist die richtige Einordnung einer geltend gemachten Position als Schadensersatzverlangen statt oder neben der Leistung wichtig. Wer (voreilig) Schadensersatz statt der Leistung verlangt, kommt nicht mehr zum Anspruch aus § 284 zurück und umgekehrt.

I. Voraussetzungen des Anspruches auf Schadensersatz statt der Leistung aus §§ 280 Abs. 1, Abs. 3, 281 (–283, 311a Abs. 2 S. 1).

Aus der tatbestandlichen Alternativität zum Schadensersatz statt der Leistung folgt zunächst, **238**
dass der Aufwendungsersatzanspruch aus § 284 nur unter den Voraussetzungen eines Anspruchs auf Schadensersatz statt der Leistung geltend gemacht werden kann. Die **haftungsbegründenden Voraussetzungen** des – je nach Pflichtverletzung einschlägigen – Anspruches **auf Schadensersatz statt der Leistung werden damit zu Voraussetzungen auch des Anspruches aus § 284**.

Hinweis

Selbstverständlich gilt die Übernahme von Tatbestandsmerkmalen nicht für die Prüfungspunkte „ersatzfähiger Schaden" und „Art und Umfang des Schadensersatzes". Es geht bei § 284 ja gerade nicht um den Ersatz von Schäden, die sich zurechenbar aus der Pflichtverletzung ergeben, sondern um den Ersatz von Aufwendungen, die bei hypothetischem Verlauf ohnehin angefallen wären.

Im Falle der **Leistungsverzögerung** müssen also alle haftungsbegründenden Voraussetzun- **239**
gen des Anspruchs aus §§ 280 Abs. 1, Abs. 3, 281 vorliegen (Ziffern I.–VI. des Prüfungsschemas oben unter Rn. 187).[193]

II. Ersatzfähige Aufwendungen

Beispiel Der Handelsvertreter K will sich für seine Kundenbesuche einen neuen Pkw **240**
anschaffen. Er schließt deshalb mit dem V am 1.3. einen Kaufvertrag über einen Neuwagen zum Preis von 50 000 €, der am 1.6. geliefert werden soll. Als am 15.6. immer noch keine Lieferung zu erwarten ist, setzt K dem V eine angemessene Frist, die erfolglos abläuft. Nach Fristablauf verlangt K von V Ersatz der Kosten für ein mobiles Navigationsgerät in Höhe von 250 €. Dieses hatte K am 15.5. angeschafft. Ein Schadensersatzanspruch wegen Leistungsverzögerung vermag dem K diese Kosten nicht zu ersetzen, weil sie bei hypothetischer Betrachtung ebenfalls angefallen wären. Nach der Differenzhypothese stellen diese Kosten also keinen ersatzfähigen Schaden dar. ■

193 Noch einmal: Die Ziffern IV. (ersatzfähiger Schaden) und V. (Art und Umfang des Schadensersatzes) des Prüfungsschemas zu § 281 unter Rn. 187 sind bei § 284 nicht zu prüfen.

241 Zu ersetzen sind nach § 284 vergebliche Aufwendungen, die der Gläubiger im Vertrauen auf den Erhalt der Leistung gemacht hat und billigerweise machen durfte, es sei denn, der mit den Aufwendungen verfolgte Zweck wäre auch ohne die Pflichtverletzung des Schuldners nicht erreicht worden.

Hinweis

Der Anwendungsbereich des § 284 ist nicht auf den Ersatz von Aufwendungen beschränkt, mit denen nichtkommerzielle (ideelle oder private) Zwecke verfolgt werden. Nach dem Willen des Gesetzgebers soll § 284 auch Aufwendungen zu kommerziellen Zwecken erfassen und dadurch die früher unter Schadensersatzgesichtspunkten erforderliche, auf der so genannten Rentabilitätsvermutung (sog. „frustrierte" Aufwendungen) beruhende Unterscheidung zwischen Aufwendungen für kommerzielle und solchen für andere Zwecke überflüssig machen.[194] Liegt ein Fall vor, indem die Rentabilitätsvermutung greift, hat der Gläubiger ein Wahlrecht zwischen dem Schadensersatz statt der Leistung und dem Anspruch aus § 284.[195]

1. Vergebliche Aufwendungen

242 Wie sich aus § 284 Hs. 2 ergibt, sind nach § 284 nur solche Aufwendungen ersatzfähig, deren Zweck aufgrund der Pflichtverletzung nicht erreicht worden ist.

Vergebliche Aufwendungen sind freiwillige Vermögensopfer, die der Gläubiger im Vertrauen auf den Erhalt der Leistung erbracht hat, die sich aber wegen der Nichtleistung oder der nicht vertragsgerechten Leistung des Schuldners als nutzlos erweisen.[196]

Im *Beispiel* unter Rn. 240 könnte man daran aber zweifeln, weil K das angeschaffte Navigationssystem möglicherweise für ein anderes Fahrzeug verwenden kann. Allerdings erscheint es unbillig, den Käufer auf Anschaffungen „sitzen zu lassen", die er bei Kenntnis der Leistungsverzögerung möglicherweise nicht vorgenommen hätte. Außerdem kann ja jede Sache im Wege der Wiederveräußerung genutzt werden. Würde eine solche Nutzungsmöglichkeit genügen, käme § 284 nur dort zum Tragen, wo die Aufwendung nicht mehr körperlich greifbar ist und deshalb nicht mehr verwertet werden kann.

243 Aufwendungen des Käufers auf eine gekaufte Sache sind deshalb vergeblich, wenn der Käufer die Kaufsache nicht bestimmungsgemäß nutzen kann und deshalb auch die Aufwendungen nutzlos sind oder – etwa wegen Rücktritts nach mangelhafter Leistung – werden.[197] Eigentum, Besitz und Nutzung einer mangelfreien Kaufsache sind die Leistung, auf deren Erhalt der Käufer vertraut und die er zum Anlass für Aufwendungen auf die Kaufsache nimmt. Ob Zubehörteile, die der Käufer angeschafft hat, für ihn anderweitig verwendbar wären, ist für die Ersatzpflicht des Verkäufers nach dem Tatbestand des § 284 grundsätzlich ohne Bedeutung.

194 BT-Drucks. 14/6040, S. 142 ff., 144; Urteil des *BGH* vom 20. Juli 2005 (Az. VIII ZR 275/04) = NJW 2005, 2848 = BGHZ 163, 381 ff.

195 *Looschelders* Schuldrecht AT § 30 Rn. 4.

196 Urteil des *BGH* vom 20. Juli 2005 (Az. VIII ZR 275/04) = NJW 2005, 2848 = BGHZ 163, 381 ff.

197 *BGH* vom 20. Juli 2005 (Az. VIII ZR 275/04) = NJW 2005, 2848 = BGHZ 163, 381 ff.

2. Vertrauenstatbestand

Die Aufwendungen müssen im Vertrauen auf den Erhalt der mangelfreien Leistung gemacht 244
worden sein.

Dies ist im *Beispiel* der Fall, da K die Investitionen erst nach Vertragsschluss tätigte und zu diesem Zeitpunkt noch auf eine fristgerechte Leistung vertraute. Beauftragt K seinen Rechtsanwalt mit der Durchsetzung seiner Ansprüche, sind dies Aufwendungen, die nicht mehr im Vertrauen auf die Leistung gemacht werden, sondern bereits durch die Nichtleistung veranlasst worden sind. Diese Kosten sind dann unter den Voraussetzungen der §§ 280 Abs. 1, Abs. 2, 286 als Schaden ersatzfähig (siehe oben unter Rn. 175). getätigte Aufwendungen sind.

III. Billigkeit

Weiter setzt der Anspruch aus § 284 voraus, dass K die Aufwendungen „billigerweise machen 245
durfte". Damit ist der **Rechtsgedanke des § 254** (insb. Schadensminderungspflicht) in Bezug genommen.[198]

Hinweis

§ 254 findet keine direkte Anwendung, weil es sich bei § 284 ja gerade nicht um einen Schadensersatzanspruch handelt.

Der Anspruch aus § 284 ist wegen bestimmter Aufwendungen beschränkt oder ganz ausgeschlossen, wenn der Gläubiger die betreffenden Aufwendungen vorgenommen hat, obwohl er mit dem Ausbleiben des Leistungserfolges rechnen musste.[199] Er hat sich die nutzlosen (voreiligen) Aufwendungen dann ganz oder zumindest teilweise selbst zuzuschreiben und soll sie dann nicht vollständig auf den Schuldner abwälzen können.

Beispiel Stellen Sie sich in unserem Fall unter Rn. 240 vor, der K hätte das Navigationsgerät am 5.6. angeschafft. Zu diesem Zeitpunkt lag bereits eine Leistungsverzögerung vor, so dass K ernsthaft die Möglichkeit in Betracht ziehen musste, die Lieferung werde ganz ausbleiben. Dann kann er die Kosten nur anteilig erstattet verlangen. ■

Umstritten ist, ob das Merkmal der Billigkeit **auch eine Einschränkung bzgl. der Höhe der** 246 
Aufwendungen erlaubt (sog. Luxusaufwendungen). Teilweise wird vertreten, der Gläubiger könne billigerweise solche Aufwendungen nicht ersetzt verlangen, die in einem **offensichtlichen Missverhältnis** zur Bedeutung der nicht erbrachten Leistung stehen.[200] Doch kann das so allgemein nicht richtig sein. Da das „Billigkeitskriterium" den Rechtsgedanken des § 254 zur Anwendung bringen will, sollte sich eine höhenmäßige Beschränkung des Anspruchs an dem Gedanken des § 254 Abs. 2 S. 1 orientieren. Danach muss sich der Geschädigte im Falle eines ungewöhnlich hohen Schadens Abzüge gefallen lassen, wenn er es unterlassen hat, den Schädiger auf die Gefahr eines solch ungewöhnlichen Schadens hinzuweisen und dieser die Gefahr weder kannte noch kennen musste, oder er es unterlassen hat, den Schaden

198 Grüneberg-*Grüneberg* § 284 Rn. 6.
199 Grüneberg-*Grüneberg* § 284 Rn. 6.
200 Staudinger-*Schwarze* § 284 Rn. 39.

sonst abzuwenden und zu mindern. Es sollte deshalb darauf abgestellt werden, ob der Schuldner mit den getätigten Aufwendungen ihrer Art nach oder infolge eines Hinweises rechnen musste.[201] Außerdem erlaubt § 254 Abs. 2 S. 1 die Argumentation, dass man bestimmte Luxusaufwendungen vernünftigerweise erst dann tätigen sollte, wenn man über den Investitionsgegenstand sicher verfügt. Die Ansätze unterscheiden sich im Ergebnis nicht. Es empfiehlt sich daher, die Beschränkung des Aufwendungsersatzes im Sinne des zweiten Ansatzes stets in enger Anlehnung an den Wortlaut des § 254 Abs. 2 S. 1 zu begründen.

Hinweis

Das „Billigkeitskriterium" in § 284 erlaubt eine flexible Handhabung und führt wie § 254 regelmäßig zur Bildung von Quoten. Haben Sie die „Unbilligkeit" einer Aufwendung bejaht, heißt das nicht, dass im Sinne eines „Alles-oder-Nichts" zwingend der gesamte Aufwendungsersatz verneint werden müsste.

Im *Beispiel* bleibt der Wert der Aufwendungen weit hinter dem Wert des Fahrzeuges zurück. Zum anderen musste V mit der Anschaffung typischer Zubehörteile rechnen, so dass nach beiden Ansichten eine Beschränkung des Erstattungsanspruchs nicht in Frage kommt. Anders läge es, wenn K sich für 30 000 € eine klimatisierte Garage hätte bauen lassen, um das Auto dort unterstellen zu können. Diese Kosten wird man dem K allenfalls zu einem Bruchteil zusprechen können.

IV. Keine Vergeblichkeit aus anderen Gründen

247 Schließlich dürfen die Aufwendungen nicht aus anderen Gründen „ohnehin" nutzlos gewesen sein.

Im *Beispiel* ergeben sich keine Anhaltspunkte dafür, dass das Navigationssystem seinen Zweck ohnehin nicht erfüllt hätte. Anders wäre zu entscheiden, wenn das erworbene Navigationssystem aufgrund einer Unachtsamkeit des K beim Ausprobieren zu Bruch gegangen ist und deshalb auch bei ordnungsgemäßer Lieferung nicht mehr hätte genutzt werden können.[202]

V. Vorteilsausgleichung

248 Im Schadensrecht ist allgemein anerkannt, dass der Gläubiger durch den Schadensersatzanspruch nicht besser gestellt werden darf, als er ohne das haftungsbegründende Ereignis stünde. Deshalb sind bestimmte Vorteile auf Seiten des Gläubigers auf seinen Ersatzanspruch automatisch anzurechnen oder bei fehlender Gleichartigkeit herauszugeben.[203]

Dieser Grundsatz der Vorteilsausgleichung gilt auch für den Aufwendungsersatzanspruch aus § 284, der als Alternative zum Schadensersatz statt der Leistung geltend gemacht werden kann.[204]

201 *Medicus/Lorenz* Schuldrecht I Rn. 455g f.
202 Vgl. Grüneberg-*Grüneberg* § 284 Rn. 7.
203 Vgl. dazu „Schuldrecht AT I" unter Rn. 380 ff.
204 Grüneberg-*Grüneberg* § 284 Rn. 5 a.E.

Entscheidet sich K im *Beispiel* für eine Erstattung seiner Aufwendungen für die Anschaffung des Navigationssystems, muss er die ihm verbliebenen Vorteile in Form von Eigentum und Besitz am Navigationsgerät an den V Zug-um-Zug gegen Erstattung der Aufwendungen herausgeben.[205] Andernfalls wäre K in ungerechtfertigter Weise bessergestellt als bei ordnungsgemäßer Leistung, wo er das Zubehör behalten, aber die dafür getätigten Anschaffungskosten natürlich selbst zu tragen hätte.

Hinweis

Der Zug-um-Zug-Vorbehalt ist hier nicht Folge eines auszuübenden Zurückbehaltungsrechts des V aus § 273, sondern des dem Schadensrecht allgemein innewohnenden Prinzips der Vorteilsausgleichung.[206] Dieses bewirkt, dass die Ersatzpflicht von vornherein nur gegen Herausgabe der Vorteile erfüllt zu werden braucht, ohne dass eine Einrede erhoben werden müsste.[207]

Wenn im *Beispiel* K das Navigationssystem bereits für einige Zeit genutzt hat – etwa in seinem Altwagen –, wäre es unbillig, seinen Erstattungsanspruch nicht um die daraus resultierenden Nutzungsvorteile zu kürzen. Schließlich haben die Aufwendungen insoweit für eine gewisse Zeit ihren Zweck erreicht.[208] **249**

Hinweis

Bei der Ausgleichung von in Geld auszudrückenden Vorteilen entsteht der Ersatzanspruch automatisch in der gekürzten Form. Einer Aufrechnung bedarf es deshalb nicht.

205 *BGH* Urteil vom 20. Juli 2005 (Az. VIII ZR 275/04) = NJW 2005, 2848 = BGHZ 163, 381 ff.
206 *BGH* Urteil vom 21. Oktober 2004 (Az. III ZR 323/03) = NJW-RR 2005, 170 f. unter Ziff. 4.
207 *BGH* Urteil vom 21. Oktober 2004 (Az. III ZR 323/03) = NJW-RR 2005, 170 f. unter Ziff. 4.
208 *BGH* Urteil vom 20. Juli 2005 (Az. VIII ZR 275/04) = NJW 2005, 2848 = BGHZ 163, 381 ff. mit weiteren Hinweisen zur Berechnung.

E. Zinsanspruch aus § 288

PRÜFUNGSSCHEMA

250 **Zinsanspruch aus § 288**

I. Geldschuld

II. Verzug des Geldschuldners nach § 286
1. Unbefristete/befristete Mahnung
   a) Eindeutige und bestimmte Leistungsaufforderung des Gläubigers/eines Vertreters
      (P) Zuvielforderung des Gläubigers Rn. 139
   b) Allgemeine Wirksamkeitsvoraussetzungen (analog)
      aa) für empfangsbedürftige WE, §§ 105, 130 f.
      bb) für einseitige Rechtsgeschäfte, §§ 164, 174, 180
2. oder: Zustellung einer Klage/eines Mahnbescheides, § 286 Abs. 1 S. 2
3. oder: Entbehrlichkeit einer Mahnung gem. § 286 Abs. 2, Abs. 3
   (P) Einseitig bestimmter Leistungstermin Rn. 142
   (P) Kalendermäßig bestimmbarer Leistungstermin ohne Frist Rn. 143
4. Fälligkeit und Durchsetzbarkeit des Anspruchs im Moment von Ziff. 2–4
   (P) Mahnung in fälligkeitsbegründender Rechnung Rn. 158 ff.
5. Nichtleistung
   (P) Verzugsende durch Leistungshandlung Rn. 118 ff.

III. Vertretenmüssen des Schuldners, § 286 Abs. 4
1. Bezugspunkt: Eintritt der obj. Verzugsvoraussetzungen
2. Vertretenmüssen nach §§ 276 ff.
3. Verschuldensvermutung bei unklarem Sachverhalt (§ 286 Abs. 4)

IV. Zinsbeginn: § 187 Abs. 1 analog (Folgetag)

V. Zinsumfang
1. Vereinbarung, § 288 Abs. 3
2. Entgeltforderungen und keine Beteiligung eines Verbrauchers: §§ 288 Abs. 2, 247
3. Sonst: §§ 288 Abs. 1 S. 2, 247

[→ Je nach Ergebnis weiter mit Prüfung rechtsvernichtender Einwendungen (z.B. Verzugsende) bzw. Durchsetzbarkeit des Anspruchs]

251 **Während des Verzugs** ist eine **Geldschuld** gem. § 288 ohne weiteres mit den in § 288 Abs. 1, Abs. 2 vorgesehenen Zinssätzen zu verzinsen.

Hinweis

Bei § 288 i.V.m. § 286 handelt es sich um eine eigenständige Anspruchsgrundlage.

I. Geldschuld

252 Die Zinspflicht besteht bei Geldschulden jeder Art. § 288 stellt nicht auf eine bestimmte Anspruchsgrundlage oder nur auf Entgeltforderungen ab.

II. Verzug

Da die Zinspflicht des § 288 „während des Verzuges" besteht, setzt der Anspruch einen Verzug des Geldschuldners gem. § 286 voraus. Hinsichtlich des Verzugseintritts gilt nichts anderes als beim Schadensersatzanspruch aus §§ 280 Abs. 1, Abs. 2, 286. Die Verzugsprüfung erfolgt nach den gleichen Kriterien – es stellen sich dieselben Probleme. 253

» Wiederholen Sie jetzt noch einmal das Prüfungsschema zum Verzug oben unter Rn. 120. «

Das Erfordernis des Vertretenmüssens ergibt sich hier unmittelbar aus § 286 Abs. 4, da § 280 Abs. 1 S. 2 gar nicht zur Anwendung kommt.

III. Beginn der Zinspflicht

Der Verzug tritt in dem Moment ein, in dem erstmals sämtliche Verzugsvoraussetzungen vorliegen. Die Zinspflicht beginnt nach herrschender Meinung aber nicht schon in der Sekunde des Verzugseintritts für den restlichen Tag, sondern **analog § 187 Abs. 1 erst am Tag nach Eintritt des Verzuges.**[209] Die gesetzlichen Zinsen sind eben nicht „stundenweise", sondern nur nach vollen Tagen geschuldet. 254

Die Zinspflicht endet mit Ablauf des Tages, an dem gezahlt wurde oder an dem aus sonstigen Gründen (zum Beispiel Gläubigerverzug, vgl. die Klarstellung in § 301) eine der Verzugsvoraussetzungen entfällt. 255

Beispiel A schuldet B 1000 €. Am 1.3. erklärt B in einem Brief die Mahnung, die A am 3.3. zugeht. A zahlt am 25.3. A befand sich gem. § 286 Abs. 1 S. 1, Abs. 4 am 3.3. bis 25.3. in Verzug, wobei der Verzug im Laufe des 3.3. mit Zugang der Mahnung eingetreten ist. B kann also Verzugszinsen für die Zeit vom 4.3.(vgl. § 187 Abs. 1) bis 25.3. verlangen.

IV. Zinshöhe

Für die Bestimmung der Höhe des geschuldeten Zinses differenziert das Gesetz wie folgt: 256

1. Grundsatz

Eine Geldschuld ist nach § 288 Abs. 1 grundsätzlich mit 5 Prozentpunkten über dem Basiszinssatz (§ 247) zu verzinsen. 257

Beispiel Beträgt der Basiszinssatz 3,6 %, ergibt sich aus § 288 Abs. 1 durch Addition der 5 zusätzlichen Prozentpunkte ein Zinssatz von 8,6 %.

2. Entgeltforderungen aus unternehmerischen Geschäftsverkehr

Eine **Entgelt**forderung aus einem Rechtsgeschäft, an dem kein Verbraucher beteiligt ist, ist nach § 288 Abs. 2 mit 9 Prozentpunkten über dem Basiszinssatz zu verzinsen. 258

Eine Entgeltforderung ist ein auf Zahlung eines Entgeltes für die Lieferung von Gütern oder für die Erbringung von Dienstleistungen gerichteter Anspruch.[210] Der Begriff „Verbraucher" ist

209 Grüneberg-*Grüneberg* § 187 Rn. 1 a.E. m.w.N.
210 Grüneberg-*Grüneberg* § 286 Rn. 27.

in § 13 definiert. Andere Geldforderungen richten sich nach Abs. 1 und 3. Ansprüche aus einem Arbeitsverhältnis sind grds. nicht von Abs. 2 erfasst.[211]

Beispiel 1 Produzent P verkauft Großhändler G 10 000 Kugelschreiber. G verkauft 200 Kugelschreiber an Einzelhändler H. H verkauft 1 Kugelschreiber an den Studenten S und 10 Kugelschreiber an den Rechtsanwalt R, der sie für sein Büro benötigt. Mit Ausnahme der Forderung des H gegen S fallen alle sonstigen Kaufpreisforderungen unter § 288 Abs. 2. ■

Beispiel 2 Die B Bank AG gewährt der A GmbH ein Darlehen über 10 000 €. A zahlt das Darlehen an den festgelegten Zahlungsterminen nicht zurück. Zwar ist hier kein Verbraucher beteiligt, jedoch stellt der Rückzahlungsanspruch gem. § 488 Abs. 1 S. 2 keine Entgeltforderung dar. ■

Hinweis

Bei **Verbraucher**darlehen in Form eines Immobiliardarlehensvertrages beträgt der Verzugszinssatz 2,5 Prozentpunkte über dem Basiszinssatz (§ 497 Abs. 4 S. 1).

3. Besonders bestimmter Zinssatz, § 288 Abs. 3

259 Die Geltendmachung eines über die eben genannten Zinssätze hinausgehenden Zinssatzes ist möglich, wenn ein „anderer Rechtsgrund" höhere Zinsen vorsieht, § 288 Abs. 3. Als „Rechtsgrund" in diesem Sinne kommen zum einen Gesetze in Betracht. Derzeit ist allerdings in keinem Gesetz ein höherer Zinssatz bestimmt. Zum anderen fallen unter § 288 Abs. 3 aber auch vertragliche Vereinbarungen, mit denen ein höherer Zinssatz festgelegt wird.

Hinweis

Der in Darlehensverträgen vereinbarte Zinssatz fällt nicht unter § 288 Abs. 3 und kann daher bei Verzug des Darlehensnehmers mit der Rückzahlung nicht herangezogen werden. Hier gilt der Grundsatz, dass ab Fälligstellung des Darlehens (zur Rückzahlung) die vertragliche Zinspflicht endet.[212] Es bleibt daher beim Zinssatz gem. § 288 Abs. 1.

F. Rücktritt vom gegenseitigen Vertrag gem. § 323

260 Beim gegenseitig verpflichtenden Vertrag schuldet der Gläubiger seinerseits eine Leistung, die er entweder schon erbracht hat oder noch erbringen muss.

Hat er seine Leistung schon erbracht, will er sie zumindest dann wieder zurückbekommen, wenn er nicht mehr auf die Leistung seines Vertragspartners vertraut und sein Glück mit einem anderen Vertragspartner versuchen will.

211 *BAG* NZA 2005, 694 (697).
212 *BGH* NJW 1992, 109.

Muss der Gläubiger seine Leistung hingegen noch erbringen und hält er sie wegen der Verzögerung seines Vertragspartners gem. § 320 noch zurück, will er seinen „Wartezustand" irgendwann beenden.

Im Falle der Leistungsverzögerung erlaubt § 323 dem Gläubiger, sich vom Vertrag zu lösen. Auf ein Vertretenmüssen kommt es tatbestandlich **nicht** an. Insbesondere verlangt der Tatbestand des § 323 keinen Verzug, so dass auch § 286 Abs. 4 keine Anwendung findet.

Betrachten wir zunächst die Auswirkungen des Rücktritts und gehen dann die Prüfung des Rücktritts gem. § 323 im Einzelnen durch. **261**

I. Wirkungen des Rücktritts

262

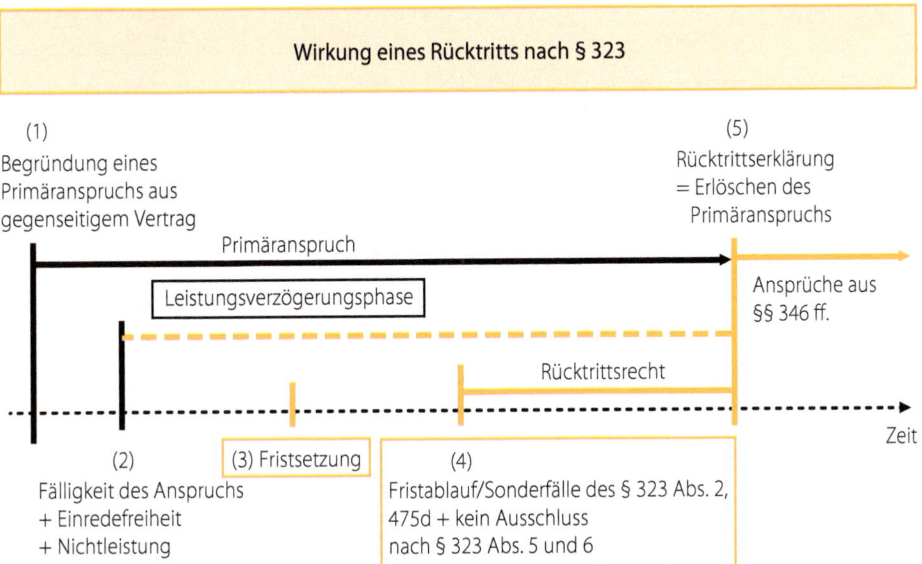

Die Wirkungen des Rücktritts ergeben sich aus §§ 346 ff. Der Rücktritt kann im Rahmen Ihres Gutachtens an drei Stellen auftauchen: einmal als rechtsvernichtende Einwendung gegen vertragliche Primäransprüche und zum anderen als Anspruchsvoraussetzung der Sekundäransprüche aus §§ 346, 347. Im letzteren Fall sind dann im Rahmen der (dritten) Ebene „Durchsetzbarkeit" die einredeweise (§ 348!) geltend zu machenden Gegenansprüche des anderen Teils zu erörtern. **263**

JURIQ-Klausurtipp

Prüfen Sie also einen vertraglichen Primäranspruch (z.B. den Anspruch auf Kaufpreiszahlung des Verkäufers gemäß § 433 Abs. 2), ist der Rücktritt im Rahmen der Anspruchsprüfung auf der zweiten Ebene unter „Anspruch erloschen" zu erörtern. Die Eingangsformulierung könnte dann lauten:

„Möglicherweise ist der Anspruch des A jedoch durch Rücktritt des B erloschen."

Geht es hingegen um die Prüfung eines Anspruches aus § 346 bzw. § 347, ist in der Klausur als Anspruchsgrundlage der jeweils einschlägige Tatbestand der §§ 346, 347 zu zitieren, wobei Sie zusätzlich den Rücktrittsgrund durch ein „i.V.m. § 323" angeben können. Die Rücktrittsprüfung gehört dann unter den ersten Prüfungspunkt „Anspruch entstanden", da der Rücktritt Anspruchsvoraussetzung der Ansprüche aus §§ 346, 347 ist.

Im Rahmen der Durchsetzbarkeit dieser Ansprüche ist dann auf die Einrede des § 348 wegen Gegenansprüchen nach §§ 346 ff. einzugehen.

1. Erlöschen der Primärleistungspflichten

264 Durch den Rücktritt gestaltet sich der Vertrag in ein Rückgewährschuldverhältnis um. Die Rechte und Pflichten bestimmen sich nicht mehr nach den ursprünglichen Vereinbarungen, sondern nach §§ 346 ff. **Der Vertrag bleibt als solcher bestehen und bildet die Grundlage für diese Ansprüche.**[213]

Hinweis

Da der Vertrag bestehen bleibt und in ein Rückgewährschuldverhältnis umgewandelt wird, erfolgte der Leistungsaustausch auch nicht ohne Rechtsgrund. Daher sollte nach einem Rücktritt nicht auf die §§ 812 ff. abgestellt werden.

Dies bedeutet automatisch, dass die bisherigen vertraglichen Primärleistungspflichten erlöschen. Der Rücktritt ist also **rechtsvernichtende Einwendung** gegen die bisherigen Primärleistungsansprüche. Dies ist in § 346 nicht ausdrücklich angeordnet, sondern wurde vom Gesetzgeber als selbstverständlich vorausgesetzt.[214]

2. Anspruch auf Rückgewähr gemäß § 346 Abs. 1

265 Aus dem Rücktritt entstehen Sekundäransprüche nach den §§ 346, 347.

Den ersten Sekundäranspruch normiert § 346 Abs. 1, der die Parteien verpflichtet, empfangene Leistungen zurückzugewähren und die gezogenen Nutzungen herauszugeben.

a) Rückgewähr empfangener Leistungen

266 Hat eine Partei ihre Leistung vor Ausübung des Rücktritts bereits erbracht, muss der andere Vertragspartner diese Leistung zurückgewähren. Der Anspruch aus § 346 Abs. 1 entsteht mit Ausübung des Rücktritts. Empfangene Leistung ist dasjenige, was eine Vertragspartei zum Zwecke der Erfüllung von der anderen Vertragspartei erhalten hat.

b) Herausgabe von Nutzungen

267 Hat ein Vertragspartner die Leistung vor Ausübung des Rücktritts erhalten, hat er möglicherweise den Leistungsgegenstand bereits genutzt. Nach § 346 Abs. 1 sind im Falle des Rücktritts dann die tatsächlich gezogenen Nutzungen herauszugeben. Unter den „Nutzungen" versteht das Gesetz Früchte i.S.d. § 99 und Gebrauchsvorteile, § 100.

---

213 Grüneberg-*Grüneberg* Einf. v. § 346 Rn. 6.

214 BT-Drucks. 14/6040, 194 li. Sp: „Der Rücktritt hat zugleich die Wirkung, dass die durch den Vertrag begründeten primären Leistungspflichten, soweit sie nicht erfüllt sind, erlöschen. Es erscheint allerdings in Übereinstimmung mit dem geltenden Recht nicht erforderlich, diese Befreiungswirkung im Gesetzeswortlaut ausdrücklich auszusprechen."

Beispiel 1 Unmittelbare Sachfrüchte i.S.d. § 99 Abs. 1 sind die Eier eines Huhns, die Milch einer Kuh, das Obst eines Obstbaums und das Getreide eines Ackers. ■

Beispiel 2 Unmittelbare Rechtsfrüchte i.S.d. § 99 Abs. 2 sind die auf eine Aktie entfallende Dividende oder der auf einen Gesellschaftsanteil entfallende Gewinn. ■

Beispiel 3 Zu den Gebrauchsvorteilen i.S.d. § 100 gehören beim Geld die aus einer Geldanlage erlangten Zinsen oder die mit dem Geld ersparten Zinsaufwendungen. Zu den Gebrauchsvorteilen einer Sache gehört ihre tatsächliche Nutzung, wie das Bewohnen einer Wohnung oder die Fahrt mit einem erworbenen Pkw. ■

Zu den Nutzungen gehören nicht der Verbrauch einer Sache sowie der durch Veräußerung **268** erzielte Kaufpreis.[215]

3. Wertersatzpflicht, § 346 Abs. 2

In bestimmten Fällen kann es sein, dass der Vertragspartner die empfangene Leistung bzw. **269** die gezogenen Nutzungen als solche **nicht mehr so herausgeben kann, wie er sie selbst erlangt hat**.

In diesen Fällen ordnet § 346 Abs. 2 eine Wertersatzpflicht an, für die § 346 Abs. 3 wiederum **270** Ausschlussgründe vorsieht.

Die Wertersatzvorschriften des § 346 Abs. 2 sollen dem Rückgewährgläubiger einen Ersatz dafür schaffen, dass der empfangene Gegenstand nicht mehr in der gleichen Qualität oder gar nicht mehr herausgegeben werden kann.

Dabei richtet sich der Wertersatz gem. § 346 Abs. 2 S. 2 Hs. 1 zwingend nach einer vertraglich vereinbarten Gegenleistung, ohne dass es auf den objektiven Wert ankommt;[216] ist keine Gegenleistung vereinbart worden, ist auf den Marktwert abzustellen. Nur beim Rücktritt von einem Darlehensvertrag erlaubt § 346 Abs. 2 S. 2 Hs. 2 den Nachweis, dass die vereinbarten Zinsen nicht dem Marktüblichen entsprachen, so dass auf den niedrigeren Marktzins abgestellt werden kann.

a) Wertersatz nach § 346 Abs. 2 S. 1 Nr. 1

Nach § 346 Abs. 2 S. 1 Nr. 1 hat der Vertragspartner im Falle des Rücktritts Wertersatz zu leis- **271** ten, wenn die Rückgewähr der empfangenen Leistung bzw. der gezogenen Nutzung nach der „Natur des Erlangten" ausgeschlossen ist. Diese Wertersatzpflicht tritt insbesondere immer dann ein, wenn die empfangene Leistung bzw. die gezogene Nutzung in einem unkörperlichen Gegenstand liegt. Dies ist insbesondere bei den Gebrauchsvorteilen i.S.d. § 100 der Fall.

Beispiel V verkauft K einen Pkw, der K ausgeliefert wird. K bleibt den Kaufpreis schuldig. Nach erfolgloser Fristsetzung tritt V vom Kaufvertrag zurück. Zu diesem Zeitpunkt ist K bereits 1000 km mit dem Pkw gefahren. Die mit dem Pkw gefahrenen Kilometer stellen einen Gebrauchsvorteil dar, der nach § 346 Abs. 1 als tatsächlich gezogene Nutzung

215 Grüneberg-*Ellenberger* § 100 Rn. 1; Grüneberg-*Grüneberg* § 346 Rn. 6.

216 *BGH* Urteil vom 19. November 2008 (Az. VIII ZR 311/07) unter Tz. 9 ff. = BGHZ 178, 355 ff. = NJW 2009, 1068 ff; *Lorenz* NJW 2005, 1889, 1893 unter Ziff. 6b mit einleuchtender Ablehnung aller Korrekturversuche der klaren gesetzgeberischen Entscheidung.

herauszugeben ist. Jedoch ist dies bei einer Fahrleistung als unkörperlichem Gegenstand naturgemäß unmöglich. K ist deshalb zum Wertersatz nach § 346 Abs. 2 S. 1 Nr. 1 verpflichtet, der gem. § 346 Abs. 2 S. 2 unter Berücksichtigung des Kaufpreises zu berechnen ist.[217] ■

Diese Wertersatzpflicht ist nach § 346 Abs. 3 nicht ausgeschlossen.

b) Wertersatzpflicht nach § 346 Abs. 2 S. 1 Nr. 2

aa) Tatbestand

272 Der Rückgewährpflichtige hat ferner Wertersatz zu leisten, **soweit** er den empfangenen Gegenstand **verbraucht, veräußert, belastet, verarbeitet oder umgestaltet hat**.

Nach wohl h.M. setzen diese Fälle voraus, dass der Schuldner von der Pflicht zur Rückgewähr der empfangenen Leistung – **so wie er sie erhalten hat – nach § 275 befreit sein muss.**[218] Für diese Auffassung spricht insbesondere der systematische Zusammenhang mit den anderen Alternativen des § 346 Abs. 2. Denn in § 346 Abs. 2 S. 1 Nr. 1 und Nr. 3 ist nach der Art der Varianten die Rückgewähr typischerweise unmöglich. Ferner der Wortlaut „statt der Rückgewähr" welcher ein Rangverhältnis nahelegt.

273 Nach anderer Auffassung bedarf es nur der Verwirklichung der Tatbestandsmerkmale, ohne dass es tatsächlich zu einer Leistungsbefreiung mit der Herausgabepflicht gekommen sein muss.[219] Dafür spricht, dass das Gesetz in § 346 Abs. 2 die Leistungsbefreiung nach § 275 entgegen sonstigen Formulierungen (vgl. §§ 283, 326) überhaupt nicht erwähnt. In den Fällen des Verbrauchs oder der Verarbeitung wird zwar regelmäßig Unmöglichkeit vorliegen. In den übrigen Fällen muss dies aber nicht so sein.

274 Nach der zuerst genannten Ansicht beschränkt sich die Herausgabepflicht auf die **Herausgabe im gegenwärtigen Zustand**; wegen der Verschlechterung steht dem Rückgewährgläubiger ein Anspruch auf Wertersatz gemäß § 346 Abs. 2 S. 1 Nr. 2 i.V.m. S. 2 zu.[220] Auf diese Weise soll die notwendige Abgrenzung zum weitergehenden Schadensersatzanspruch (etwa aus §§ 280 ff. i.V.m. § 346 Abs. 4) erreicht werden.

Beispiel 1 Hersteller A verkauft Bäcker B Mehl, das nach Rechnungsstellung bezahlt werden soll. B verwendet das Mehl für die Herstellung von Brötchen. Den Kaufpreis bleibt er schuldig. Nachdem er trotz Fristsetzung nicht gezahlt hat, tritt A vom Kaufvertrag zurück. Dem B ist die Rückübereignung und Rückgabe des gelieferten Mehls aufgrund vollständiger Verarbeitung im Rahmen seiner Brötchenherstellung unmöglich. Er hat nun Wertersatz nach § 346 Abs. 2 S. 1 Nr. 2 zu leisten. Dieser entspricht der Höhe nach wegen § 346 Abs. 2 S. 1 dem vereinbarten Kaufpreis.

Weiß A vorher um den Verbrauch, wird er direkt bei seinem Zahlungsanspruch gem. § 433 Abs. 2 bleiben. Dieser hängt von den geringsten Voraussetzungen ab und ist deshalb am leichtesten durchzusetzen. ■

217 Kaufpreis ./. voraussichtliche Gesamtfahrleistung des Pkws = Wert eines mit diesem Pkw gefahrenen Kilometers, vgl. Grüneberg-*Grüneberg* § 346 Rn. 10.
218 *BGH* NZG 2015, 1396 Rn. 24; *BGH* NJW 2009, 63 ff.; Grüneberg-*Grüneberg* § 346 Rn. 8a.
219 *Lorenz* NJW 2005, 1889, 1892 unter Ziff. 6a m.w.N.
220 *BGH* Urteil vom 10. Oktober 2008 (Az. V ZR 131/07) unter Tz. 22 ff.

Beispiel 2 V verkauft K eine Maschine, die K nach Lieferung seinerseits an D veräußert. Wenn K nun den Kaufpreis trotz Fristsetzung schuldig bleibt und V zurücktritt, ist er nach § 346 Abs. 1 zur Rückübereignung und Rückgabe verpflichtet. Nach einer Ansicht ändert sich daran trotz der Veräußerung an D nichts. K bleibt vielmehr so lange zur Rückübereignung und Rückgabe verpflichtet, bis einer der Tatbestände des § 275 erfüllt ist. Solange also D grundsätzlich bereit ist, den Kaufgegenstand wieder an K zurückzugeben, liegt kein Fall des § 275 vor. Anders liegt es, wenn D seine Rückgabe von unzumutbaren Aufwendungen i.S.d. § 275 Abs. 2 abhängig macht.

Nach anderer Auffassung führt bereits die Veräußerung zum Ausschluss der Rückgewähr in Natur (Unvermögen wird widerleglich vermutet[221]) nach § 346 Abs. 1, so dass V lediglich Wertersatz nach § 346 Abs. 2 S. 1 Nr. 2 beanspruchen kann. ■

JURIQ-Klausurtipp

Beide Auffassungen sind mit den oben genannten Argumenten vertretbar. Sie müssen aber stets prüfen, ob es auf den Streit überhaupt ankommt. Wann immer ein in § 346 Abs. 2 S. 1 Nr. 2 und 3 genannter Fall die Herausgabe der ursprünglich empfangenen Leistung i.S.d. § 275 unmöglich oder unzumutbar macht, muss der Streit nicht erwähnt werden.

bb) Ausschluss nach § 346 Abs. 3 Nr. 1

Nach § 346 Abs. 3 Nr. 1 ist die Wertersatzpflicht ausgeschlossen, wenn der **Rücktritt aufgrund einer Schlechtleistung**, d.h. einer nicht vertragsgemäßen Leistung i.S.d. § 323 Abs. 1 erfolgt und der zum Rücktritt berechtigende Mangel sich erst während der Verarbeitung oder Umgestaltung des Gegenstandes gezeigt hat. Dies soll analog für den Fall des – nicht genannten – Verbrauches gelten. 275

Beispiel Gast A bestellt bei Gastwirt G einen Salat. Nachdem er etwas davon gegessen hat, bemerkt er eine Schnecke im Salat. Wenn er nun vom Vertrag gemäß §§ 437 Nr. 2, 323 Abs. 2 Nr. 3, 440 zurücktritt, hat er für den bereits verzehrten Teil des Salates nach § 346 Abs. 2 S. 1 Nr. 2 keinen Wertersatz zu leisten (§ 346 Abs. 3 Nr. 1 analog).[222] ■

c) Wertersatzpflicht nach § 346 Abs. 2 S. 1 Nr. 3

aa) Tatbestand

Schließlich hat der Rückgewährpflichtige Wertersatz zu leisten, wenn **der empfangene Gegenstand sich verschlechtert hat oder untergegangen ist**, § 346 Abs. 2 S. 1 Nr. 3. Jedoch bleibt nach § 346 Abs. 2 S. 1 Nr. 3 Hs. 2 eine **Verschlechterung durch bestimmungsgemäße Ingebrauchnahme außer Betracht.** 276

Der Gläubiger ist in identischer Weise schutzbedürftig, wenn die Sache physikalisch zwar noch existiert, aber aufgrund eines Diebstahls unauffindbar ist und deswegen nicht mehr herausgegeben werden kann. Unter einem „Untergang" i.S.d. § 346 Abs. 2 S. 1 Nr. 3 ist daher auch der Verlust durch Diebstahl zu verstehen.[223]

---

221 *BGH* NJW 2009, 63 Rn. 10.
222 Grüneberg-*Grüneberg* § 346 Rn. 11.
223 Grüneberg-*Grüneberg* § 346 Rn. 9.

bb) Ausschluss nach § 346 Abs. 3 S. 1 Nr. 2

277 Die Wertersatzpflicht ist nach § 346 Abs. 3 S. 1 Nr. 2 und Nr. 3 in zwei Fällen ausgeschlossen. Einmal schließt § 346 Abs. 3 S. 1 Nr. 2 die Wertersatzpflicht aus, wenn **der Gläubiger** die Verschlechterung oder den Untergang **zu vertreten** hat. Vertretenmüssen ist dabei nicht technisch i.S.d. §§ 276 ff. zu verstehen. Denn diese regeln ja ein Vertretenmüssen des Schuldners und nicht des Gläubigers. Gemeint ist vielmehr eine Verursachung der Verschlechterung bzw. des Untergangs aus Gründen, die in der Sphäre des Gläubigers angesiedelt sind.[224] Diese Fälle spielen vor allem im Fall des Rücktritts wegen Schlechtleistung eine Rolle, wenn der Leistungsgegenstand mangelbedingt untergeht.

Außerdem ist ein Wertersatz ausgeschlossen, wenn der Schaden auch beim Gläubiger eingetreten wäre.

Beispiel V verkauft K ein Pferd, das im Stall eines Reitervereins untergebracht ist, bei dem V und K Mitglied sind. K nimmt das Pferd nach einer Anzahlung entgegen und lässt es ebenfalls im Stall des Vereins unterbringen. K bleibt den restlichen Kaufpreis trotz Fristsetzung schuldig, weshalb V den Rücktritt erklärt. Bevor K das Pferd zurückgeben kann, geht es an einer im Stall des Vereins grassierenden Epidemie ein. Hier schuldet K wegen § 346 Abs. 3 S. 1 Nr. 2 keinen Wertersatz wegen Untergangs aus § 346 Abs. 2 S. 1 Nr. 3. In Betracht kommt aber ein Schadensersatzanspruch des V aus §§ 346 Abs. 4, 280 Abs. 1, Abs. 3, 283, wenn K die Ansteckung des Pferdes zu vertreten hat. ■

cc) § 346 Abs. 3 S. 1 Nr. 3

278 Schließlich ist die Wertersatzpflicht im Fall des § 346 Abs. 3 Nr. 3 ausgeschlossen. Diese Ausnahme betrifft zunächst nur den Fall, dass der Rücktritt **in Ausübung eines gesetzlichen Rücktrittsrechts** – wie §§ 323, 326 Abs. 5 – erfolgt. Weiter setzt der Ausschlusstatbestand voraus, dass **der vom Rücktrittsberechtigten herauszugebende Leistungsgegenstand** sich verschlechtert hat oder untergegangen ist, **obwohl dieser diejenige Sorgfalt beobachtet hat, die er in eigenen Angelegenheiten anzuwenden pflegt.** Diese Fälle spielen im Wesentlichen beim Rücktritt des Käufers wegen Mangelhaftigkeit der verkauften Sache eine Rolle.

Beispiel A verkauft dem B ein gebrauchtes Mountainbike. B nimmt das Rad gegen Barzahlung mit und schließt es vormittags mit einem einfachen Schloss am Gartenzaun vor seinem Haus ab. Er verfügt über eine Garage, pflegt seine Fahrräder aber stets vor der Garage abzustellen. Dabei bemerkt B, dass das Fahrrad statt der vereinbarten 24 Gänge nur 18 Gänge aufweist. A teilt ihm auf Nachfrage mit, dass für dieses Modell keine passenden Gangschaltungen mit mehr als 18 Gängen auf dem Markt seien. B möchte deshalb den Kauf wieder rückgängig machen und erklärt am Nachmittag den Rücktritt gem. §§ 437 Nr. 2, 326 Abs. 5. Kaum hat er dies erklärt, muss B feststellen, dass an seinem Zaun nur noch ein „geknacktes" Schloss baumelt und das Fahrrad gestohlen wurde.

Eigentlich müsste der B nach § 346 Abs. 2 S. 1 Nr. 3 Wertersatz für das gestohlene und damit „untergegangene" Fahrrad leisten. Jedoch genießt er das Privileg des § 346 Abs. 3 S. 1 Nr. 3, wonach er nicht zum Wertersatz verpflichtet ist, wenn er diejenige Sorgfalt beachtet hat, die er in eigenen Angelegenheiten anzuwenden pflegt. Da er sein Fahrrad nicht in seiner Garage, sondern vor dem Haus abstellt, hat er insoweit wie sonst agiert.

224 Grüneberg-*Grüneberg* § 346 Rn. 12.

Er hat nicht etwa das gekaufte Mountainbike schlechter behandelt als seine sonstigen Fahrräder. Allerdings geht das Privileg nach § 277 nur bis zur Grenze der groben Fahrlässigkeit. Da der B sein Fahrrad aber abgeschlossen hat, kann ihm der Vorwurf sorglosen Verhaltens nicht gemacht werden. Anders wäre es, wenn der B das Fahrrad unabgeschlossen abgestellt hätte. ■

Teilweise wird dieses Ergebnis für unbillig gehalten, da die Gefahr des zufälligen Untergangs nun der Rücktrittsgegner zu tragen hat, obwohl er auf die Risikosphäre seines Vertragspartners und Leistungsempfängers keinen Einfluss hat. Deshalb wird vorgeschlagen, die Anwendungsbereiche des § 346 Abs. 3 S. 1 Nr. 3 insoweit zu reduzieren („teleologische Reduktion"), als diese Vorschrift keine Anwendung finden soll, **wenn der Rücktrittsberechtigte vom Rücktrittsgrund Kenntnis erlangt hat bzw. den Rücktrittsgrund hätte kennen müssen.**[225] Diese Auffassung findet jedoch im Gesetz keine Stütze. Es besteht auch kein überragendes Bedürfnis, den Ausnahmetatbestand des § 346 Abs. 3 S. 1 Nr. 3 einzuschränken. Denn nach § 346 Abs. 4 i.V.m. §§ 280 ff. kommt eine Schadensersatzhaftung in Betracht, wenn der Rückgewährschuldner sich schuldhaft verhalten hat und damit die Leistungspflichten aus §§ 346 ff. verletzt. **Nach und ab Ausübung des Rücktrittsrechts** gilt der allgemeine Haftungsmaßstab, da nun kein Grund für die Privilegierung des Rücktrittsberechtigten mehr besteht.[226] In der bis zur Ausübung des Rücktritts bestehenden „Schwebelage" verdient der Rücktrittsberechtigte den durch das Haftungsprivileg gewährten Schutz. Schließlich ist es sein Vertragspartner, der ihm die Situation „eingebrockt hat".[227] Außerdem droht sonst eine Umgehung des § 346 Abs. 3 S. 1 Nr. 3, wenn der nach dieser Vorschrift ausgeschlossene Wertersatz über den Schadensersatzanspruch zu leisten wäre.[228] 279

Im *Beispiel* gelangen alle Auffassungen zum selben Ergebnis, da die von B vorgenommene Sicherung noch nicht einmal als fahrlässig anzusehen ist. Schließlich musste B nicht damit rechnen, dass das Fahrrad am helllichten Tag vor seinem Haus gewaltsam entwendet wird.

d) Wertersatz nach § 347 Abs. 1

Schließlich schuldet der Rückgewährschuldner nach § 347 Abs. 1 noch Wertersatz für solche Nutzungen, die er entgegen den Regeln einer ordnungsgemäßen Wirtschaft trotz Möglichkeit nicht gezogen hat. Wie bei § 346 Abs. 3 S. 1 Nr. 3 genießt der kraft Gesetzes zum Rücktritt Berechtigte dabei das Privileg der Haftungsbeschränkung auf die Verletzung eigenüblicher Sorgfalt, § 347 Abs. 1 S. 2. 280

4. Aufwendungsersatz nach § 347 Abs. 2

In § 347 Abs. 2 versteckt sich ein – gerne übersehener – Aufwendungsersatzanspruch. 281

Danach kann der Rückgewährschuldner **notwendige Aufwendungen** ersetzt verlangen, die er auf die in Natur zurückzugewährende oder ihrem Wert nach zu ersetzende Sache gemacht hat. 282

225 Vgl. Nachweise bei *Lorenz* NJW 2005, 1889, 1893 unter Ziff. 6c.

226 *Medicus/Lorenz* Schuldrecht I Rn. 572.

227 Grüneberg-*Grüneberg* § 346 Rn. 13b (ausführliche und sehr lesenswerte Argumentation!).

228 Grüneberg-*Grüneberg* § 346 Rn. 18.

Eine **Aufwendung** ist eine vermögenswerte Investition („Vermögensopfer"). Sie stellt dann eine notwendige Verwendung dar, wenn sie zur Erhaltung oder ordnungsgemäßen Bewirtschaftung der Sache nach objektiven Maßstäben zur Zeit der Vornahme erforderlich ist.[229]

283 Sonstige Aufwendungen bekommt er nach § 347 Abs. 2 S. 2 ersetzt, sofern der Gläubiger durch sie bereichert wird.

Beispiel V verkauft dem K ein Pferd nebst Sattel und anderem Zubehör. K nimmt das Pferd und Zubehör entgegen, bleibt den Kaufpreis aber schuldig. Tritt V nach Fristsetzung zurück, kann K dem Anspruch des V auf Rückgewähr des Pferdes aus § 346 Abs. 1 nach § 348 einredeweise ein Zurückbehaltungsrecht wegen etwaiger Aufwendungen entgegenhalten. Hat K das Pferd auf eigene Kosten gefüttert, muss V ihm diese Kosten als notwendige Verwendungen nach § 347 Abs. 2 S. 1 ersetzen. Hat K den Sattel mit seinem Monogramm versehen, entfällt ein Ersatzanspruch, da V durch diese Aufwendungen nicht bereichert ist (§ 347 Abs. 2 S. 2). Im Gegenteil: V kann wegen der damit verbundenen „Umgestaltung" Wertersatz nach § 346 Abs. 2 Nr. 2 beanspruchen. ■

284 Der Anspruch steht nach dem Rechtsgedanken des § 325 in freier Konkurrenz zu dem anstelle des „Schadensersatzes statt der Leistung" geltend gemachten Aufwendungsersatz nach § 284.[230]

229 Grüneberg-*Bassenge* § 994 Rn. 5.

230 Urteil des *BGH* vom 20. Juli 2005 (Az. VIII ZR 275/04) unter Ziff. II 1 = NJW 2005, 2848 = BGHZ 163, 381 ff.

II. Rücktritt nach § 323

PRÜFUNGSSCHEMA

Rücktritt nach § 323 wegen Leistungsverzögerung 285

I. Wirksamer Vertrag

II. Rücktrittserklärung, §§ 349, 351

III. Allgemeine Wirksamkeitsvoraussetzungen für einseitige Rechtsgeschäfte (insbesondere §§ 111, 164, 174, 180)

IV. Rücktrittsrecht aus § 323

1. Leistungsverzögerung im gegenseitigen Vertrag, § 323 Abs. 1
2. Erfolgloser Ablauf einer angemessenen Frist, § 323 Abs. 1
   a) Wirksame Fristsetzung
      aa) Eindeutige und bestimmte Fristsetzung nach Fälligkeit (Regeln für empfangsbedürftige WE analog)
      P Zuvielforderung des Gläubigers Rn. 194
      bb) Allgemeine Wirksamkeitsvoraussetzungen (analog) für einseitige Rechtsgeschäfte, (§§ 164, 174, 180)
   b) Angemessenheit der Frist
   P Keine ausdrückliche oder zu kurz bemessene Frist Rn. 195
   c) Fortbestehende Leistungsverzögerung bei Fristablauf
3. Oder: Erfolglose Abmahnung, § 323 Abs. 3 (Ziffer IV 2a gilt entsprechend)
4. Oder: Entbehrlichkeit der Fristsetzung/Abmahnung nach § 323 Abs. 2
5. (Kein) Ausschluss nach 323 Abs. 5 S. 1
6. (Kein) Ausschluss nach 323 Abs. 6
7. (Kein) Ausschluss nach § 352 wegen unverzüglicher Aufrechnung
8. Keine Unwirksamkeit gem. § 218 (mittelbare Verjährung)
9. (Kein) Rechtsmissbrauch (§ 242)

1. Wirksamer Vertrag

Ein Rücktritt erfordert stets einen wirksamen Vertrag, vgl. § 346 Abs. 1. Es gelten die allgemeinen Regeln über das Zustandekommen und die allgemeinen Wirksamkeitsvoraussetzungen von Verträgen. 286

» Gehen Sie jetzt gedanklich die einzelnen Prüfungsschritte für den Vertragsschluss durch. Kennen Sie auch noch die allgemeinen Wirksamkeitserfordernisse und -hindernisse für Verträge? «

JURIQ-Klausurtipp

Prüfen Sie den Rücktritt als rechtsvernichtende Einwendung gegen einen vertraglichen Primäranspruch, haben Sie den Vertragsschluss bereits unter „Anspruch entstanden" geprüft. Dann müssen Sie den Prüfungspunkt hier nicht noch einmal wiederholen.

2. Rücktrittserklärung

287 Der Rücktritt ist ein **Gestaltungsrecht**, das durch einseitige empfangsbedürftige Willenserklärung ausgeübt wird.[231]

288 Abzugeben ist die Erklärung gegenüber dem Vertragspartner, so dass die Erklärung mit Zugang bei diesem wirksam wird, vgl. §§ 349, 130.

Sind an dem Vertrag auf einer oder beiden Seiten **mehrere Personen** beteiligt, ist die Erklärung nach **§ 351** von oder gegenüber der gesamten Personenmehrheit zu erklären, die das Rücktrittsrecht ausüben will bzw. umgekehrt von der Ausübung betroffen ist.

Es gelten die allgemeinen Regeln über Wirksamwerden und Auslegung empfangsbedürftiger Willenserklärungen. Als Gestaltungserklärung ist die Rücktrittserklärung nach dem Rechtsgedanken des § 388 S. 2 **bedingungs- und befristungsfeindlich.**[232]

3. Allgemeine Wirksamkeitsvoraussetzungen für einseitige Rechtsgeschäfte

» Wiederholen Sie an dieser Stelle noch einmal die Grundregeln über die Wirksamkeit empfangsbedürftiger Willenserklärungen und die Wirksamkeitshindernisse bei einseitigen Rechtsgeschäften. «

289 Ferner gelten die bei einseitigen Rechtsgeschäften zu beachtenden allgemeinen Wirksamkeitsvoraussetzungen, insbesondere §§ 107, 111 (beschränkte Geschäftsfähigkeit des Rücktrittsberechtigten) und §§ 164, 174, 180 (Rücktrittserklärung durch Stellvertreter).[233]

Eine Formnichtigkeit nach § 125 S. 1 scheidet aus, da für die Rücktrittserklärung gesetzlich keine besondere Form vorgeschrieben ist.

4. Rücktrittsrecht aus § 323

a) Leistungsverzögerung im gegenseitigen Vertrag

290 Jetzt kommen die besonderen Rücktrittsvoraussetzungen des § 323 an die Reihe. Das mit der Rücktrittserklärung vorgenommene Rechtsgeschäft „Rücktritt" ist unwirksam, wenn dem Erklärenden kein Rücktrittsrecht zusteht.

Rücktrittsrechte können sich aus Vertrag oder Gesetz ergeben. Wir prüfen hier das gesetzliche Rücktrittsrecht aus § 323 wegen Leistungsverzögerung.[234]

JURIQ-Klausurtipp

In der Klausur könnte der Einstieg wie folgt beschrieben werden:

„Mangels vertraglich vorbehaltenem Rücktrittsrecht kommt vorliegend nur ein gesetzliches Rücktrittsrecht in Betracht. Dies könnte sich hier aus § 323 wegen Leistungsverzögerung des B ergeben. Dies setzt zunächst voraus, dass …"

---

231 Grüneberg-*Grüneberg* § 349 Rn. 1.
232 Grüneberg-*Grüneberg* § 349 Rn. 1.
233 Ausführlich dazu im Skript „BGB AT I" Rn. 407 ff. und im Skript „BGB AT II" Rn. 155 ff.
234 Zum Rücktrittsrecht aus § 323 wegen Schlechtleistung siehe im Skript „Schuldrecht BT I" unter Rn. 271 ff.

Maßgeblicher Zeitpunkt für das Vorliegen eines Rücktrittsrechts ist der **Zugang der Rücktrittserklärung**.[235] 291

aa) Gegenseitiger Vertrag

Ein Rücktritt wegen Leistungsverzögerung setzt nach § 323 Abs. 1 einen **gegenseitigen** Vertrag voraus. 292

Ein Vertrag ist dann **gegenseitig** i.S.d. §§ 320 ff., wenn die sich aus ihm ergebenden primären Hauptleistungspflichten in der Weise verbunden sind, dass die eine Leistung als Entgelt für die andere Leistung gedacht ist (sog. „synallagmatische Verknüpfung").[236]

Die hinter den wechselseitigen Hauptleistungspflichten stehende Motivation lässt sich beschreiben mit dem Gedanken „Ich gebe, damit Du gibst."[237] Daher gilt § 323 nicht für einseitig verpflichtende Verträge (§§ 765, 662) oder gesetzliche Schuldverhältnisse. Bei Verträgen über digitale Produkte existieren teilweise § 323 verdrängende **Sonderregelungen**, so z.B. § 327c und § 327m.

Beispiele Kauf-, Tausch, Werk-, Miet-, Dienst- und Geschäftsbesorgungsvertrag ■

JURIQ-Klausurtipp

Der Prüfungspunkt „gegenseitiger Vertrag" wird in der Regel bereits inzident im ersten Schritt unter Ziff. 1 „Vertrag" abgehandelt. Dann sagen Sie jetzt einfach:

„... Ein gegenseitiger Vertrag liegt in Form des zwischen A und B geschlossenen Kaufvertrages vor. Weiter erfordert das Rücktrittsrecht aus § 323 ..."

bb) Leistungsverzögerung

Das Rücktrittsrecht aus § 323 knüpft an eine Leistungspflichtverletzung in Form der Leistungsverzögerung oder Schlechtleistung („nicht vertragsgemäße" Leistung) an. Wir verfolgen jetzt die erste Variante Leistungsverzögerung. Wir können dabei vollständig zu dem eingangs unter Rn. 88 vorgestellten Schema zurückgehen. 293

» Wiederholen Sie jetzt noch einmal das Schema zur „Leistungsverzögerung" oben unter Rn. 88. «

Obwohl § 323 einen gegenseitigen Vertrag voraussetzt, ist es nach herrschender Ansicht **unerheblich, ob eine Haupt- oder Nebenleistungspflicht verletzt wird**.[238] Bei Verletzung von Pflichte ohne Leistungscharakter ist § 324 zu prüfen. 294

Denn der Grund für das Erfordernis des gegenseitigen Vertrages liegt allein darin, dass bei anderen Verträgen ein gesetzliches Rücktrittsrecht wegen Leistungsverzögerung nicht benötigt wird. Der Rücktritt dient ja dazu, eine Lösung von der Gegenleistungspflicht zu ermöglichen bzw. eine erbrachte Gegenleistung zurückzufordern. Ein solches Lösungsinteresse besteht auch bei Verletzung einer nicht im Synallagma stehenden Leistungspflicht.

235 *BGH* Urteil vom 5. November 2008 (Az. VIII ZR 166/07) unter Tz. 19 = NJW 2009, 508 f.
236 Grüneberg-*Grüneberg* Einf. v. § 320 Rn. 5.
237 Lat.: „do ut des".
238 Grüneberg-*Grüneberg* § 323 Rn. 10.

Beispiel Ob die Abnahmepflicht gem. § 433 Abs. 2 Haupt- oder Nebenleistungspflicht des Käufers ist, ist durch Auslegung zu entscheiden. Darauf kommt es für den wegen Verzögerung der Abnahme ausgeübten Rücktritt nach § 323 aber nicht an (s.o. Rn. 292).

b) Ablauf einer angemessenen Nachfrist

295 Wie der Schadensersatzanspruch statt der Leistung aus §§ 280 Abs. 1, Abs. 3, 281 erfordert das Rücktrittsrecht aus § 323 grundsätzlich eine erfolglos abgelaufene Nachfrist. Eine Erfüllung innerhalb einer gesetzten Frist schließt das Rücktrittsrecht aus. Gleiches gilt, wenn die Leistungspflicht innerhalb der Frist aus anderen Gründen erlischt. Die Prüfung folgt nach dem gleichen Muster wie die Fristsetzungsprüfung bei § 281. Wir können daher auf die Ausführungen unter Rn. 192 ff. Bezug nehmen.

c) Entbehrlichkeit der Fristsetzung

aa) Fälle des § 323 Abs. 2 Nr. 1

296 Die Fristsetzung ist nach § 323 Abs. 2 Nr. 1 entbehrlich, wenn der Schuldner die Leistung **nach Fälligkeit ernsthaft und endgültig verweigert hat**. Eine Fristsetzung macht jetzt schließlich keinen Sinn mehr. Deswegen muss der Gläubiger auch beim Schadensersatz statt der Leistung nach § 281 Abs. 2 Var. 1 keine Nachfrist setzen. Überdies tritt in diesen Fällen nach § 286 Abs. 2 Nr. 3 auch ohne Mahnung Verzug ein. Es gilt zu dieser Fallgruppe das oben unter Rn. 146 Gesagte.

Hinweis

Eine endgültige Erfüllungsverweigerung **vor Fälligkeit** begründet zwar noch keinen Verzug nach § 286 Abs. 2 Nr. 3 (siehe oben unter Rn. 163). Es entsteht aber ein Rücktrittsrecht über § 323 Abs. 4. Dazu gleich mehr.

bb) Fälle des § 323 Abs. 2 Nr. 2

297 Die Fristsetzung ist nach § 323 Abs. 2 Nr. 2 weiter entbehrlich, wenn „der Schuldner die Leistung zu einem im Vertrag bestimmten Termin oder innerhalb einer bestimmten Frist nicht bewirkt und der Gläubiger im Vertrag den Fortbestand seines Leistungsinteresses an die Rechtzeitigkeit der Leistung gebunden hat."

Es handelt sich hier um die Fälle des sog. **„relativen (oder auch: einfachen) Fixgeschäfts"**. Dieses zeichnet sich dadurch aus, dass die Einhaltung des vertraglich vereinbarten Termins für den Gläubiger nach dem Vertragsinhalt so wesentlich ist, dass mit der zeitgerechten Leistung **das Geschäft „stehen und fallen soll"**.[239]

Beispiele Vereinbarung einer Leistung „spätestens bis zum …", „genau am …".[240]

298 Davon ist das sog. **„absolute Fixgeschäft"** zu unterscheiden. Eine solches liegt vor, wenn die Leistungszeit ausdrücklich oder zumindest konkludent derart vereinbart wurde, dass die Leistung ab einem bestimmten Zeitpunkt keine Erfüllung mehr darstellen kann und deshalb mit

239 BGHZ 110, 96 ff.; Grüneberg-*Grüneberg* § 323 Rn. 20.
240 Grüneberg-*Grüneberg* § 323 Rn. 20.

Erreichen dieses Zeitpunkts Unmöglichkeit eintritt.[241] Diese Fälle führen zum Wegfall der Gegenleistungspflicht nach § 326 Abs. 1.

Die Vereinbarung eines bestimmten Leistungstermins als solche genügt also weder für die relative noch für die absolute Fixschuld. Es muss vielmehr noch die spezifische Fixschuldabrede hinzukommen, die auch konkludent abgeschlossen werden kann.[242] 299

Vom „absoluten Fixgeschäft" unterscheidet sich das **„relative Fixgeschäft"** dadurch, dass auch eine verspätete Leistung nach der für beide Teile erkennbaren Interessenlage für den Gläubiger **grundsätzlich noch erfüllungstauglich ist** und deshalb durch die Terminsüberschreitung als solche **noch keine Unmöglichkeit** eintritt.

Hinweis

Denken Sie daran, dass in den Fällen des relativen Fixgeschäfts Verzug auch ohne Mahnung gem. § 286 Abs. 2 Nr. 1 eintreten kann.

Für die Geltendmachung des Schadensersatzes statt der Leistung gem. §§ 280 Abs. 1, Abs. 3, 281 ist eine Fristsetzung allerdings nicht entbehrlich. Auch daran wird deutlich, dass die Leistung beim „relativen Fixgeschäft" durch Verspätung nicht unmöglich wird, sondern grundsätzlich noch nachgeholt werden darf.

Beispiel 1 Die Verpflichtung zur Herstellung eines Hochzeitskleides wird bei bekannt gemachtem Hochzeitstermin spätestens an diesem Tag unmöglich. Es liegt also eine – spätestens auf diesen Tag – bezogene absolute Fixschuld vor. ■

Beispiel 2 Die Verpflichtung, auf der Hochzeitsfeier ein Mittagessen zu servieren, ist spätestens am frühen Nachmittag des Feiertages unmöglich. ■

Beispiel 3 Die Verpflichtung, 100 Flaschen Rotwein spätestens am „8.8." zu liefern, wäre hingegen nur dann absolutes Fixgeschäft, wenn die Flaschen für die Hochzeitsfeier gedacht sind und dem Lieferanten dies bewusst war. Andernfalls liegt mangels Erkennbarkeit der extremen Terminbindung keine Vereinbarung über eine absolute Fixschuld, sondern wegen der Formulierung „spätestens" (nur) ein relatives Fixgeschäft vor. ■

cc) Fälle des § 323 Abs. 2 Nr. 3

Wie bei § 281 Abs. 2 Var. 2 bedarf es einer Fristsetzung schließlich dann nicht, wenn besondere Umstände vorliegen, die unter Abwägung der beiderseitigen Interessen den sofortigen Rücktritt rechtfertigen (vgl. auch oben unter Rn. 147 ff.; 200). 300

Beispiel V verkauft dem K einen Computer über das Internet. Wahrheitswidrig teilt V dem K mit, er habe die Ware zum Versand gebracht und sie gehe dem K in 1–2 Tagen zu. Er veranlasst den K auf diese Weise, seinerseits den Kaufpreis zu überweisen. Als der Computer am 4. Tag immer noch nicht geliefert wird, fliegt der Schwindel auf. K kann ohne Fristsetzung aufgrund der Täuschung des V vom Vertrag wegen des Vertrauensverlustes zurücktreten.[243] ■

241 Grüneberg-*Grüneberg* § 323 Rn. 19.

242 Grüneberg-*Grüneberg* § 271 Rn. 17; Grüneberg-*Grüneberg* § 323 Rn. 19.

243 *BGH* Urteil vom 10. März 2010 (Az. VIII ZR 182/08) unter Tz. 17 ff. = NJW 2010, 2503 ff.

301 Hat der Gläubiger trotz Wissens um die besonderen Umstände i.S.d. § 323 Abs. 2 Nr. 3 dem Schuldner dennoch eine Frist gesetzt und damit zu erkennen gegeben, er wolle am Vertrag festhalten, besteht keine Rücktrittsmöglichkeit mehr vor Ablauf der gesetzten Frist.[244] Der Gläubiger muss sich hier an seinem eigenen Verhalten festhalten lassen.

d) Abmahnung, § 323 Abs. 3

302 Wie bei § 281 Abs. 3 tritt bei Unterlassungspflichten an die Stelle der Fristsetzung die Abmahnung, die unter den Voraussetzungen des § 323 Abs. 2 entbehrlich sein kann.

e) Ausnahme nach § 323 Abs. 4

303 Ausnahmsweise ist ein Rücktritt aber bereits vor Fälligkeit der Leistung zulässig, wenn offensichtlich ist, dass die Voraussetzungen des Rücktrittsrechts eintreten werden, § 323 Abs. 4. Hinter dieser Regelung steht der Gedanke, dass es in diesen Fällen keinen vernünftigen Grund gibt, den Gläubiger zum Abwarten der Fälligkeit zu zwingen und ihn eine sinnlose Nachfrist setzen zu lassen.

Hauptanwendungsfall ist die ernsthafte und endgültige Erfüllungsverweigerung des Schuldners vor Fälligkeit. § 323 Abs. 4 kommt aber auch zur Anwendung, wenn bereits vor Fälligkeit sicher feststeht, dass der Schuldner zu pünktlicher Leistung nicht in der Lage sein wird. Das kommt vor allem bei Werkverträgen in Betracht:

Beispielsfall 1 U verpflichtet sich, bis zum 15.4. den Innenausbau des von B errichteten Neubaus herzustellen. Nach seinen eigenen Angaben benötigt er hierzu 2 Monate. Am 1.4. hat er mit den Arbeiten immer noch nicht begonnen. ■

Beispielsfall 2 B beauftragt U mit der Anfertigung eines Schrankes. Als Fertigstellungstermin ist der 1.4. vereinbart. Am 20.3. teilt U dem B mit, er sei aufgrund von anderen Aufträgen noch nicht dazu gekommen, mit der Herstellung des Schrankes zu beginnen. Den vereinbarten Fertigstellungstermin könne er keinesfalls einhalten. Bestenfalls könne er am 1.5. liefern. ■

In beiden *Beispielsfällen* ist entscheidend, ob eine zum Zeitpunkt der Fälligkeit gesetzte, angemessene Nachfrist nutzlos verstreichen würde. Ist das der Fall, kommt § 323 Abs. 4 zur Anwendung.

f) Ausschluss des Rücktrittsrechts gem. § 323 Abs. 5 S. 1

304 § 323 Abs. 5 S. 1 bestimmt, dass der Gläubiger „bei Bewirken einer Teilleistung" vom „ganzen Vertrag" nur zurücktreten kann, wenn er an der bewirkten Teilleistung „kein Interesse" mehr hat. Sein Interesse an der bewirkten Teilleistung muss wegen der ausgebliebenen Restleistung entfallen sein, was der Gläubiger nachzuweisen hat.[245]

305 Das Gesetz geht grundsätzlich davon aus, dass der Gläubiger einer teilbaren Leistung bei Verzögerung eines Teils grundsätzlich mit dem bewirkten (= erhaltenen) Teil etwas anfangen kann. Er gibt ihm deshalb als Regelfall nur die Möglichkeit, vom „gestörten" Vertragsteil zurückzutreten und so die Leistungspflichten zu verkürzen.

---

244 *BGH* Urteil vom 12. März 2010 (Az. V ZR 147/09) unter Tz. 9 f. = NJW 2010, 1805.

245 Siehe dazu oben unter Rn. 234 f.

Beispiel K bestellt beim Weinhändler V 50 Flaschen Wein zu je 8 €, die V dem K schicken soll. V sendet dem K jedoch nur 30 Flaschen zu und bleibt den Rest schuldig. Wegen § 266 könnte K die Entgegennahme der Teillieferung ablehnen und die Ware zurückgeben. Er kann sie aber auch als Teil-Erfüllung annehmen und wegen des Restes die Lieferung mit Fristsetzung anfordern. Bleibt die Lieferung nach Fristablauf immer noch aus, kann sich K in der Regel nur hinsichtlich des Restes vom „gestörten" Vertragsteil (20 Flaschen) lösen. Ein solcher Teilrücktritt führt zum Erlöschen der restlichen Leistungspflicht des V (20 Flaschen) und zur anteiligen Reduzierung der Zahlungspflicht des K. Er schuldet dem V nur noch 240 €.

Anders läge es, wenn K ein besonderes Interesse an einer Gesamtlieferung durch den V hätte, etwa weil er die restlichen 20 Flaschen aufgrund eines von V gewährten Mengenrabatts nicht für 8 € zukaufen kann oder weil es ihm berechtigterweise auf die Lieferung einer einheitlichen Sorte ankommt, die er woanders nicht beziehen kann.[246] ■

Der vom Gesetz als Regelfall angestrebte Teilrücktritt setzt eine Teilbarkeit von Leistung und Gegenleistung wie im *Beispiel* eben voraus. Diese Regel scheitert trotz Teilbarkeit der verzögerten Leistung von vorneherein, wenn die **Gegenleistung des Gläubigers unteilbar** ist. In diesen Fällen kann der Gläubiger auch bei Interesse an der Teilleistung stets vom ganzen Vertrag zurücktreten.[247] **306**

Beispiel A und B vereinbaren folgenden Tausch: A erhält die beiden Motorräder des B und B den PKW des A. B liefert jedoch nur ein Motorrad. Da A seinen PKW nicht teilen kann, ist er trotz Interesses am erhaltenen Motorrad nach fruchtloser Fristsetzung vom Rücktritt vom gesamten Vertrag berechtigt. ■

g) Ausschluss des Rücktrittsrechts gem. § 323 Abs. 6

Das Rücktrittsrecht ist außerdem ausgeschlossen, wenn der Gläubiger den Umstand, der zu der Leistungsverzögerung geführt hat, **ganz oder weit überwiegend zu verantworten hat (§ 323 Abs. 6 Fall 1)**. **307**

Hinweis

Hier kommt erstmalig eine subjektive Komponente ins Spiel. Der Rücktrittsgrund des § 323 setzt kein Vertretenmüssen des Schuldners voraus. Erst bei § 323 Abs. 6 ist die Verantwortlichkeit der Parteien näher zu untersuchen.

Der zweite Fall des § 323 Abs. 6 spielt im Fall der Leistungsverzögerung keine Rolle, da sich Annahmeverzug und Leistungsverzögerung ausschließen. Er kommt aber beim Rücktritt wegen Schlechtleistung zum Tragen.

Problematisch ist dabei die Frage nach dem Maßstab für die Verantwortung des Gläubigers. Die §§ 276 ff. bestimmen die Verantwortlichkeit des Schuldners, aber nicht des Gläubigers. Man orientiert sich aber ebenfalls am Maßstab der §§ 276 ff., da für eine Ungleichbehandlung von Gläubiger und Schuldner hinsichtlich ihres Verantwortungsgrades nichts ersichtlich ist.[248] **308**

246 Vgl. dazu Grüneberg-*Grüneberg* § 281 Rn. 38 und § 323 Rn. 26.

247 *BGH* Urteil vom 16. Oktober 2009 (Az. V ZR 203/08) unter Tz. 15 ff. = NJW 2010, 146 ff.

248 Grüneberg-*Grüneberg* § 323 Rn. 29.

Außerdem ist zu bedenken, dass den Gläubiger seinerseits auch Rücksichtspflichten nach § 241 Abs. 2 treffen, so dass er insoweit auch in der Rolle des Schuldners steckt. Der Gläubiger ist deshalb für eine Pflichtverletzung des Schuldners (mit-)verantwortlich, wenn er nach §§ 276 ff. eine ihn treffende Rücksichtspflichtverletzung zu vertreten hat, die zur Pflichtverletzung des Schuldners beitrug oder wenn die Pflichtverletzung des Schuldners (auch) auf ein vom Gläubiger übernommenes Risiko zurückzuführen ist.

Beispiel Verkäufer V tritt vom Kaufvertrag zurück, weil K trotz Fristsetzung den Kaufpreis nicht bezahlt hat.

Dies lag aber nur daran, dass V den K nicht über seine geänderte Bankverbindung informiert hat, obwohl K ihm geschrieben hatte, mangels korrekter Bankdaten nicht überweisen zu können. V hatte den Brief gar nicht gelesen. ■

Hinweis

Eine „weit überwiegende Verantwortung" liegt vor, wenn dem Gläubiger eine mitwirkende Verantwortung von mindestens 80–90 % zur Last fällt, so dass bei Anwendung des § 254 ein Schadensersatzanspruch des Gläubigers ganz entfallen würde.[249]

h) Ausschluss aus sonstigen Gründen

309 Auch wenn die Voraussetzungen für ein Rücktrittsrecht nach § 323 formal gegeben sind, kann dem Gläubiger trotzdem ein wirksamer Rücktritt aufgrund besonderer Ausschlusstatbestände verwehrt sein.

310 Dies ist nach § 218 der Fall, wenn der **Anspruch auf die Leistung verjährt ist und der Schuldner sich hierauf beruft**. Das ergibt sich letztlich auch schon daraus, dass dann keine einredefreie Leistungspflicht besteht, wie dies von § 323 Abs. 1 vorausgesetzt ist (siehe oben unter Rn. 95 ff.).

311 Die Ausübung des formal gegebenen Rücktrittsrechtes aus § 323 kann dem Gläubiger auch wegen Rechtsmissbrauches verwehrt sein, § 242.

Beispiel Verkäufer V hat trotz Fristsetzung des K die verkaufte Ware bis Fristablauf nicht geliefert. K mahnt nach Fristablauf „letztmalig" die Lieferung der Ware. Indem K sich dazu entschließt, am Vertrag festzuhalten, entscheidet er sich erst einmal gegen sein Rücktrittsrecht. Wegen des Verbots widersprüchlichen Verhaltens ist es ihm gem. § 242 nach h.M. deshalb vorübergehend verwehrt, sein nach wie vor bestehendes Rücktrittsrecht auszuüben. Bleibt V die Ware innerhalb angemessener Zeit weiter schuldig, fällt die Sperre des § 242 weg. K kann dann wieder zurücktreten, ohne eine neue Frist setzen zu müssen. Das Rücktrittsrecht „steht nun wieder zur Verfügung".[250] Es ist nicht etwa erloschen, da das Festhalten am Vertrag nach keiner gesetzlichen Regelung das Rücktrittsrecht vernichtet. Insbesondere die Regeln über Wahlschuld nach §§ 262 ff. sind nicht anwendbar, weil es sich um einen Fall der sog. „elektiven Konkurrenz" handelt.[251] Der Schuldner hat nicht die Auswahl unter mehreren Inhalten eines Anspruches, sondern die Auswahl unter mehre-

249 Grüneberg-*Grüneberg* § 323 Rn. 29.
250 *BGH* NJW 2006, 1198 ff.
251 *BGH* NJW 2006, 1198 ff.; Grüneberg-*Grüneberg* § 262 Rn. 6.

ren verschiedenen Rechtsbehelfen und Vorgehensweisen. Erlöschen würde das Rücktrittsrecht aber, wenn der Schuldner nach der Gewährung der „dritten Chance" umgehend erfüllt. Erbringt der Schuldner die Leistung erst nach Fristablauf und nimmt der Gläubiger sie an, ist das Rücktrittsrecht wieder erloschen. Auf § 242 kommt es dann nicht an.

In der Wirkung etwas anders liegt der Fall des § 352, wenn der Schuldner sich von seiner Leistungspflicht zum Zeitpunkt der Rücktrittserklärung **durch Aufrechnung befreien konnte und unverzüglich nach dem Rücktritt die Aufrechnung erklärt**. Wegen der mit der Aufrechnung verbundenen Rückwirkung (vgl. § 389)[252] wird die Verzögerung gedanklich „rückwirkend wieder aufgehoben". Deshalb formuliert § 352 auch, dass der Rücktritt wegen Nichterfüllung einer Verbindlichkeit nicht „unwirksam ist", sondern **„unwirksam wird"**. Der Vertrag lebt mit seinen bisherigen Pflichten wieder auf.[253] 312

252 Siehe dazu im Skript „Schuldrecht AT I" Rn. 236 ff.
253 Grüneberg-*Grüneberg* § 352 Rn. 1.

III. Übungsfall Nr. 1

313 „Verspätung"

Wilhelm Vogel (V) betreibt eine große Metzgerei in Kleve und beliefert Gastronomiebetriebe mit Fleischwaren. Gastronom Klaus Kaiser (K) bestellt bei V telefonisch am 10. August 30 kg Rindersteaks zu einem Gesamtpreis von 450 € für sein Restaurant „Zur Traube" in Düsseldorf. Die Ware soll am 11. August um 10 Uhr durch V direkt zum Restaurant geliefert werden. V bestätigt die Bestellung. Die Zahlung soll vereinbarungsgemäß „sofort bei Ablieferung" erfolgen.

Da der Fahrer des V, Klaus Fuhrmann (F), verschlafen hat und das Fleisch erst um 12 Uhr aus dem Kühlraum des V entnimmt, kommt er erst um 13 Uhr bei K an. K teilt dem Fahrer mit, dass sich die Sache wegen seiner Verspätung „erledigt" habe und er an der Ware aufgrund anderweitiger Belieferung nun kein Interesse mehr habe. Da K am Abend ein Grillfest im Biergarten seines Restaurants durchführen will, hatte er bereits aus Sorge wegen der Verspätung um 12 Uhr bei der „Steakhaus Düsseldorf GmbH" (S) dieselbe Menge eingekauft. K muss bei S insgesamt 650 € bezahlen.

F fährt mitsamt der Ware wieder zurück. Als F dem V hiervon nachmittags um 16 Uhr erzählt, fordert dieser den K zur Zahlung und Abnahme der bestellten Ware auf. K lehnt dieses Ansinnen ab und verlangt seinerseits eine Erstattung der durch seine Ersatzbeschaffung entstandenen Mehrkosten in Höhe von 200 €.

Kann V von K Zahlung des Kaufpreises und Abnahme des Fleisches verlangen?

314 Lösung

Dem V könnte ein Anspruch gegen K auf Zahlung und Abnahme des Rindfleisches aus einem mit K geschlossenen Kaufvertrag gem. § 433 Abs. 2 zustehen.

I. Anspruchsentstehung

Notwendige Anspruchsvoraussetzung ist der Abschluss eines Kaufvertrages zwischen V und K. Vorliegend einigten sich beide über die Lieferung von 30 kg Rindersteaks durch V an ein Restaurant des K. Der Preis hierfür sollte insgesamt 450 € betragen. Damit liegt eine Einigung über die essentialia eines Kaufvertrages vor, so dass ein Kaufvertrag i.S.d. § 433 zustande gekommen ist.

Da Wirksamkeitsmängel nicht ersichtlich sind, ist durch Abschluss des Kaufvertrages ein Anspruch auf Zahlung in Höhe von 450 € und Abnahme zugunsten des V gegen K entstanden.

II. Rechtsvernichtende Einwendungen

Möglicherweise ist der Zahlungsanspruch des V jedoch wieder erloschen.

1. Wegfall des Anspruchs nach § 326 Abs. 1 S. 1

Der Anspruch könnte nach § 326 Abs. 1 S. 1 entfallen sein. Dies setzt voraus, dass V von der ihm obliegenden Leistungspflicht aus Gründen des § 275 befreit ist. Da die Lieferung der Rindersteaks als solche weiterhin möglich ist, käme eine Leistungsbefreiung wegen Unmöglichkeit nach § 275 Abs. 1 nur in Betracht, wenn mit der Vereinbarung des bestimmten Liefertermins eine so genannte „absolute Fixschuld" vereinbart worden wäre. Die Vereinbarung einer solchen Fixschuld ist anzunehmen, wenn die Leistung des Schuldners erkennbar nur dann zur Erfüllung des Leistungszwecks führen kann, wenn sie genau zu dem vereinbarten Termin bewirkt wird. Eine solche Vereinbarung ist hier jedoch nicht anzunehmen, da aus Sicht des V nicht ersichtlich war, dass die von ihm frisch angelieferten Steaks zu einem späteren Lieferzeitpunkt von K nicht mehr verwendet werden können. Nach der vertraglichen Vereinbarung liegt deshalb kein absolutes Fixgeschäft vor.

Ein Wegfall des Vergütungsanspruchs nach § 326 Abs. 1 S. 1 scheidet demnach aus.

2. Wegfall infolge Rücktritts

Möglicherweise ist der Vergütungsanspruch des V aber durch einen Rücktritt seitens des K und der damit verbundenen Umwandlung des Kaufvertrags in ein Rückgewährschuldverhältnis nach §§ 346 ff. erloschen.

a) Rücktrittserklärung

Die Umwandlung des Kaufvertrags in ein Rückgewährschuldverhältnis setzt zunächst eine Rücktrittserklärung des K voraus.

Eine Rücktrittserklärung könnte in der Mitteilung des K vom 11. August um 13 Uhr gesehen werden, dass sich „die Sache erledigt und er an der Ware nun kein Interesse mehr habe". Zwar hat K dabei die Formulierung „Rücktritt" nicht gewählt. Dies ist aber keine zwingende Voraussetzung für eine Rücktrittserklärung. Entscheidend ist vielmehr, ob die Äußerung aus der Sicht eines verständigen Empfängers nach §§ 133, 157 als Rücktrittserklärung verstanden werden muss. Da K erkennbar zum Ausdruck gebracht hat, dass er die Vertragsauflösung herbeiführen will und sich die wechselseitigen Pflichten nunmehr „erledigt" haben sollen, kann ein verständiger Empfänger dies nur als Rücktritt vom bereits geschlossenen Vertrag verstehen.

Als empfangsbedürftige Willenserklärung bedarf eine Rücktrittserklärung zu ihrer Wirksamkeit des Zugangs beim Empfänger. Nach § 349 ist der V als Vertragspartner des K der richtige Empfänger.

Indem K seine Äußerung gegenüber dem persönlich anwesenden F tätigte, ist allerdings noch kein Zugang bei V eingetreten. Aus dem Sachverhalt ergibt sich nämlich nicht, dass F über eine entsprechende Empfangszuständigkeit i.S.d. § 164 Abs. 3 verfügte. Aus dem Sachverhalt ergibt sich aber auch, dass F dem V die Äußerung des K am Nachmittag des 11. August übermittelte, so dass jedenfalls mit Kenntnisnahme des V von dieser Äußerung Zugang eingetreten ist.

b) Rücktrittsberechtigung

Zu prüfen ist nun, ob K **zum Zeitpunkt des Zugangs der Rücktrittserklärung** auch zum Rücktritt berechtigt war. Mangels vertraglich vereinbarter Rücktrittsrechte kommt vorliegend nur ein gesetzliches Rücktrittsrecht in Betracht. Das Rücktrittsrecht könnte sich hier aus § 323 Abs. 1 ergeben.

aa) Gegenseitiger Vertrag

Ein Rücktrittsrecht aus § 323 Abs. 1 erfordert zunächst einen gegenseitigen Vertrag. Dieser liegt aufgrund des bereits festgestellten Abschlusses eines Kaufvertrages zwischen V und K vor.

bb) Ausbleiben der fälligen Leistung

Als maßgebliche Pflichtverletzung kommt hier einzig eine Leistungsverzögerung, d.h. das Ausbleiben der von V geschuldeten Leistung trotz Fälligkeit in Betracht.

V war dem K gegenüber verpflichtet, die Ware am 11. August um 10 Uhr zu liefern.

Neben der Fälligkeit setzt das Rücksichtsrecht aus § 323 Abs. 1 als ungeschriebenes Tatbestandsmerkmal auch voraus, dass der Anspruch auf die Leistung zum Fälligkeitstermin durchsetzbar besteht. Das ist dann nicht der Fall, wenn der Anspruch am Fälligkeitstermin bereits erloschen war oder dem Schuldner ein Leistungsverweigerungsrecht zusteht.

Rechtsvernichtende Einwendungen sind nicht ersichtlich, insbesondere ist V von seiner Verpflichtung auch nicht gem. § 275 Abs. 1 befreit worden.

Ein Zurückbehaltungsrecht aus § 320 wegen nicht erfüllter Gegenleistung kommt ebenfalls nicht in Betracht.

V konnte den Kaufpreis nach der Vereinbarung mit K bei Lieferung verlangen, so dass K die Kaufpreiszahlung erst bei Warenlieferung zu zahlen hat. Mangels Vorleistungspflicht des K scheidet ein Zurückbehaltungsrecht des V nach § 320 aus.

K hatte somit zum Fälligkeitstermin einen voll durchsetzbaren Anspruch auf Lieferung des Fleisches am 11.8. um 10 Uhr. Zu diesem Termin hatte V noch nicht geliefert.

cc) Erfolgloser Ablauf einer gesetzten Nachfrist

Grundsätzlich berechtigt allein der Eintritt einer Leistungsverzögerung den Gläubiger noch nicht zum Rücktritt. Vielmehr bedarf es nach § 323 Abs. 1 dazu außerdem des fruchtlosen Ablaufs einer dem Schuldner nach Fälligkeit gesetzten, angemessenen Nachfrist.

Eine solche Frist hat der K dem V hier jedoch nicht gesetzt.

dd) Entbehrlichkeit der Fristsetzung

Ein Rücktrittsrecht kommt daher nur in Betracht, wenn die grundsätzlich erforderliche Fristsetzung ausnahmsweise entbehrlich war.

Die Entbehrlichkeit der Frist könnte sich aus § 323 Abs. 2 Nr. 2 ergeben. Der Ausnahmetatbestand setzt zunächst eine Termin- bzw. Fristbestimmung **(erste Komponente)** voraus, die im Vertrag enthalten ist. Aus der vertraglichen Abrede und/oder den Begleitumständen muss hervorgehen, dass der Fortbestand des Leistungsinteresses an die Rechtzeitigkeit der Leistung geknüpft wird **(zweite Komponente)**. Mit der Vereinbarung eines stundengenauen Liefertermins sind die Anforderungen der ersten Komponente erfüllt. Allerdings geht aus der vertraglichen Vereinbarung selbst nicht hervor, dass nach diesem Termin das Leistungsinteresse entfällt. Indizien für solche Vertragsabreden stellen Wendungen wie „fix", „genau", „präzise" oder „spätestens" dar. An vergleichbaren Formulierungen fehlt es hier. Nach allgemeiner Auffassung kann sich der relative Fixschuldcharakter auch aus dem sonstigen Inhalt oder den Begleitumständen des Geschäfts ergeben. Fraglich ist, ob die Bestellung einer großen Fleischmenge für ein Restaurant für eine solche Einordnung ausreichend ist. Zwar ist naheliegend, dass eine große Fleischlieferung mit einer bestimmten Veranstaltung verbunden ist, allerdings ist zweifelhaft, ob jede Verspätung zum Wegfall des Leistungsinteresses führen kann. Auch im Gastronomiebetrieb kann Fleisch auf Vorrat zum Einfrieren oder Marinieren bzw. eine anderweitige Nutzung in den Folgetagen bestellt werden. Aus dem reinen Betrieb der Gastronomie ergibt sich daher nicht der zwingende Schluss auf ein relatives Fixgeschäft. Ferner ist anerkannt, dass im **Zweifel** an der genauen Willensrichtung der Parteien davon auszugehen ist, dass kein Fixgeschäft vorliegt. Die Entbehrlichkeit der Frist folgt im vorliegenden Fall nicht aus § 323 Abs. 2 Nr. 2.

Die Entbehrlichkeit könnte sich hier aus § 323 Abs. 2 Nr. 3 ergeben. Die Fristsetzung ist danach entbehrlich, wenn besondere Umstände vorliegen, die unter Abwägung der beiderseitigen Interessen den sofortigen Rücktritt rechtfertigen. Eine solche Situation könnte sich hier im Hinblick auf das von K für den Abend geplante Grillfest im Laufe des 11. August durchaus ergeben. Allerdings wäre eine solche Ausnahmesituation erst dann zu bejahen, wenn K ein Scheitern seines Grillabends wegen der verzögerten Fleischlieferung ernstlich befürchten musste. Dies konnte frühestens in den Nachmittagsstunden des 11. August der Fall sein. Die Fristsetzung war daher frühestens am Nachmittag des 11. August entbehrlich. Allerdings ist dem V die Rücktrittserklärung des K auch erst zu diesem Zeitpunkt (16 Uhr) zugegangen. Die Voraussetzungen des § 323 Abs. 2 Nr. 3 lagen zu diesem Zeitpunkt grundsätzlich vor.

ee) Ausbleiben der geschuldeten Leistung

Daher ist zu prüfen, ob V trotz Fälligkeit und Eintreten eines besonderen Umstandes i.S.d. § 323 Abs. 2 nicht geleistet hat. Dies ist dann der Fall, wenn V den Anspruch weder erfüllt noch dem K in einer den Annahmeverzug begründenden Weise angeboten hat. Eine Erfüllung ist zu keinem Zeitpunkt eingetreten, da es nicht zu einer Übereignung des verkauften Fleisches gekommen ist. Allerdings hat V dem K durch seinen Fahrer um 13 Uhr das Fleisch tatsächlich angeboten. Da Abweichungen nach Qualität oder Menge nicht ersichtlich sind, geriet K um 13 Uhr durch Nichtannahme des Fleisches in Annahmeverzug, § 293.

Da der Annahmeverzug erst durch Annahmebereitschaft des K beendet wird und K eine solche Bereitschaft nicht signalisiert hat, konnte ein Rücktrittsrecht am Nachmittag nicht entstehen.

c) Zwischenergebnis

Ein Erlöschen des Zahlungsanspruches wegen wirksam erklärten Rücktritts scheidet somit mangels Rücktrittsbefugnis aus.

3. Erlöschen des Anspruchs analog § 281 Abs. 4

Zu prüfen bleibt schließlich, ob der Zahlungsanspruch des V durch das von K erklärte Schadensersatzverlangen erloschen ist. Dies ist dann der Fall, wenn es sich bei dem Begehren um ein Verlangen nach Schadensersatz statt der Leistung handelt, weil durch die Geltendmachung des Schadensersatzes statt der Leistung dann nicht nur der Anspruch auf die verletzte Primärleistung (§ 281 Abs. 4), sondern auch der Anspruch auf die Gegenleistung nach § 281 Abs. 4 analog entfällt.[254]

a) Schadensersatz statt der Leistung, §§ 280 Abs. 1, Abs. 3, 281

Wie sich aus § 280 Abs. 1, Abs. 2 einerseits und §§ 280 Abs. 1, Abs. 3, 281 andererseits ergibt, unterscheidet das Gesetz zwischen dem Schadensersatz „statt der Leistung" einerseits und dem Schadensersatz „neben" der Leistung wegen Verzögerung der Leistung.

Die gedankliche Trennung dieser beiden Anspruchsgrundlagen erfolgt stets nach dem begehrten Ersatz, also von der begehrten Rechtsfolge her. Unter den Schadensersatz „statt der Leistung" fallen alle Schadenspositionen, die durch eine Nachholung der zunächst ausgebliebenen Leistung bis zum letztmöglichen Zeitpunkt hätten vermieden werden können.

K begehrt Ersatz der ihm durch den Kauf bei S entstandenen Mehrkosten in Höhe von 200 €. Dieser Kauf hätte nicht vorgenommen werden müssen, wenn K die später erfolgte Lieferung des V angenommen hätte. Da seine Rücktrittserklärung wirkungslos gewesen ist, konnte V seine Leistung auch um 13 Uhr noch erbringen. Der Schadenseintritt war daher durch die Nachholung der Leistung vermeidbar und stellt das leistungsersetzende Äquivalenzinteresse dar. Es handelt sich somit nach allen Ansichten um eine Position, die nur durch den Anspruch auf Schadensersatz „statt der Leistung" erstattet verlangt werden kann. Dazu müssten die Voraussetzungen der §§ 280 Abs. 1, Abs. 3, 281 vorliegen.

b) Schuldverhältnis und Leistungsverzögerung

Die haftungsbegründenden Tatbestandsmerkmale Schuldverhältnis und Leistungsverzögerung liegen vor, da V um 10 Uhr seiner fälligen Leistungspflicht aus dem Kaufvertrag nicht nachgekommen ist, ohne zur Leistungsverweigerung berechtigt zu sein.

c) Fristsetzung

Die nach § 281 Abs. 1 S. 1 weiter erforderliche Nachfrist zur Leistung hatte K dem V nicht gesetzt.

Ein Erstattungsanspruch kann sich daher nur dann ergeben, wenn die grundsätzlich erforderliche Fristsetzung ausnahmsweise entbehrlich war. Nach § 281 Abs. 2 Var. 2 ist die Fristsetzung entbehrlich, wenn besondere Umstände vorliegen, die unter Abwägung der beiderseitigen Interessen die sofortige Geltendmachung des Schadensersatzes rechtfertigen. Hier gilt wertungsmäßig nichts anderes als beim Rücktritt nach § 323. In dem Moment, in dem die Fristsetzung hätte entbehrlich werden können, befand sich der K bereits im Annahmeverzug.

Ein Anspruch aus §§ 280 Abs. 1, Abs. 3, 281 kommt folglich nicht in Betracht.

254 Grüneberg-*Grüneberg* § 281 Rn. 52.

Hinweis

Sofern V die Leistung um 13 Uhr nicht und auch nicht im weiteren Verlauf des 11. August angeboten hätte, könnte man einen Fall des § 323 Abs. 2 Nr. 3 sowie des § 281 Abs. 2 Var. 2 durchaus bejahen. Dann käme es für die Schadensberechnung nicht darauf an, dass K den Deckungskauf bei S bereits um 12 Uhr, also vor Eintreten der Voraussetzungen des § 281 Abs. 2 Var. 2, getätigt hätte. Denn bei §§ 280 Abs. 1, Abs. 3, 281 kann der Gläubiger verlangen, so gestellt zu werden, als ob die Leistung zum Fälligkeitstermin erbracht worden wäre (vgl. oben unter Rn. 209). Dann hätte K den Deckungskauf nicht veranlassen müssen und hätte auch keine Mehrkosten gehabt. Indem K den Saldo verlangt, berechnet er seinen Ersatzanspruch übrigens nach der Differenzmethode.

d) Zwischenergebnis

Durch das Schadensersatzverlangen des K ist der Zahlungsanspruch der V ebenfalls nicht erloschen.

III. Durchsetzbarkeit

Der Anspruch des V ist durchsetzbar, wenn er fällig ist und einredefrei besteht.

1. Fälligkeit

Die Fälligkeit ergibt sich hier aus der Vereinbarung, wonach die Zahlung „sofort bei Ablieferung" erfolgen soll. Allerdings ist es hier noch nicht zu einer Ablieferung gekommen, so dass eine Fälligkeit möglicherweise zu verneinen ist. Jedoch erscheint es unbillig, wenn K sich auf mangelnde Fälligkeit berufen könnte, da er die Annahme zu Unrecht verweigert hat. Nach § 162 Abs. 1 gilt die Fälligkeit deshalb im Moment der unberechtigten Annahmeverweigerung als eingetreten.[255]

2. Einredefreiheit

Als Einrede kommt hier allein die Einrede des nicht erfüllten gegenseitigen Vertrages nach § 320 in Betracht. V selbst bleibt weiterhin zur Lieferung der bestellten Menge an Rindersteaks verpflichtet und hat seinerseits noch nicht erfüllt. Allerdings liegt dies nur daran, dass K die Ware nicht abgenommen und durch seine Erklärungen zu erkennen gegeben hat, am Vertrag nicht mehr festhalten zu wollen. Die Einrede des § 320 setzt nach ihrem Sinn und Zweck voraus, dass derjenige, der sich auf sie beruft, seinerseits erfüllungsbereit ist. Die Einrede des § 320 hat allein die Funktion, die geschuldete (Gegen-)Leistung zu erzwingen. Dagegen kann sich derjenige, der deutlich macht, dass er an dem Vertrag gar nicht festzuhalten gedenke, die Einrede nicht zunutze machen. Da K durch die Rücktrittserklärung deutlich gemacht hat, dass er an einer Erfüllung der weiteren vertraglichen Verpflichtung nicht interessiert ist, steht ihm die Einrede des § 320 nicht zur Seite.

V hat damit einen uneingeschränkt durchsetzbaren Anspruch auf Zahlung von 450 € und Abnahme des Fleisches gegen K.

Hinweis

Der Gläubigerverzug als solcher schließt die Einrede aus § 320 auch auf Seiten des Gläubigers noch nicht aus. Der Gläubigerverzug wirkt sich aber auf die Vollstreckung der Gegenleistung aus. Eigentlich müssen Leistung und Gegenleistung spätestens in der Zwangsvollstreckung ausgetauscht werden, §§ 756, 765 ZPO. §§ 322 Abs. 3, 274 stellen aber klar, dass jeder Gläubiger seinen Anspruch trotz Zug-um-Zug-Vorbehalts beitreiben kann, ohne seine Gegenleistung anbieten zu müssen, sofern sich der andere Teil bereits im Gläubigerverzug befindet.

255 Vgl. Grüneberg-*Grüneberg* § 162 Rn. 4.

4. Teil
Leistungsbefreiung

A. Ausschluss der Primärleistungspflicht gem. § 275

Ausschluss der Primärleistungspflicht gem. § 275 315

[Bei bereits entstandenen Ansprüchen sind vor der (nachträglichen) Leistungsbefreiung erst Erfüllung und Erfüllungssurrogate zu prüfen!]

I. Keine Geldsummenschuld
- (P) Geldherausgabeschulden Rn. 318

II. Leistungsbefreiung wegen Unmöglichkeit (§ 275 Abs. 1)
1. Geschuldete Leistung
   a) Stückschuld
   b) Gattungsschuld
      - (P) Konkretisierung Rn. 337

   c) Sonderfall des § 300 Abs. 2
2. Tatsächliche oder rechtliche Unmöglichkeit
   - (P) Zweckstörung Rn. 325 ff.
   - (P) Quantitative oder qualitative Teilunmöglichkeit Rn. 329 ff.
   - (P) Vorübergehende Unmöglichkeit Rn. 332 ff.
3. Anfängliche oder nachträgliche Unmöglichkeit

III. Leistungsbefreiung wegen wirtschaftlicher Unzumutbarkeit (§ 275 Abs. 2)
1. Objektiver Einredetatbestand
   a) Erforderliche Anstrengungen zur Herbeiführung des Leistungserfolges
   b) Vertretenmüssen des Schuldners bzgl. der Leistungserschwerung
   c) Interesse des Gläubigers am Leistungserfolg
   d) Abwägung zugunsten des Schuldners?
2. Geltendmachung der Unzumutbarkeit durch den Schuldner

IV. Leistungsbefreiung wegen persönlicher Unzumutbarkeit (§ 275 Abs. 3)
1. Objektiver Einredetatbestand
   a) Persönliche Leistungspflicht des Schuldners
   b) Erschwerung der persönlichen Leistungserbringung
   c) Interesse des Gläubigers an persönlicher Leistungserbringung
   d) Abwägung zugunsten des Schuldners?
2. Geltendmachung der Unzumutbarkeit durch den Schuldner

PRÜFUNGSSCHEMA

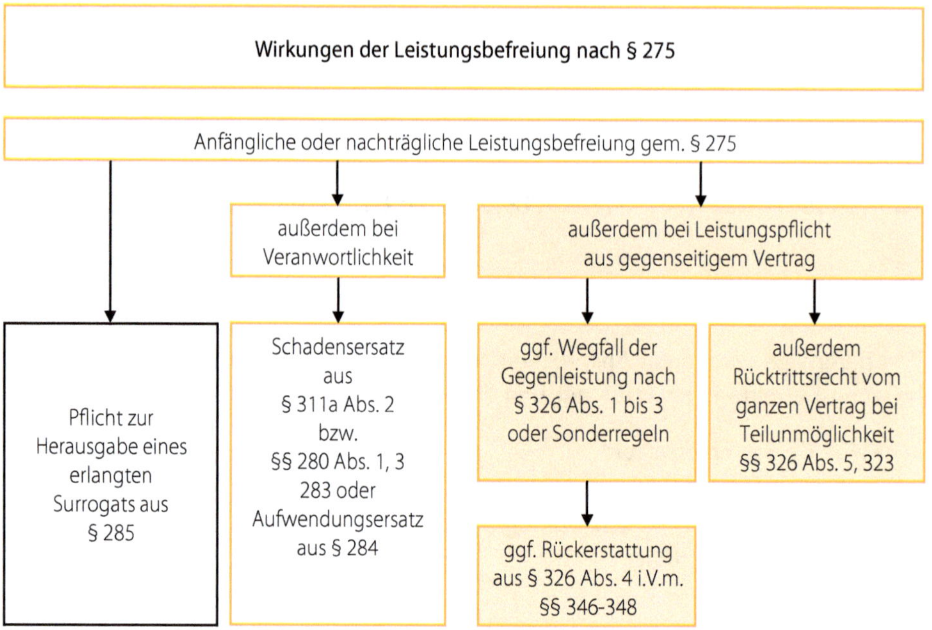

I. Wirkung und Anwendbarkeit des § 275

316 Die Leistung kann aufgrund eines Ereignisses ganz unmöglich werden oder doch erheblich erschwert werden. Solche Ereignisse stellen eine „Gefahr" für die ordnungsgemäße Leistungserbringung dar. § 275 regelt nun, ob und wann der Schuldner wegen solcher Einflüsse von einer noch nicht erfüllten Leistungspflicht wieder befreit wird. Man nennt dies deshalb die Regelung der sog. **„Leistungsgefahr"**.[1]

Hinweis

Die Leistungsgefahr darf nicht mit der sog. „Sachgefahr" verwechselt werden. Diesem Begriff will man „nur" die Fragestellung zuordnen, wem der Untergang oder die Verschlechterung einer Sache „gefährlich" ist in dem Sinne, dass er sie wirtschaftlich unmittelbar zu verkraften hat.[2] Dies ist – als Kehrseite der umfassenden Herrschaftsmacht des § 903 – der Eigentümer.[3] Diese Gedanke steckt hinter den §§ 538, 602, 644 Abs. 1 S. 2, die sich mit der Sachgefahr beschäftigen.

317 Auf **Geldsummenschulden** findet § 275 allerdings keine Anwendung. Diese können nicht unmöglich werden. Auch im Falle der Zahlungsunfähigkeit des Schuldners tritt keine Leistungsbefreiung nach § 275 ein. Die betreffenden Gläubigeransprüche sind vielmehr im Rahmen eines Insolvenzverfahrens nach der Insolvenzordnung (InsO) zu befriedigen (Prinzip unbeschränkter Vermögenshaftung).[4]

1 *Coester-Waltjen* JURA 2006, 829, 830 f. unter Ziff. IV (sehr lesenswert!).
2 *Coester-Waltjen* JURA 2006, 829, 833 unter Ziff. III.
3 Es gilt der uralte Grundsatz „casum sentit dominus" (Lateinisch: „Der Zufall trifft den Eigentümer.").
4 Grüneberg-*Grüneberg* § 275 Rn. 3, § 276 Rn. 28.

Beispiel Eine Geldsummenschuld stellt beispielsweise die Pflicht zur Zahlung des Kaufpreises, der Miete, des Werklohns, der Kreditzinsen oder zur Rückzahlung eines Kredits gem. § 488 Abs. 1 S. 2 dar. ■

Die Dinge verkomplizieren sich aber etwas, da die Geldsummenschuld von der einer Stückschuld vergleichbaren **Geldherausgabeschuld** abzugrenzen ist. Auf die Geldherausgabeschuld ist § 275 anwendbar. Bei der Geldherausgabeschuld ist der Anspruch nicht auf Zahlung einer Geldsumme, sondern auf Herausgabe bestimmter Geldstücke oder Geldscheine gerichtet. Denkbar sind Ansprüche aus §§ 604 Abs. 1, 695, 985, zum Beispiel bei der Leihe bestimmter Münzen aus einer Sammlung. 318

Aber auch § 667 führt nach herrschender Meinung im Ergebnis zu einer Art Geldherausgabeschuld.[5]

Beispiel Notar N nimmt als Treuhänder die aus einem Grundstückskaufvertrag geschuldete Kaufpreiszahlung des Käufers K entgegen und soll diese im Auftrag des K an den Verkäufer V abführen, sobald K als neuer Eigentümer im Grundbuch eingetragen ist. Solange legt N das Geld auf einem Sonderkonto bei der B Bank an. Vor seiner Eintragung im Grundbuch tritt K wirksam vom Kaufvertrag zurück und verlangt von N die Herausgabe des Kaufpreises. Leider ist die B Bank zwischenzeitlich insolvent geworden und verfügt über keinerlei Masse mehr. Kann K von N trotzdem Rückzahlung verlangen?

Ein Rückzahlungsanspruch könnte sich aus § 675 Abs. 1 i.V.m. § 667 ergeben. Danach steht dem K ein Anspruch gegen N auf Herausgabe all dessen zu, was N zur Durchführung des Auftrages erhalten oder daraus erlangt hat. N hat von K den Kaufpreisbetrag erhalten, der dem N nun in Form einer Forderung gegen seine Bank aus der Gutschrift auf dem Sonderkonto zur Verfügung steht,[6] und sollte diesen später an V weiterleiten. Mit der Weiterleitung an den V sollte die Zahlungspflicht des K erfüllt werden. N sollte lediglich als „Durchgangsstelle" fungieren. Die Schuld des N beschränkt sich folglich auf dasjenige, was er von K zur Weiterleitung an den V erhalten hat. Indem sich die Schuld auf die erhaltene und bei der B angelegte Kaufpreissumme von vornherein konkretisierte, muss N keine eigene Vermögenswerte aufwenden, um den Anspruch aus § 667 zu erfüllen. Durch die Insolvenz der B (oder etwa auch bei Diebstahl) ist dem N die Herausgabe des von K empfangenen Geldbetrages i.S.d. § 275 Abs. 1 unmöglich geworden. Ein Anspruch aus §§ 675 Abs. 1, 667 ist damit ausgeschlossen.

Möglicherweise steht dem K aber ein Anspruch auf Schadensersatz statt der Leistung aus §§ 280 Abs. 1, Abs. 3, 283 zu. (…) ■

Die Pflicht zur Erbringung einer Leistung, **die nicht in der Zahlung einer Geldsumme besteht**, entfällt gem. § 275 Abs. 1 in den Fällen der Unmöglichkeit der Leistung. 319

Liegt keine (echte) Unmöglichkeit vor, sondern (nur) ein Fall der Leistungserschwerung, kann der Schuldner bei Vorliegen der Tatbestandsvoraussetzungen **gem. § 275 Abs. 2, Abs. 3 die Erbringung der Primärleistung dauerhaft verweigern. Dies steht in den Rechtsfolgen einer Unmöglichkeit i.S.d. § 275 Abs. 1 gleich.** Systematisch sind die Abs. 2 und 3 des § 275 **als Einreden** ausgestaltet. Anders als bei der Unmöglichkeit nach Abs. 1 (Einwendung) wer-

5 St. Rspr., zum Beispiel *BGH* Urteil vom 21. Dezember 2005 (Az. III ZR 9/05) = BGHZ 165, 298 = NJW 2006, 986.

6 Siehe dazu im Skript „Schuldrecht AT I" Rn. 161 f.

den Leistungserschwerungen i.S.d. § 275 Abs. 2, 3 also **nur berücksichtigt, wenn sich der Schuldner darauf berufen hat**.

JURIQ-Klausurtipp

Bei vertraglich begründeten Schuldverhältnissen erscheint § 275 im Falle anfänglich, d.h. bei Vertragsschluss bestehender Leistungshindernisse bereits als rechtshindernde Einwendung unter „Anspruch entstanden".

Anders ist es in den Fällen der nachträglich entstandenen Leistungshindernisse. Diese werden als rechtsvernichtende Einwendungen unter „Anspruch erloschen" behandelt. Da bereits erfüllte Ansprüche nicht unmöglich werden können, müssen logisch zunächst die Erfüllung bzw. Erfüllungssurrogate geprüft werden.

Denken Sie daran, dass ein Vertrag nach § 311a Abs. 1 allein wegen der anfänglichen Leistungshindernisse nicht unwirksam ist. Das ist wichtig, damit der Vertrag als Grundlage für Sekundäransprüche des Gläubigers aus § 311a Abs. 2 oder §§ 346 ff. i.V.m. § 326 Abs. 5 dienen kann. Daraus folgt, dass auch abergläubische Verträge grds. wirksam sind. Der *BGH* nimmt in geeigneten Fällen im Zweifel die (konkludente) Abbedingung des Ausschlusses der Gegenleistungspflicht an.[7]

Für das Vermächtnis gilt die Sonderregel des § 2171. Gesetzliche Schuldverhältnisse sind hingegen nie auf eine anfänglich unmögliche Leistung gerichtet, so dass § 275 hier auch nie rechtshindernd wirken kann.

II. Ausschluss nach § 275 Abs. 1

1. Unmöglichkeit

320 Gem. § 275 Abs. 1 ist der „Anspruch auf die Leistung ausgeschlossen, soweit diese für den Schuldner oder für jedermann unmöglich ist".

JURIQ-Klausurtipp

In der Klausur könnte der Einstieg in die Prüfung des § 275 Abs. 1 folgendermaßen lauten:

„Der Anspruch könnte jedoch gem. § 275 ausgeschlossen sein. In Betracht kommt hier/zunächst ein Ausschluss nach § 275 Abs. 1 wegen anfänglicher/nachträglicher Unmöglichkeit."

Beachten Sie, dass die Rechtsfolgenformulierung des § 275 („Ausschluss") sowohl für die anfängliche wie für die nachträgliche Leistungsbefreiung passt.

„Leistung" i.S.d. Leistungsstörungsrechts meint die „Bewirkung der geschuldeten Leistung" i.S.d. § 362 Abs. 1, **d.h. die Herbeiführung des Leistungserfolges durch Vornahme der Leistungshandlung**, es sei denn, dass – wie beim Dienstvertrag – nur die Vornahme der Leistungshandlung und nicht zugleich ein daraus resultierender Erfolg geschuldet ist.

321 Die Pflicht zur Erbringung der Primärleistung ist im Fall der Unmöglichkeit durch den Einwendungstatbestand des § 275 Abs. 1 ausgeschlossen, und zwar **unabhängig davon**, ob die

7 *BGH* NJW 2011, 756.

Leistung bereits **zum Zeitpunkt des Vertragsschlusses** unmöglich war oder ob sie **erst hinterher unmöglich wurde**, ob sie **nur dem Schuldner oder jedermann unmöglich ist** und unabhängig davon, ob einer der Vertragspartner **die Unmöglichkeit zu vertreten hat.**

Die Unmöglichkeit einer Leistung kann **tatsächliche oder rechtliche Ursachen** haben. 322

Tatsächliche oder naturgesetzliche Unmöglichkeit liegt vor, wenn eine Leistung nach den Naturgesetzen oder nach dem Stand von Wissenschaft und Technik nicht erbracht werden kann. 323

Beispiel V verkauft K seinen gebrauchten Pkw. Vor Übergabe verbrennt das Fahrzeug. ■

Eine tatsächliche Unmöglichkeit liegt auch dann vor, wenn die Leistungshandlung in zeitlicher Hinsicht nur befristet vorgenommen werden konnte und die Zeit abgelaufen ist. Dies ist beim sog. **„absoluten Fixgeschäft"** der Fall.[8] 324

» Erinnern Sie sich noch, wann ein absolutes Fixgeschäft vorliegt und wie es sich vom relativen Fixgeschäft unterscheidet? «

Eine Unmöglichkeit der Leistung liegt auch vor, wenn die **Leistungshandlung zwar noch möglich ist, der geschuldete Leistungserfolg vom Schuldner aber nicht mehr herbeigeführt werden kann,** weil er bereits ohne Leistungshandlung des Schuldners eingetreten ist („Zweckerreichung") oder wegen Wegfalls eines vom Gläubiger zu stellenden Leistungsgegenstandes ausgeschlossen ist („Zweckfortfall").[9] 325

Beispiel 1 A ist mit seinem alten VW Golf auf der Autobahn „liegen geblieben". Der Wagen springt aus unerklärlichen Gründen nicht an. A ruft den ADAC an und beauftragt die Reparatur des Wagens durch einen mobilen Mitarbeiter („Gelber Engel"). Bevor dieser bei A eintrifft, hat ein letzter Startversuch von A Erfolg. Der Motor läuft auf einmal wieder, als sei nichts geschehen. ■

Beispiel 2 A beauftragt M mit dem Außenanstrich seines Hauses. Drei Tage vor dem vereinbarten Termin brennt das Haus ab. ■

Von beiden Fallgruppen ist die sog. **„Zweckstörung"** zu unterscheiden. Bei ihr kann der Leistungserfolg durch Leistungshandlung herbeigeführt werden. Der Gläubiger hat für die Leistung aber keine Verwendung mehr. Diese Fälle begründen **keine Unmöglichkeit.**[10] 326

Beispiel K kauft beim Juwelier V Verlobungsringe, in die der jeweilige Name eingraviert werden soll. Nach Abschluss des Vertrages trennt sich seine Verlobte wieder von ihm. ■

Von **rechtlicher Unmöglichkeit** spricht man, wenn eine Leistung aus Rechtsgründen nicht erbracht werden kann oder nicht erbracht werden darf.[11] 327

Beispiel Fitnessstudiobetreiber F darf aufgrund der hoheitlichen Maßnahmen zur Bekämpfung der Covid-19-Pandemie von Gesetzes wegen den Nutzungsberechtigten Kunden für einen mehrmonatigen Zeitraum nicht die vertragsgemäße Nutzung des Fitnessstudios gewähren. Die Kunden leiten ihre Nutzungsansprüche aus Verträgen mit festen Laufzeiten ab.

---

8 Siehe oben unter Rn. 298 ff.
9 Grüneberg-*Grüneberg* § 275 Rn. 18 ff.
10 Grüneberg-*Grüneberg* § 275 Rn. 19, 20.
11 *BGH* NJW 2013, 152.

Aufgrund dieser hoheitlichen Maßnahmen ist es F in dem streitgegenständlichen Zeitraum rechtlich unmöglich, den Kunden die Möglichkeit zur vertragsgemäßen Nutzung des Fitnessstudios zu gewähren und damit seine vertraglich geschuldete Hauptleistungspflicht zu erfüllen. Das zeitweilige Leistungshindernis – welches grundsätzlich nicht von § 275 Abs. 1 erfasst ist – steht vorliegend der Annahme der Unmöglichkeit nicht entgegen. Ein solches ist dann einem dauerhaften Leistungshindernis gleichzustellen, wenn durch das Hindernis die Erreichung des Vertragszwecks infrage gestellt ist und der einen oder anderen Partei bei billiger Abwägung der beiderseitigen Belange nicht zugemutet werden kann, die Leistung erst nach Wegfall des Hindernisses fordern. Ein Fitnessstudio Vertrag mit mehrmonatiger fester Vertragslaufzeit soll dem Kunden gerade ermöglichen, das Studio fortlaufend zu betreten und die Trainingsgeräte nutzen zu können.[12] Der Zweck des Vertrags liegt gerade in der regelmäßigen sportlichen Betätigung, um bestimmte Fitnessziele zu ermöglichen oder zu erhalten. Die Möglichkeit der regelmäßigen und ganzjährigen Nutzung ist bei einem solchen Vertrag gerade von besonderer Bedeutung. Die Leistung ist in einem solchen Fall nach Wegfall des Leistungshindernisses wegen Zeitablaufs nicht mehr nachholbar.[13] Der Leistungspflicht kommt damit Fixschuldcharakter zu. ■

2. Unterscheidung nach Zeitpunkt der Entstehung

328 Die Unmöglichkeit kann bereits bei Entstehung des Schuldverhältnisses vorliegen. Dann nennen wir sie **„anfängliche"** Unmöglichkeit. Sie kann aber auch später eintreten und wird dann als **„nachträgliche"** Unmöglichkeit bezeichnet.

Hinweis

Denken Sie daran, dass diese Unterscheidung Konsequenzen für die Prüfung des betroffenen Anspruches hat. Bei anfänglicher Unmöglichkeit erscheint § 275 Abs. 1 als rechtshindernde Einwendung unter „Anspruch entstanden", bei nachträglicher Unmöglichkeit unter „Anspruch erloschen". Auch die Ansprüche auf Schadensersatz sind unterschiedlichen Anspruchsgrundlagen zu entnehmen (§ 283 oder § 311a Abs. 2).

3. Teilunmöglichkeit

329 § 275 Abs. 1 bestimmt, die Leistungspflicht sei ausgeschlossen, **„soweit"** die Leistung unmöglich ist. Das Gesetz regelt also auch die nur teilweise Unmöglichkeit der Leistung.

330 Dabei kann man zwischen **„quantitativer"** (**„mengenmäßiger"**) und **„qualitativer"** Teilunmöglichkeit unterscheiden.

Die Leistung ist **quantitativ teilbar,** wenn sie ohne Wertminderung und ohne Beeinträchtigung des Leistungszwecks der einzelnen Teile geteilt werden kann. Bei vertraglichen Primärleistungspflichten sind Inhalt und Zweck des Vertrages entscheidend.[14]

12 *BGH* NJW 2022, 2024 (2025) Rn. 22.
13 *Stöber* NJW 2022, 897.
14 *BGH* NJW-RR 1995, 853 ff.

Ein Fall der „qualitativen Teilunmöglichkeit" liegt vor, wenn ein Gegenstand mit einem unbehebbaren Mangel versehen ist.[15]

Beispiel 1 K kauft bei V 100 Flaschen Rotwein einer bestimmten Sorte aus dessen Vorrat. Vor Übergabe gehen 50 Flaschen zu Bruch. Da V über keine weiteren Vorräte mehr verfügt, kann er nur noch 50 Flaschen liefern (= „quantitative" Teilunmöglichkeit). ■

Beispiel 2 V verkauft K ein gebrauchtes Motorrad, das nach den Vereinbarungen und ausweislich des (manipulierten) Tachostandes eine Laufleistung von 25 000 km zurückgelegt haben soll. In Wirklichkeit beträgt die Laufleistung 40 000 km. Der in der erhöhten Laufleistung liegende Mangel (§ 434 Abs. 1 S. 1) kann nicht beseitigt werden (anfängliche „qualitative" Teilunmöglichkeit). ■

Ist eine Leistung nicht im juristischen Sinne teilbar, so liegt vollständige Unmöglichkeit auch dann vor, wenn die Leistung nur teilweise unmöglich wird. **331**

Beispiel Galerist V verkauft K ein Gemälde, der es sogleich mitnimmt. Dieses ist dem E gestohlen worden. E ist mit dem Verkauf durch V nicht einverstanden und verlangt das Gemälde von K heraus.

Hier ist zwar eine Besitzverschaffung gem. § 433 Abs. 1 möglich. Diese stellt jedoch neben der Pflicht zur Eigentumsverschaffung keine teilbare Leistung dar.[16] ■

4. Vorübergehende Unmöglichkeit

Die vorübergehende Unmöglichkeit zeichnet sich dadurch aus, dass die Leistung **derzeit nicht möglich** ist, in Zukunft aber noch bzw. wieder möglich werden könnte. Sie steht also zwischen der endgültigen Unmöglichkeit und der Leistungsverzögerung. **332**

Einigkeit besteht darüber, dass die Leistungspflicht des Schuldners für die Zeit der vorübergehenden Unmöglichkeit gem. § 275 Abs. 1 entfällt.[17] **333**

Da der Gesetzgeber auf eine Regelung der Sekundäransprüche bei vorübergehender Unmöglichkeit verzichtet hat, ist diese Regelungslücke durch eine analoge Anwendung geeigneter Vorschriften zu schließen. Dabei bieten sich **die Regeln über die Leistungsverzögerung** an, da der Fall der vorübergehenden Leistungsbefreiung in seinen Auswirkungen auf das Leistungsinteresse des Gläubigers mit dem Fall der Leistungsverzögerung vergleichbar ist und sich die Interessenlagen gleichen.[18] **334**

Bei der gebotenen analogen Anwendung der Vorschriften über die Leistungsverzögerung muss der Bestand der Leistungspflicht unterstellt werden, so dass sich die analoge Anwendung auf die übrigen Voraussetzungen beschränkt.[19]

Die vorübergehende Unmöglichkeit wird der dauernden Unmöglichkeit nach Treu und Glauben gleich gestellt, wenn die Erreichung des Vertragszwecks durch die vorübergehende Unmöglichkeit in Frage gestellt wird und einem der Vertragsgegner zum Zeitpunkt des Ein-

---

15 *Lorenz* NJW 2002, 2497 f. unter Ziff. II 1 (hervorragende Darstellung!).
16 Grüneberg-*Grüneberg* § 266 Rn. 3.
17 Grüneberg-*Grüneberg* § 275 Rn. 10.
18 Ganz h.M., vgl. Grüneberg-*Grüneberg* § 275 Rn. 10 m.w.N.
19 *Arnold* JZ 2002, 866 ff. (sehr lesenswert!).

tritts des Leistungshindernisses die Einhaltung des Vertrages unter Abwägung der beiderseitigen Belange nicht mehr zugemutet werden kann.[20] Beachten Sie ergänzend das obige *Beispiel* bei Rn. 327.

Beispiel V verkauft K einen bestimmten Teil seines Grundstücks. Dieser Teil muss erst noch abgeschrieben und im Grundbuch als selbstständiges Grundstück erfasst werden. Da die zur Verschaffung des Eigentums erforderliche Grundbucheintragung (§ 873 Abs. 1) erst vorgenommen werden kann, wenn der verkaufte Grundstücksteil als separates Grundstück im Grundbuch erfasst ist, liegt bei Abschluss des Kaufvertrages eine anfängliche, aber vorübergehende Unmöglichkeit vor. Diese wird der endgültigen Unmöglichkeit aber nicht gleichgestellt, da es dem Käufer zuzumuten ist, den Ausgang des Grundbuchverfahrens abzuwarten.[21] ■

5. Besonderheiten bei der Gattungsschuld

335 Der Schuldner einer Gattungsschuld wird von seiner Leistungspflicht nur dann gem. § 275 Abs. 1 frei, wenn die gesamte Gattung untergegangen ist und er keine Möglichkeit mehr hat, sich den Leistungsgegenstand zu beschaffen.

Hinweis

Hier zeigt sich deutlich, dass „Leistungsgefahr" und „Sachgefahr" unterschiedliche Aspekte betreffen. Der Verlust der Sache trifft den Eigentümer – die Leistungspflicht des Schuldners (der noch nicht einmal der Eigentümer zu sein braucht) bleibt vom Verlust der Sache unberührt.

336 Anders liegt es bei der sog. **Vorratsschuld**. Eine solche liegt vor, wenn der Schuldner nur verpflichtet ist, aus seinem Vorrat zu leisten. **Geht der Vorrat unter**, ist die Leistungspflicht des Schuldners (insoweit) gem. § 275 Abs. 1 ausgeschlossen.

337 Der Untergang einer einzelnen Sache kann jedoch auch bei der Gattungsschuld zur Unmöglichkeit führen, und zwar dann, wenn sich die Schuld zuvor auf das zerstörte Stück **konkretisiert** hatte. In diesem Fall schuldet der Schuldner nur noch die zur Erfüllung vorgesehene Sache. Geht diese unter, so wird der Schuldner nach § 275 Abs. 1 von der Leistungspflicht frei, obwohl er theoretisch noch eine andere Sache aus der Gattung leisten könnte. Die Frage der Unmöglichkeit hängt also allein davon ab, **was der Schuldner schuldet,** und nicht, was er theoretisch tun könnte.

» Wiederholen Sie bitte an dieser Stelle die Abgrenzung der Hol-, Bring- und Schickschuld. «

Eine Konkretisierung tritt nach **§ 243 Abs. 2** ein, wenn der Schuldner „das seinerseits zur Leistung Erforderliche" hat. Dies bestimmt sich nach der vereinbarten (Hol-, Bring- oder Schick-) Schuld.[22]

20 *BGH* Urteil vom 19. Oktober 2007 (Az. V ZR 211/06) unter Tz. 24 = NJW 2007, 3777.

21 *BGH* NJW 2007, 3777.

22 Vgl. dazu im Skript „Schuldrecht AT I" unter Rn. 154 ff.

6. Sondertatbestand des § 300 Abs. 2

§ 300 Abs. 2 regelt, wie § 275, ebenfalls die Leistungsgefahr.[23] Danach geht bei einer **Gattungsschuld** die Leistungsgefahr mit Eintritt des Gläubigerverzugs auf den Gläubiger über. Voraussetzung hierfür ist also, dass einerseits bereits Gläubigerverzug eingetreten ist, andererseits trotzdem **noch eine Gattungsschuld vorliegt**. 338

Die Vorschrift hat nur in wenigen Fällen eigenständige Bedeutung. Denn in der Regel ist die Frage der Leistungsgefahr bei Gattungsschulden vor Eintreten des Annahmeverzuges bereits durch eine Konkretisierung gem. § 243 Abs. 2 beantwortet. Annahmeverzug setzt ein Anbieten des leistungsbereiten Schuldners nach §§ 293 ff. voraus, welches regelmäßig nur möglich ist, wenn der Schuldner vorher das seinerseits zur Leistung Erforderliche getan hat. Die Leistungspflicht beschränkt sich dann gem. § 243 Abs. 2 auf das ausgesonderte und später angebotene Stück, so dass im Falle eines Untergangs oder einer Verschlechterung dieses Stücks § 275 zur Anwendung kommt.

Anderes gilt aber beispielsweise, wenn der Schuldner **einer Schick- oder Bringschuld** vor Vornahme der gem. § 243 Abs. 2 zur Konkretisierung führenden Leistungshandlung den Gläubiger durch ein wörtliches Angebot gem. § 295 in Annahmeverzug gebracht hat und der Schuldner die Aussonderung vorsorglich vornimmt.[24] Konkretisierung nach § 243 Abs. 2 kann hier solange noch nicht eingetreten sein, solange noch die Übermittlung an die Transportperson (Schickschuld) oder an den Gläubiger (Bringschuld) aussteht.[25] 339

Außerdem bekommt § 300 Abs. 2 bei Geldsummenschulden eine eigenständige Bedeutung, da hier wegen § 270 Abs. 1 eine Konkretisierung nach § 243 Abs. 2 ausgeschlossen ist.[26] 340

§ 243 Abs. 2 könnte nur dann auf die Geldschuld unmittelbar angewendet werden, wenn es sich dabei um eine Gattungsschuld handeln würde. Die Gattungsschuld ist aber ein Unterfall der Sachschuld. Die Geldschuld wäre dann eine Sachschuld, wenn der Schuldner sie nur mit Sachen i.S.v. § 90, d.h. mit Geldscheinen oder Münzen erfüllen könnte. Das ist aber nicht der Fall, weil eine Geldschuld nach der Verkehrsauffassung regelmäßig auch durch Überweisung auf das Konto des Gläubigers (also unkörperlich) erfüllt werden kann.

Daher begreift die h.M. die Geldschuld nicht als Gattungsschuld, sondern als **Wertverschaffungsschuld**[27]. Der Schuldner hat dem Gläubiger in der durch den Nennbetrag ausgedrückten Höhe Vermögensmacht zu verschaffen. Auch eine analoge Anwendung des § 243 Abs. 2 ist ausgeschlossen, da es sonst der Schuldner in der Hand hätte, die Leistungsgefahr, entgegen § 270 Abs. 1, durch einseitiges Leistungshandeln (vgl. § 243 Abs. 2 „...das Erforderliche **getan** hat ..."), auf den Gläubiger zu überwälzen.

Dagegen wird die analoge Anwendung des § 300 Abs. 2 auf die Geldschuld bejaht, da hier zur Handlung des Schuldners noch eine **Obliegenheitsverletzung** des Gläubigers, nämlich der Annahmeverzug, hinzutreten muss.[28]

23 Grüneberg-*Grüneberg* § 300 Rn. 3.
24 Grüneberg-*Grüneberg* § 300 Rn. 4, 6.
25 Grüneberg-*Grüneberg* § 300 Rn. 6.
26 Grüneberg-*Grüneberg* § 300 Rn. 7.
27 Grüneberg-*Grüneberg* § 245 Rn. 12 m.w.N.
28 Grüneberg-*Grüneberg* § 300 Rn. 3.

Beispiel S will G zur Tilgung seiner Zahlungsverpflichtung gegenüber G den Geldbetrag bei Fälligkeit und nach einer entsprechenden Ankündigung seines Besuchs bar vorbeibringen. G ist trotz der Verabredung nicht da. Wird dem S das Geld nun ohne sein Verschulden (Beachte hier die Haftungsprivilegierung nach § 300 Abs. 1) gestohlen, wird er von seiner Zahlungspflicht gem. § 300 Abs. 2 analog frei. ■

III. Leistungsbefreiung gem. § 275 Abs. 2 und 3

341 § 275 Abs. 2, Abs. 3 behandeln die Fälle der Leistungserschwerung und stellen sie der Unmöglichkeit gleich. Im Unterschied zur Unmöglichkeit wird die Leistungspflicht aber **nicht durch Gesetz** ausgeschlossen. Der Schuldner muss vielmehr eine entsprechende Einrede erheben („... kann die Leistung verweigern ..."). Dem Schuldner soll die Entscheidung überlassen bleiben, ob er die Leistung trotz des übermäßigen Hindernisses erbringen will. Erhebt der Schuldner die Einrede, gilt Unmöglichkeitsrecht. Die entsprechenden Rechtsbehelfe für den Fall der Unmöglichkeit nach § 275 Abs. 1 nehmen stets alle drei Absätze des § 275 in Bezug (vgl. §§ 283, 311a, 326). Der Anspruch wird also durch die Erhebung der Einrede (ausnahmsweise) ausgeschlossen.[29] Aus der Anwendbarkeit des § 311a Abs. 2 auch in den Fällen anfänglich bestehender Leistungshindernisse folgt zugleich, dass die Erhebung der Einrede auf den Zeitpunkt des Leistungshindernisses zurückwirkt.

JURIQ-Klausurtipp

Die Tatbestände der §§ 275 Abs. 2 und 3 sind bei Berücksichtigung der wohl herrschenden Literaturansicht auf Ebene der „Durchsetzbarkeit" zu prüfen. Die Erhebung der Einrede führt – im Gegensatz zu § 275 Abs. 1 – dazu, dass der Leistungsanspruch dauerhaft gehemmt wird.[30] Andere begreifen § 275 Abs. 2 als ein Gestaltungsrecht, welches bei Ausübung zum Erlöschen des Leistungsanspruchs führt. Bei diesem Ansatz ist die Norm bei der Frage zu prüfen, ob der Anspruch untergegangen ist.[31]

1. § 275 Abs. 2

342 § 275 Abs. 2 betrifft die Fälle, in denen die Leistungserbringung einen **unverhältnismäßigen Aufwand** erfordert.

343 Bezugspunkt der Abwägung ist das **Leistungsinteresse des Gläubigers**. Dieses ist gegen den Aufwand der Leistungserbringung für den Schuldner bzw. die mit der Leistungserbringung trotz des Hindernisses für den Schuldner verbundenen Nachteile abzuwägen. Das Leistungsinteresse des Gläubigers wird regelmäßig mit dem Kaufpreis übereinstimmen. Hätte der Gläubiger durch eine Weiterveräußerung an einen Dritten einen Gewinn erwirtschaften wollen, ist der angestrebte Gewinn Teil des Leistungsinteresses.

344 Ein Leistungsverweigerungsrecht gem. § 275 Abs. 2 steht dem Schuldner zu, wenn die sodann vorzunehmende Abwägung ergibt, dass der für die Leistung erforderliche Aufwand in einem **groben Missverhältnis** zum Leistungsinteresse des Gläubigers steht bzw. die nega-

29 Grüneberg-*Grüneberg* § 275 Rn. 26; *Coester-Waltjen* JURA 2006, 829, 830 unter Ziff. IV 1.
30 *Freitag* NJW 2014, 113 (114).
31 *Zwirlein* JA 2016, 252 (254).

tiven Folgen auf der Schuldnerseite im Vergleich zum Leistungsinteresse des Gläubigers unzumutbar erscheinen. Hier existieren keine festen Prozentsätze, notwenig ist stets eine Abwägung im Einzelfall.

Folgende Gesichtspunkte sind im Rahmen dieser Abwägung besonders zu beachten: 345

Ob ein „grobes Missverhältnis" vorliegt, hängt nach § 275 Abs. 2 auch vom **Inhalt des jeweiligen Schuldverhältnisses** ab: Wer sich zu einer Leistung verpflichtet, bei der von vornherein klar ist, dass sie mit besonders hohem Aufwand verbunden sein wird, kann sich selbstverständlich nicht auf § 275 Abs. 2 berufen.

Beispiel A verkauft dem B zwei der Champagner-Flaschen, die im Wrack der „Titanic" gesichtet wurden. Hier ergibt sich schon aus dem Schuldverhältnis, dass A mit allen technischen und finanziellen Mitteln versuchen muss, die Flaschen zu bergen. ■

Hat der Schuldner das Leistungshindernis **zu vertreten**, so ist dieser Umstand im Rahmen der Abwägung zu seinen Lasten zu berücksichtigen, § 275 Abs. 2 S. 2. Ferner kann Berücksichtigung finden, aus wessen Sphäre die Leistungsbeeinträchtigung stammt.

Beispiel[32] M mietet von V eine Wohnung nebst Kellerraum und Tiefgaragenstellplatz. Im Durchgangsbereich vom Haus zum Keller und zur Tiefgarage trat nach einiger Zeit auf einmal starke Feuchtigkeit auf. Bei hoher Regentätigkeit sammelte sich regelmäßig über einen längeren Zeitraum Wasser in diesem Bereich. Da M diesen Bereich immer durchqueren muss, um an seinen Keller und an seinen Tiefgaragenstellplatz zu kommen und dabei keine nassen Füße bekommen möchte, verlangt er von V fachgerechte Beseitigung der Feuchtigkeitsschäden und Maßnahmen gegen weiteres Eindringen von Feuchtigkeit in diesem Bereich. V hält dem entgegen, dass er nur durch eine vollständige Erneuerung der Betonwanne **unter** dem Haus sicherstellen könne, dass überhaupt kein Wasser mehr eintreten werde. Denn die Feuchtigkeit trete aus dem Erdreich durch die undichte Betonwanne in den Keller ein. Die Sanierung würde mindestens 100 000 € kosten, was ihm nicht zumutbar sei.

Die aus § 275 Abs. 2 folgende Opfergrenze für die Leistungspflicht des Vermieters gem. § 535 Abs. 1 (Mängelbeseitigung) ist hier überschritten. Das Gläubigerinteresse des M besteht hier nur darin, bei jedem Wetter trockenen Fußes zu seinem Pkw und seinem Kellerraum zu gelangen. Der zur Befriedigung dieses Erfüllungsinteresses erforderliche Aufwand steht dazu in keinem zumutbaren Verhältnis mehr. Außerdem hat der Vermieter die undichte Stelle in der Betonwanne nicht zu vertreten, was bei der Abwägung gem. § 275 Abs. 2 S. 2 zu berücksichtigen ist. ■

2. Unzumutbarkeit (§ 275 Abs. 3)

Im Falle **höchstpersönlicher Leistungspflichten** gilt § 275 Abs. 3, der bei Unzumutbarkeit der Leistung wegen einer Kollision mit anderen persönlichen Leistungspflichten eine Leistungsverweigerung gestattet. 346

32 *BGH* Urteil vom 20. Juli 2005 (Az. VIII ZR 342/03) = NJW 2005, 3284.

Beispiel Sängerin S ist zu einem Auftritt verpflichtet. Zwei Stunden vor Beginn der Vorstellung erleidet ihr Kind einen Unfall und braucht ihre Hilfe. Wenn S sich auf die Pflichtenkollision beruft, ist sie von ihrer (Dienst-)Leistungspflicht befreit. Erscheint sie demzufolge am Abend nicht, kann keine Unmöglichkeit mehr wegen Zeitablaufs (absolute Fixschuld) eintreten. Schließlich ist bereits vor Zeitablauf eine Leistungsbefreiung eingetreten. ■

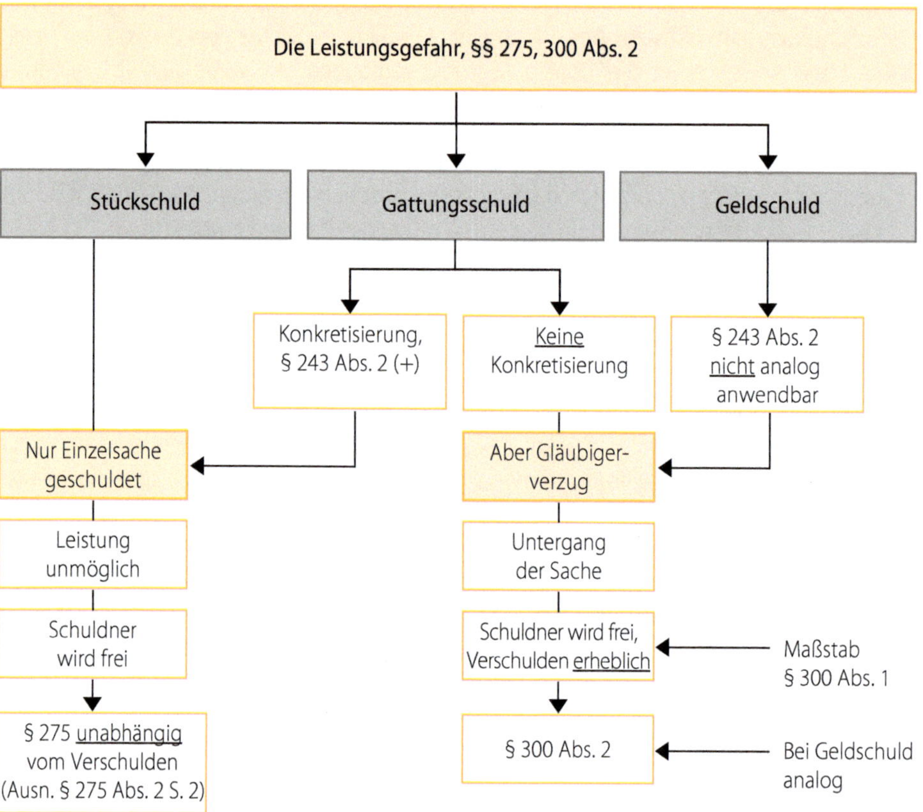

B. Herausgabe eines stellvertretenden commodums (§ 285)

Anspruch auf Herausgabe/Abtretung des stellvertretenden commodums nach § 285 347

PRÜFUNGSSCHEMA

I. Anspruch entstanden
1. Anspruchsvoraussetzungen
   a) Schuldverhältnis
   b) Anspruchsgegner nach § 275 von der Leistungspflicht befreit
   c) Anspruchsgegner hat Ersatz oder Ersatzanspruch erlangt
   d) Kausalzusammenhang zwischen Unmöglichkeit und erlangtem Ersatz/-anspruch
   e) Kongruenz (Identität) zwischen ursprünglich geschuldeter Leistung und erlangtem Ersatz/-anspruch
2. Kein Anspruchsausschluss nach allgemeinen Grundsätzen

II. Anspruch (nicht) erloschen

III. Anspruch durchsetzbar
1. Anspruch fällig, § 271
2. Einredefrei
3. Kein Einwand des Rechtsmissbrauchs, § 242

Erlangt der Schuldner infolge des Umstandes, aufgrund dessen er die Leistung nach § 275 Abs. 1 bis 3 nicht zu erbringen braucht, einen Ersatz oder einen Ersatzanspruch (sog. „stellvertretendes commodum"[33]), so kann der Gläubiger nach § 285 die Herausgabe des als Ersatz Empfangenen oder Abtretung des Ersatzanspruchs verlangen.

I. Schuldverhältnis

Grundvoraussetzung des Anspruchs aus § 285 ist zunächst das Bestehen eines (vertraglichen oder gesetzlichen) Schuldverhältnisses. Insoweit kann auf die vorstehenden Ausführungen verwiesen werden. Ein vertragliches Schuldverhältnis muss nicht unbedingt vorliegen (vgl. auch die systematische Stellung des § 285 im 2. Buch des BGB). 348

Bei Ansprüchen aus **ungerechtfertigter Bereicherung** wird § 285 **vor** dem Zeitpunkt der Haftungsverschärfung (§§ 818 Abs. 4, 819) durch § 818 Abs. 1 bis 3 verdrängt. Für den Zeitraum danach verweist § 818 Abs. 4 auch auf § 285. Bei **dinglichen Ansprüchen** muss – wie auch sonst im Rahmen der §§ 280 ff. – die Anwendbarkeit stets im Einzelfall bestimmt werden. So ist § 285 grds. nicht auf § 985 anwendbar. Der Herausgabeanspruch zielt auf den Besitz, das Surrogat auf den Ersatz des Eigentums. Damit fehlt die notwendige Identität zwischen dem Surrogat und dem geschuldeten Gegenstand. Ferner enthalten die §§ 989, 990 Sonderregelungen. Im **Erbrecht** wird § 285 durch die §§ 2019 ff. verdrängt. Im Fall des § 2021 findet § 2021 für den Zeitpunkt **nach** Haftungsverschärfung Anwendung. Auf Vermächtnisan-

33 „Commodum" = Lateinisch für „Vorteil".

sprüche auf Leistung eines Gegenstandes findet § 285 Anwendung. § 285 ist bei Verweigerung der **Nacherfüllung** gem. § 439 Abs. 4 oder § 635 Abs. 3 analog anwendbar.[34]

II. Leistungsbefreiung des Schuldners

349 Der Herausgabeanspruch aus § 285 verlangt zunächst eine anfängliche oder nachträgliche Leistungsbefreiung nach § 275 Abs. 1 bis 3. Die Prüfung richtet sich daher zunächst nach den vorstehenden Ausführungen zu § 275.

Auf die Frage nach dem Vertretenmüssen kommt es bei § 285 nicht an.

350 Fraglich ist, ob § 285 Abs. 1 auch auf die Befreiung von unkörperlichen Dienst- und Werkleistungen sowie Unterlassungspflichten anzuwenden ist. Dies lehnt die (noch) **herrschende Meinung** (zu § 281 a.F.) ab, weil § 285 von einem „geschuldeten **Gegenstand**" spricht, den es bei unkörperlichen Leistungserfolgen im Wortsinne nicht geben kann.[35] Allerdings nimmt § 285 Abs. 1 auch die Fälle des § 275 Abs. 3 in Bezug. § 275 Abs. 3 betrifft höchstpersönliche Leistungspflichten, die typischerweise bei Dienstleistungen anzutreffen sind (vgl. §§ 613 S. 1, 664 Abs. 1 S. 1).

Hinweis

Beide Ansichten sind vertretbar. Achten sie aber auf Folgendes: Wird ein Arbeitnehmer infolge der Verletzung durch einen Dritten arbeitsunfähig, erwirbt der zur Entgeltfortzahlung verpflichtete Arbeitgeber die Ersatzansprüche des Arbeitnehmers gegen den Dritten in Höhe seiner Entgeltsfortzahlung kraft Gesetzes (§ 6 EFZG). Auf § 285 kommt es in diesen Fällen nicht an. Wer § 285 auf Dienstleistung in sonstigen Fällen nicht anwenden will, sollte bei Regressfragen § 255 bemühen oder einen Abtretungsanspruch aus ergänzender Vertragsauslegung erwägen.[36]

III. Erlangung eines Ersatzes

351 Erlangter Ersatz oder Ersatzanspruch kann das **commodum ex re** sein, z.B. eine erlangte Versicherungssumme oder ein Anspruch gegen einen Dritten, der die geschuldete Sache zerstört und dadurch die Unmöglichkeit der Leistung verursacht hat. Im Ergebnis ist auch das **commodum ex negotiatione** erfasst, also dasjenige, dass der Schuldner im Fall der der Veräußerung des Gegenstandes an Dritte als Erlös erzielt.

IV. Kausalzusammenhang zwischen Unmöglichkeit und erlangtem Ersatz/Anspruch

352 § 285 erfordert weiter, dass zwischen dem Umstand, der zur Unmöglichkeit der Leistung geführt hat, und der Erlangung des Ersatzes durch den Schuldner ein **Kausalzusammenhang** besteht. Dabei ist Mitursächlichkeit ausreichend. Das Merkmal der „Adäquanz" ist nach

34 Grüneberg-*Grüneberg* § 285 Rn. 6.
35 Grüneberg-*Grüneberg* § 285 Rn. 5.
36 Grüneberg-*Grüneberg* § 285 Rn. 5.

teilweise vertretener Ansicht nicht zu fordern, eine solche Begrenzung der Haftung würde dem Normzweck des § 285 nicht entsprechen. Die (noch) h.M. verlangt einen adäquat kausalen Zusammenhang.[37]

Beispiel 1 – commodum ex re – Dem Autohändler V wird durch Brandstiftung des B ein Gebrauchtwagen zerstört, den er bereits an den K verkauft, aber noch nicht übergeben hatte. Die Brandstiftung führt nicht nur zur Unmöglichkeit der dem K gem. § 433 Abs. 1 geschuldeten Übereignung und Übergabe, sondern auch zur Entstehung eines Schadensersatzanspruches gegen B. Der Ersatzanspruch stellt daher ein nach § 285 herauszugebendes Surrogat dar.

Nichts anderes gilt dann, wenn V das Fahrzeug gegen Brandschäden versichert hatte und er deshalb einen Zahlungsanspruch gegen die Versicherung erlangt.

Die zur Erfüllung dieser Ansprüche gezahlten Geldbeträge wären als „Ersatz" i.S.d. § 285 ebenfalls herauszugeben. ■

Beispiel 2 – commodum ex negotiatione – Autohändler V verkauft einen bestimmten Gebrauchtwagen an den A und wenig später an den B. Da B den Kaufpreis sofort bar begleicht, gibt V dem B das Fahrzeug samt Papieren mit. A verlangt später von B erbost die Zustimmung zur Übereignung an ihn. B lehnt dies ab. 353

Hier hat die Übereignung an B und dessen Weigerung zur Eigentumsaufgabe die Pflicht des V gegenüber A zur Eigentumsverschaffung unmöglich werden lassen. Dadurch hat V unmittelbar keinen Ersatz erlangt. Da aber zwischen der Übereignung an B und dem zwischen V und B geschlossenen Kaufvertrag wiederum ein Kausalzusammenhang besteht, kann man nur in dem von B an den V gezahlten Kaufpreis ein Surrogat i.S.d. § 285 – ggf. analog – erblicken.[38] ■

V. Kongruenz/Identität zwischen stellvertretendem Commodum und ursprünglich geschuldeter Leistung

Schließlich verlangt § 285, dass der Schuldner den Ersatzgegenstand gerade für den geschuldeten Gegenstand, dessen Leistung ihm unmöglich geworden ist, erlangt hat.[39] 354

Hier ist auf eine wirtschaftliche Identität abzustellen. Wirtschaftliche Identität kann grds. Dann bejaht werden, wenn das vom Schuldner erlangte Surrogat auch der Gläubiger hätte erzielen können und dürfen (funktionelle Vergleichbarkeit). Dabei ist die zum Schutz des Gläubigers geschaffene Vorschrift nicht zu eng zu betrachten.[40]

Beispiel V vermietet dem M ein Haus, das er gegen Zerstörung und Beschädigung durch Feuer versichert hat. Das Haus brennt eines Tages wegen Blitzeinschlages ab. Die Versicherung zahlt dem V die Versicherungssumme aus.

Hier besteht keine Identität, so dass M die Versicherungssumme nicht über § 285 herausverlangen kann. Dem V ist durch den Brand die gem. § 535 geschuldete Überlassung des

37 Für die **h.M.**: Grüneberg-*Grüneberg* § 285 Rn. 7 und *BGH* NJW-RR 88, 903; **a.A.** BeckOK BGB-*Lorenz* § 285 Rn. 9; MüKo-*Emmerich* § 285 Rn. 17.

38 *BGH* Urteil vom 15. Oktober 2004 (Az. V ZR 100/04) unter Ziff. II 2a = NJW-RR 2005, 241 m.w.N.

39 *BGH* Urteil vom 10. Mai 2006 (Az. XII ZR 124/02) = NJW 2006, 2323 m.w.N.

40 *BGH* NJW 2006, 2323 (2324).

Hauses unmöglich geworden. Die Versicherungssumme ist aber nicht der Ersatz für den Besitz, sondern der Ersatz für das zerstörte Eigentum. Eigentum schuldete der V dem M aber nicht. **Anders** wäre der Fall zu bewerten, wenn die Versicherung (auch) Ersatz für die Gebrauchsmöglichkeit gewähren würde. Dieser Anteil wäre besitzbezogen und daher von § 285 erfasst. ■

355 Welchen **Wert** das Surrogat im Vergleich zu dem geschuldeten Gegenstand hat, ist nach dem Tatbestand des § 285 unerheblich. Der Gläubiger hat in jedem Fall Anspruch auf das gesamte Surrogat, auch wenn es den Wert der unmöglich gewordenen Leistung übersteigt.[41] Unerheblich ist auch, ob das Veräußerungsgeschäft gesetzlich verboten war.

C. Schadensersatz wegen Leistungsbefreiung nach § 275

I. Anspruchsgrundlagen

356 Als Anspruchsgrundlage für den Schadensersatz statt der (nach § 275 ausgeschlossenen) Leistung sieht das Gesetz zwei verschiedene Anspruchsgrundlagen vor. Einmal den Schadensersatz statt der Leistung aus **§§ 280 Abs. 1, Abs. 3, 283** wegen eines **nachträglich entstehenden Leistungshindernisses** und aus **§ 311a Abs. 2** wegen eines **anfänglich bei Vertragsschluss** bestehenden Leistungshindernisses (vgl. Verweis in § 275 Abs. 4).

Hinweis

Während §§ 280 Abs. 1, Abs. 3, 283 auf gesetzliche und vertragliche Schuldverhältnisse Anwendung finden, gilt § 311a Abs. 2 nur bei **vertraglichen** Schuldverhältnissen. Warum? Weil es kein gesetzliches Schuldverhältnis gibt, das auf eine anfänglich unmögliche Leistung gerichtet ist.

357 Beide Anspruchsgrundlagen setzen eine **dauerhafte**, endgültige Leistungsbefreiung voraus – eine vorübergehende Unmöglichkeit genügt nicht, es sei denn, sie wird im Fall ausnahmsweise der endgültigen Unmöglichkeit gleichgestellt.[42] Die Fälle der **vorübergehenden** Unmöglichkeit werden analog den Verzögerungsregeln behandelt.[43]

358 Liegen die Voraussetzungen für einen Anspruch auf Schadensersatz statt der Leistung vor, kann der Gläubiger alternativ nach § 284 Aufwendungsersatz verlangen. Insoweit gelten die unter Rn. 237 ff. dargestellten Grundsätze entsprechend.

41 Grüneberg-*Grüneberg* § 285 Rn. 9.

42 *BGH* Urteil vom 19. Oktober 2007 (Az. V ZR 211/06) unter Tz. 15, 23 f. = NJW 2007, 3777; Grüneberg-*Grüneberg* § 283 Rn. 10; Grüneberg-*Grüneberg* § 311a Rn. 4.

43 Siehe oben unter Rn. 332 ff.

II. Schadensersatz aus §§ 280 Abs. 1, Abs. 3, 283

Schadensersatz aus §§ 280 Abs. 1, Abs. 3, 283 359

I. Schuldverhältnis
1. Gesetzliches Schuldverhältnis
2. Vertragliches Schuldverhältnis

II. Pflichtverletzung in Form der nachträglichen Leistungsbefreiung nach § 275 (vgl. Schema unter Rn. 315)

III. Vertretenmüssen des Schuldners (vgl. Schema unter Rn. 19)

IV. Ersatzfähiger Schaden (Differenzhypothese)

V. Art und Umfang des Schadensersatzes
1. Wahlrecht zwischen „großem und kleinen Schadensersatz" bei Teilleistung
   a) Quantitative Teilunmöglichkeit, §§ 283 S. 2, 281 Abs. 1 S. 2
      aa) Teilbarkeit der Leistung
      bb) Unmöglichkeit bzgl. eines Leistungsteils
      cc) Bewirken der möglichen Restleistung
      dd) Interessefortfall des Gläubigers bzgl. erbrachter Teilleistung wegen Unmöglichkeit der Restleistung
   b) Qualitative Teilunmöglichkeit, §§ 283 S. 2, 281 S. 3
      aa) nachträglich aufgetretene Unbehebbarkeit eines Mangels (= nachträglich begründete Befreiung von Nacherfüllungspflicht nach § 275)
      bb) Erheblichkeit des Mangels
2. Anwendung der §§ 249 ff.
   Differenz- und Surrogationsmethode Rn. 212 ff.

[→ Je nach Ergebnis weiter mit Prüfung rechtsvernichtender Einwendungen bzw. Durchsetzbarkeit des Anspruchs]

PRÜFUNGSSCHEMA

Beim Schadensersatz statt der Leistung aus §§ 280 Abs. 1, Abs. 3, 283 gelten dieselben Grundsätze zur Schadensberechnung sowie zu Art und Umfang des Schadensersatzes wie beim Anspruch aus §§ 280 Abs. 1, Abs. 3, 281. Auch hier kommen die Grundsätze zur Differenz- und Surrogationsmethode zur Anwendung. Wir können uns insoweit an der Darstellung oben unter Rn. 212 ff. orientieren. 360

Auf folgende Besonderheiten sei noch hingewiesen: 361

Das Vertretenmüssen bezieht sich bei §§ 280 Abs. 1, Abs. 3, 283 auf das Leistungshindernis, das die Unmöglichkeit nach § 275 Abs. 1 bzw. den objektiven Einredetatbestand von § 275 Abs. 2 und 3 erfüllt.[44] Zu fragen ist also, warum es zur Unmöglichkeit bzw. Unzumutbarkeit der Leistung gekommen ist und ob der Schuldner diese Gründe zu vertreten hat.

Der Anspruch mindert sich durch ein nach § 285 gefordertes und erlangtes Surrogat, § 285 Abs. 2. Dies ist im Rahmen der Schadensberechnung nach der Differenzhypothese auf der realen Lage zu berücksichtigen. 362

44 *Lorenz* NJW 2002, 2497, 2500 ff. unter Ziff. IV 2.

Auf den „großen und kleinen" Schadensersatz wegen Unmöglichkeit der Nacherfüllung werden wir im Kauf- und Werkvertragsrecht gesondert eingehen, wo wir die Schlechtleistung insgesamt betrachten.

III. Schadensersatz aus §§ 311a Abs. 2

PRÜFUNGSSCHEMA

363 **Schadensersatz aus §§ 311a Abs. 2, 275 Abs. 4**

I. Vertragliches Schuldverhältnis

II. Bei Vertragsschluss bestehendes Leistungshindernis
1. Anfängliche Unmöglichkeit i.S.d. § 275 Abs. 1
2. Anfänglich bestehendes Leistungshindernis i.S.d. § 275 Abs. 2, 3
3. Erhebung der Einrede in den Fällen des § 275 Abs. 2 und Abs. 3

III. Kenntnis oder zu vertretende Unkenntnis des Schuldners bei Vertragsschluss in Bezug auf bestehendes Leistungshindernis

IV. Ersatzfähiger Schaden (Differenzhypothese)

V. Art und Umfang des Schadensersatzes
1. Wahlrecht zwischen „großem und kleinen Schadensersatz" bei Teilleistung
   a) Quantitative Teilunmöglichkeit, §§ 311a Abs. 2 S. 3, 281 Abs. 1 S. 2
      aa) Teilbarkeit der Leistung
      bb) Unmöglichkeit bzgl. eines Leistungsteils
      cc) Bewirken der möglichen Restleistung
      dd) Interessefortfall des Gläubigers bzgl. erbrachter Teilleistung wegen Unmöglichkeit der Restleistung
   b) Qualitative Teilunmöglichkeit, §§ 311a Abs. 2 S. 3, 281 S. 3
      aa) Anfänglich bestehende Unbehebbarkeit eines Mangels (= anfänglich begründete Befreiung von Nacherfüllung nach § 275)
      bb) Erheblichkeit des Mangels
2. Anwendung der §§ 249 ff.
   Differenz- und Surrogationsmethode Rn. 212 ff.

[→ Je nach Ergebnis weiter mit Prüfung rechtsvernichtender Einwendungen bzw. Durchsetzbarkeit des Anspruchs]

364 Bei § 311a Abs. 2 bezieht sich das Vertretenmüssen nicht auf die Entstehung des Leistungshindernisses. Das Warum des Leistungshindernisses spielt hier also keine Rolle. Entscheidend ist allein, ob der Schuldner **das Leistungshindernis bei Vertragsschluss kannte oder seine Unkenntnis zu vertreten hat**.

Insoweit gelten dann die §§ 276 ff., also in Bezug auf die Unkenntnis. Eine Garantieübernahme kann nicht bereits im Leistungsversprechen bei Vertragsschluss gesehen werden –

ansonsten liefe § 311a Abs. 2 stets auf eine verschuldensunabhängige Garantiehaftung hinaus, was nicht gewollt ist.[45]

JURIQ-Klausurtipp

Denken Sie daran, dass die nicht zu vertretende Unkenntnis eine Ausnahme darstellt, die der Schuldner zu beweisen hat.

Sie sollten daher formulieren:

„Der Anspruch auf Schadensersatz ist jedoch nach § 311a Abs. 2 S. 2 ausgeschlossen, wenn der Schuldner das Leistungshindernis bei Vertragsschluss weder kannte noch seine Unkenntnis zu vertreten hat.(...)"

Bei unklarem Sachverhalt ist der Ausnahmetatbestand nicht erfüllt, so dass zumindest von zu vertretender Unkenntnis auszugehen ist.

Im Übrigen gelten die gleichen Grundsätze wie beim Schadensersatz statt der Leistung aus §§ 280 Abs. 1, Abs. 3, 283. **365**

IV. Schadensersatz neben der Leistung bei Unmöglichkeit?

Sowohl § 283 als auch § 311a Abs. 2 sprechen vom Schadensersatz „**statt** der Leistung". Ist damit eine Anwendung des Schadensersatzes neben der Leistung aus § 280 Abs. 1 ausgeschlossen? **366**

Bei Bestehen eines Leistungshindernisses i.S.d. § 275 steht fest, dass die ausgebliebene Leistung nicht mehr nachgeholt wird. Alle aus dem Eintritt der Unmöglichkeit der Leistung folgenden Schadenspositionen beruhen auf einem endgültigen Ausbleiben der Leistung und fallen damit unter den Schadensersatz statt der Leistung.[46]

Allerdings ist die Zuordnung eines Schadens zum Schadensersatz statt oder neben der Leistung nicht nur eine Frage der richtigen Anspruchsgrundlage. Vielmehr entscheidet die Zuordnung auch darüber, ob jemand neben dem Schadensersatz auch noch Aufwendungen nach § 284 ersetzt verlangen kann. Wird ein Schaden als Schadensersatz statt der Leistung gefordert, entfällt die Möglichkeit, zusätzlich Aufwendungsersatz nach § 284 zu verlangen. Beide Anspruchsgrundlagen bestehen alternativ zueinander, können also nicht parallel nebeneinander geltend gemacht werden. Außerdem ist zu beachten, dass sich nach § 285 Abs. 2 nur der Schadensersatz statt der Leistung mindert, wenn ein Surrogat nach § 285 herausverlangt wird.

Beispiel V verkauft dem K einen Gebrauchtwagen, der vor Übergabe infolge eines Verschuldens von V zerstört wird. K weiß davon nichts und fordert den V zur Lieferung auf.

45 *BGH* Urteil vom 19. Oktober 2007 (Az. V ZR 211/06) unter Tz. 35 ff. = NJW 2007, 3777; Grüneberg-*Grüneberg* § 311a Rn. 9.

46 Vgl. „Formel" in *BGH* Urteil vom 14. April 2010 (Az. VIII ZR 145/09) unter Tz. 13 = NJW 2010, 2426 ff.; *Medicus/Lorenz* Schuldrecht I Rn. 452 ff.; allerdings hat der *BGH* im Urteil vom 29. November 2006 (Az. VIII ZR 92/06) unter Tz. 35 ff. = BGHZ 170, 86 ff. = NJW 2007, 1346 ff.) im Fall einer qualitativen Teilunmöglichkeit einen Anspruch auf Schadensersatz neben der Leistung aus §§ 427 Nr. 3, 280 Abs. 1 bejaht; so auch Grüneberg-*Grüneberg* § 283 Rn. 6.

V reagiert nicht, weil ihm die Sache sehr peinlich ist. K ist beunruhigt und beauftragt Rechtsanwalt R mit der Durchsetzung seiner kaufvertraglichen Ansprüche. Der Kaufpreis war mit 10 000 € vereinbart worden, der Wert des Wagens beträgt sogar 12 000 €. K hatte nach Abschluss des Kaufvertrages neue Leichtmetallfelgen für das Fahrzeug für 1000 € angeschafft. Der dem K entgangene „Gewinn" von 2000 € sowie die Rechtsanwaltskosten stellen jeweils Schäden dar, während die Felgen nutzlos gewordene Aufwendungen i.S.d. § 284 sind. Richtet sich die Ersatzfähigkeit des entgangenen Gewinns – wie sonst – nach den Regeln über den Schadensersatz statt der Leistung, bekommt K entweder die 2000 € ersetzt oder kann über § 284 Erstattung der 1000 € verlangen. Beide Positionen bekommt er hingegen nicht ersetzt. Ordnet man die Rechtsanwaltskosten dem Schadensersatz neben der Leistung zu, kann K sie sowohl zusätzlichen zu den 2000 € als auch neben den 1000 € verlangen. ■

367 Vorzugswürdig dürfte folgender Ansatz sein: Schadenspositionen, die nicht bzw. nicht nur auf der Unmöglichkeit der Leistung, sondern auf einer anderen Pflichtverletzung beruhen und auch durch eine (gedachte) Leistungserbringung[47] nicht mehr hätten vermieden werden können, sind über den Schadensersatz neben der Leistung wegen der anderen Pflichtverletzung ersatzfähig.[48] Mit anderen Worten: Die Unmöglichkeit macht andere Pflichtverletzungen nicht ungeschehen, aus deren Verwirklichung sich nach der in der Praxis verwendeten „Abgrenzungsformel" durchaus Ansprüche auf Schadensersatz neben der Leistung ergeben haben können.

Im *Beispiel* kann der Ersatz der Rechtsanwaltskosten auch[49] nach §§ 280 Abs. 1, 241 Abs. 2 verlangt werden.[50] V hätte nach Leistungsaufforderung des ersichtlich ahnungslosen K diesen über den Umstand der eingetretenen Unmöglichkeit aufklären müssen.[51] Die Rechtsanwaltskosten beruhen nicht nur auf der eingetretenen Unmöglichkeit, sondern gerade auch auf der unterbliebenen Aufklärung des V über eben diesen Umstand. Sie sind über den Schadensersatz neben der Leistung aus §§ 280 Abs. 1, 241 Abs. 2[52] ersatzfähig, weil sie nicht zu dem Interesse des K an der ausgebliebenen Leistung gehören. Vielmehr sollte die Einschaltung des Rechtsanwalts gerade dazu dienen, die Leistung überhaupt zu erhalten. Die Anwaltskosten wären bei gedachter Nachholung der Leistung nicht entfallen. Der entgangene Wertvorteil (2000 €) ist dagegen nur Schadensersatz statt der Leistung, weil der Gewinn hätte realisiert werden können, wenn die Leistung später noch erbracht worden wäre.

Hinweis

Eine Aufklärungspflicht des Schuldners wegen erkannter Unmöglichkeit besteht bei anfänglicher Unmöglichkeit vor Vertragsschluss aus §§ 311 Abs. 1, 241 Abs. 2.[53] Hat der Schuldner die Unmöglichkeit erst nach Vertragsschluss erkannt, folgt die Aufklärungspflicht als vertragliche Nebenpflicht (§ 311a Abs. 1!) dann direkt aus § 241 Abs. 2.

47 *Lorenz* NJW 2002, 2497, 2500 ff. unter Ziff. IV 1.

48 Vgl. MüKo-*Ernst* § 275 Rn. 67 am Beispiel der Verletzung einer Nebenpflicht, auf die Unmöglichkeit hinzuweisen.

49 Die Liquidationsmöglichkeit über §§ 280 Abs. 1, Abs. 3, 283 bleibt daneben bestehen.

50 §§ 280 Abs. 1, Abs. 2, 286 kommt dabei nicht zum Tragen, weil die eingetretene Unmöglichkeit eine Pflichtverletzung in Form der Verzögerung ausschließt – es gibt ja keine fällige Leistungspflicht mehr.

51 Vgl. MüKo-*Ernst* § 275 Rn. 67.

52 Einschlägig ist daher auch nicht §§ 280 Abs. 1, 3, 282.

53 Grüneberg-*Grüneberg* § 311a Rn. 14 m.w.N., der eine Konkurrenz von § 311a Abs. 1 und cic nur für bei fahrlässiger Unkenntnis des Schuldners von der Unmöglichkeit verneint und dann allein § 311a Abs. 2 gelten lassen will.

D. Entfallen der Gegenleistungspflicht nach § 326 Abs. 1 S. 1

Entfallen der Gegenleistungspflicht nach § 326 Abs. 1 S. 1

368

[Anknüpfungspunkt: Entstandene Primärpflicht zur Gegenleistung aus gegenseitigem Vertrag]

I. Befreiung des Schuldners der zu vergütenden Sachleistung nach § 275

1. Befreiung wegen Unmöglichkeit (§ 275 Abs. 1)
2. Befreiung wegen geltend gemachter Unzumutbarkeit (§ 275 Abs. 2, 3)
3. Umfang der Befreiung von Sachleistung
   a) Vollständig → vollständiger Wegfall der Gegenleistung
   b) Teilweise → Automatische Minderung der Gegenleistung analog § 441 Abs. 3
   c) Vorübergehend → Vorübergehender Wegfall der Gegenleistung

II. Ausnahmen/Sonderregeln

1. Befreiung von Nacherfüllungspflicht wegen unbehebbaren Mangels, § 326 Abs. 1 S. 2
2. Vertragliche Sonderregeln
   a) Vertraglicher Ausschluss
   b) Kaufrechtliche Sonderregeln, §§ 446, 447
   c) Werkvertragsrechtliche Sonderregeln, §§ 644, 645
   d) Mietrechtliche Sonderregeln, §§ 536, 537
   e) Dienstvertragliche Sonderregeln, §§ 615, 616
3. Allgemeine Ausnahmeregel des § 326 Abs. 2
   a) § 326 Abs. 2 S. 1, Var. 1
      beiderseits zu vertretende Unmöglichkeit Rn. 384 ff.
   b) § 326 Abs. 1 S. 2, Var. 2
   c) Minderung gem. § 326 Abs. 2 S. 2 um
      aa) ersparte Aufwendungen
      bb) Vergütung wegen anderweitigen Arbeitseinsatzes
      cc) entgangene anderweitige Vergütung wegen böswilligen Verhaltens
4. Ausnahmeregel des § 326 Abs. 3
   a) Verlangen eines Surrogats nach § 285
   b) aber Minderung bei Minderwert des Surrogats

III. Zwischenergebnis: Anspruch auf Gegenleistung gar nicht, ganz oder teilweise, endgültig oder vorübergehend (automatisch) entfallen.

[→ Liegt kein vollständiger Wegfall vor, geht die Prüfung mit der Begutachtung sonstiger rechtsvernichtender Einwendungen bzw. der Durchsetzbarkeit des Anspruchs weiter.]

PRÜFUNGSSCHEMA

I. Gegenseitiger Vertrag

369 Die Befreiung des Schuldners nach § 275 führt zur Enttäuschung des Gläubigers – er bekommt die Leistung nicht.

Beim gegenseitigen Vertrag ergibt sich daraus ein weiteres Problem: Betrifft die Befreiung eine Leistung, für die eine Gegenleistung – ein Entgelt – vereinbart wurde, stellt sich die Frage, ob die vereinbarte (noch mögliche) Gegenleistung weiterhin geschuldet ist. Diese ist in der Regel von der Unmöglichkeit gar nicht betroffen und deshalb ihrerseits nicht nach § 275 ausgeschlossen. Muss der Gläubiger also seine Gegenleistung erbringen, ohne etwas dafür zu bekommen?

Mit dieser Frage beschäftigen sich die Regeln über die sog. **„Preisgefahr"**, also die Gefahr, die Gegenleistung trotz Ausfall der damit vergüteten Sachleistung erbringen zu müssen.[54] Diese Frage stellt sich nur beim gegenseitig verpflichtenden Vertrag, weshalb das Bestehen eines solchen Vertrages logische Voraussetzung für die Anwendung der Preisgefahrregeln und deshalb bei § 326 als allgemeiner Preisgefahrregel als erstes zu prüfen ist.

Ein Vertrag ist dann **gegenseitig** i.S.d. §§ 320 ff., wenn die sich aus ihm ergebenden primären Hauptleistungspflichten in der Weise verbunden sind, dass die eine Leistung als Entgelt für die andere Leistung gedacht ist (sog. „synallagmatische Verknüpfung").[55]

370 Unter „Gegenleistung" ist in diesem Zusammenhang jede Leistung zu verstehen, die eine Partei im Rahmen eines gegenseitigen Vertrages als Entgelt für die nach § 275 ausgeschlossene Sachleistung schuldet. In der Regel ist die Gegenleistung auf Zahlung einer bestimmten Geldsumme gerichtet (z.B. beim Kauf-, Werk- oder Dienstvertrag). Beim Tausch besteht das Entgelt ausnahmsweise ebenfalls in einer „Sachleistung".

Hinweis

Von „Sachleistung" spricht man deshalb, weil die Gegenleistung in der Regel nicht in einer Sache, sondern Geldsumme besteht, auf die § 275 nicht anwendbar ist. Mit „Sachleistung" soll also immer die nach § 275 ausgeschlossene Leistung bezeichnet werden.

II. Wirkung des § 326 Abs. 1 S. 1

371 Als Rechtsfolge ordnet § 326 Abs. 1 S. 1 an, dass die Gegenleistung „entfällt", wenn der (Sachleistungs-)Schuldner nach § 275 nicht zu leisten braucht. § 326 Abs. 1 S. 1 begründet also eine **Einwendung**. Die Preisgefahr wird danach grundsätzlich dem nach § 275 befreiten Schuldner zugewiesen: Wer nicht leistet, bekommt auch keine Gegenleistung.

372 Der Wegfall der Gegenleistung geschieht **automatisch**, also ohne gesonderte Erklärung einer Partei. Es muss kein Rücktritt oder Minderung erklärt werden. Wenn Sie so wollen, handelt es sich um einen „Service des Gesetzgebers", der im Falle der Unmöglichkeit im gegenseitigen

54 Grüneberg-*Grüneberg* § 326 Rn. 1.
55 Grüneberg-*Grüneberg* Einf. v. § 320 Rn. 5.

Vertrag beide Leistungspflichten über § 275 Abs. 1 einerseits und § 326 Abs. 1 S. 1 andererseits automatisch „erledigt".

Im Falle der Unzumutbarkeit nach § 275 Abs. 2, Abs. 3 treten diese Wirkungen allerdings nur ein, wenn sich der Schuldner auf die Unzumutbarkeit berufen hat. Dies ergibt sich aus dem Einredecharakter dieser beiden Absätze.

Der Umfang der Wirkung des § 326 Abs. 1 S. 1 korrespondiert mit dem Umfang der Leistungsbefreiung nach § 275. **373**

Beispiel V verkauft K zwei antike Uhren, die K bei ihm ausgesucht hat und am nächsten Tag abholen soll. Der Wert von Uhr 1 beläuft sich auf 1000 €, der von Uhr 2 auf 4000 € – beide sollen zusammen 4000 € kosten.

Bevor K am nächsten Tag zur Abholung erscheint, werden beide Uhren gestohlen. Hier liegt vollständige Unmöglichkeit vor, so dass § 326 Abs. 1 S. 1 den vollständigen Wegfall der Zahlungspflicht anordnet.

Wenn nur die Uhr 1 gestohlen wird, liegt nur teilweise Unmöglichkeit vor, so dass der Kaufpreis nach § 326 Abs. 1 S. 1 Alt. 2 i.V.m. § 441 Abs. 3 gemindert wird.

Die Berechnung des wegen der Teilunmöglichkeit geminderten Preises erfolgt nach der Formel: Geminderter Preis = (Vereinbarter Preis x Wert der Restleistung) : Wert der vollständigen Leistung. (Kurz: Realität : Wunsch).

Im *Beispiel* wären also in die Formel einzusetzen: (4000 € x 4000 €) : 5000 €. Zu zahlen sind danach 3200 €.

Werden die Uhren gestohlen, die Diebe jedoch gefunden und die Uhren gerade sichergestellt, liegt vorübergehende Unmöglichkeit vor. Schließlich kann V gegenwärtig noch nicht frei verfügen, aber in absehbarer Zeit wieder. Solange die Uhren noch nicht freigegeben sind, entfällt vorübergehend auch die Zahlungspflicht des K. Es besteht noch nicht einmal eine Zug-um-Zug-Verpflichtung nach §§ 320, 322, weil selbst diese gegenwärtig nicht möglich ist. ■

Im Anspruchsaufbau taucht § 326 Abs. 1 S. 1 bei der Prüfung des vertraglichen Entgeltanspruches auf (Anspruch auf Kaufpreiszahlung, Werklohn, etc.). **374**

Er erscheint dort im Falle einer **anfänglich unmöglichen Sachleistung** bereits als **rechtshindernde Einwendung** unter „Anspruch entstanden".

Anders ist es in den Fällen der **nachträglichen Unmöglichkeit** sowie in den Fällen der **§ 275 Abs. 2 und 3**. Hier wirkt § 326 Abs. 1 S. 1 als **rechtsvernichtende Einwendung** und wird unter „Anspruch erloschen" geprüft. Für § 275 Abs. 2 und 3 folgt dies daraus, dass die dort genannten Gründe erst mit (späterer) Geltendmachung durch den Schuldner und daher (nur) rechtsvernichtend wirken können.

JURIQ-Klausurtipp:

In das Thema sollten Sie am besten mit der Rechtsfolgenformulierung des § 326 Abs. 1 S. 1 „einsteigen", etwa so:

„Der Anspruch könnte jedoch nach § 326 Abs. 1 S. 1 ganz oder zumindest teilweise entfallen sein."

III. Ausnahme nach § 326 Abs. 1 S. 2

375 § 326 Abs. 1 S. 2 ordnet für die Fälle der nach § 275 ausgeschlossenen **Nacherfüllung** (unbehebbarer **Mangel**) das Bestehenbleiben der Gegenleistungspflicht an. Dies liegt daran, dass der Gesetzgeber dem Kauf- und Werkvertragsrecht die Regelung des Kaufpreisschicksals zuweisen wollte. Danach kann der Käufer bzw. Werkbesteller selbst entscheiden, ob er (nur) mindert oder ganz zurücktritt (vgl. §§ 437 Nr. 2, 634 Nr. 3). Diese Möglichkeit kann durch Gewährleistungsausschlüsse oder Ausschlussfristen (§ 218 i.V.m. §§ 438, 634a) ausgeschlossen sein. Es soll also den besonderen Regelungen und der Entscheidung des Käufers/Bestellers überlassen bleiben, was mit der Zahlungspflicht geschieht.[56]

IV. Vertraglicher Ausschluss

1. Ausschluss durch Individualvereinbarung

376 Die Wirkung des § 326 Abs. 1 kann durch Individualvereinbarung ausgeschlossen werden, da § 326 kein zwingendes Recht enthält.[57]

Beispiel[58] A vereinbarte mit B eine Beratung in allen Lebenslagen, und zwar durch Einsatz übernatürlicher und „magischer" Kräfte der B. B soll dafür ein Stundenhonorar erhalten. Eine „magische" Beratung mit „übernatürlichen" Kräften kann nach den Naturgesetzen und nach dem Stand der Erkenntnis von Wissenschaft und Technik nicht erbracht werden. Nach § 275 Abs. 1 ist damit ein klagbarer Anspruch auf eine solche Dienstleistung von Anfang an ausgeschlossen.

Nehmen wir an, der entsprechende Dienstvertrag sei von beiden Seiten freiverantwortlich aus bewusster Überzeugung geschlossen worden und deshalb nicht nach § 138 Abs. 1 nichtig. Dann stellt sich die Frage, ob damit auch der Vergütungsanspruch automatisch nach § 326 Abs. 1 S. 1 nicht zur Entstehung gelangen konnte.

Nach § 311a Abs. 1 steht die anfängliche Unmöglichkeit der Dienstleistung der Wirksamkeit des Vertrages nicht entgegen. Auch die Wirkung des § 326 Abs. 1 S. 1 ist nicht zwingend, sondern abdingbar. Die Vertragspartner können deshalb im Rahmen ihrer Vertragsfreiheit wirksam vereinbaren, dass eine Seite sich – gegen Entgelt – dazu verpflichtet, Leistungen zu erbringen, deren Grundlagen und Wirkungen nach den Erkenntnissen der Wissenschaft und Technik nicht erweislich sind, sondern nur einer inneren subjektiven Überzeugung entsprechen. „Erkauft" sich jemand bewusst derartige „irrationale" Leistungen, will er eine nicht einklagbare Leistung vergüten. Dann ist der Vergütungsanspruch nicht von Anfang an entfallen, sondern aufgrund der Vereinbarung entstanden.[59] ■

2. Ausschluss durch gesetzliche Sondertatbestände

377 Die Preisgefahrregel des § 326 Abs. 1 S. 1 wird von zahlreichen Sonderregeln im Besonderen Schuldrecht verdrängt oder zumindest modifiziert. Sie finden diese Regeln im einleitenden Prüfungsschema. Wir kommen darauf in der Darstellung der jeweiligen Vertragstypen an

56 Grüneberg-*Grüneberg* § 326 Rn. 3.
57 Grüneberg-*Grüneberg* § 326 Rn. 6.
58 *BGH* Urteil vom 13. Januar 2011 (Az. III ZR 87/10).
59 *BGH* Urteil vom 13. Januar 2011 (Az. III ZR 87/10) unter Tz. 16 ff.

anderer Stelle in dieser Skriptenreihe zurück und konzentrieren uns hier auf die allgemeinen Ausnahmetatbestände nach § 326 Abs. 2.

V. Ausnahmen des § 326 Abs. 2

1. Ausnahme nach § 326 Abs. 2 S. 1 Fall 1

Ist der Gläubiger für den die Unmöglichkeit begründenden Umstand ganz oder überwiegend **378** verantwortlich, bleibt die Gegenleistungspflicht bestehen, § 326 Abs. 2 S. 1 Fall 1.

Hinweis

Eine „weit überwiegende" Verantwortung des Gläubigers i.S.d. § 326 Abs. 2 S. 1 liegt in der Regel bei einer Verantwortungsquote von mindestens 80 % vor.[60]

Wie sich die Verantwortlichkeit des Gläubigers bestimmt, haben wir uns oben beim Rück- **379** trittsausschluss nach § 323 Abs. 6 angesehen. Wir können insoweit auf die Darstellung unter Rn. 307 f. verweisen. Sie orientieren sich im Ergebnis an §§ 276 ff.

Beispiel Glasproduzent V verkauft dem Bauunternehmer K 100 Fensterscheiben nebst Rahmen, die dem K auf eine bestimmte Baustelle geschickt werden sollen. Auf der Baustelle werden die Fensterscheiben beim Ausladen durch einen unachtsamen Baggerfahrer des K zerstört. ■

2. Ausnahme nach § 326 Abs. 2 S. 1 Fall 2

Befindet sich der Gläubiger zum Zeitpunkt des Auftretens des Leistungshindernisses in **380** Annahmeverzug, bleibt die Gegenleistungspflicht bestehen, wenn der Schuldner das Hindernis nicht zu vertreten hat.

Während des Annahmeverzuges hat der Schuldner nur Vorsatz und grobe Fahrlässigkeit zu vertreten, § 300 Abs. 1. Die Gegenleistungspflicht kann in dieser Variante also nur bei vorsätzlicher oder grob fahrlässiger Verursachung der Unmöglichkeit durch den Schuldner entfallen.

Beispiel Nehmen wir wieder den Fall von eben. Stellen Sie sich vor, V hätte die Fensterscheiben selbst geliefert und am vereinbarten Termin nicht abladen können, weil auf der Baustelle niemand erschienen ist oder die Fensteröffnungen noch nicht fertig gestellt waren. Wenn V jetzt die Fenster wieder mitnimmt und diese auf dem Rückweg durch einen Unfall zerstört werden, hängt das Schicksal der Gegenleistung vom Verschuldensgrad des V bzw. seiner Erfüllungsgehilfen (§ 278) ab. K befand sich nach §§ 293, 294 im Annahmeverzug, so dass V nur noch für Vorsatz und grobe Fahrlässigkeit einzustehen hat. Trifft den V am Unfall allenfalls leichte Fahrlässigkeit, hat er die mit dem Unfall verbundene Unmöglichkeit der Leistung (Konkretisierung nach § 243 Abs. 2!) nicht zu vertreten. Sein Zahlungsanspruch entfällt nicht. ■

60 Grüneberg-*Grüneberg* § 326 Rn. 9.

3. Vorteilsausgleich nach § 326 Abs. 2 S. 2

381 In beiden Fällen des § 326 Abs. 2 S. 1 muss sich der Schuldner die durch das Entfallen der eigenen Leistungspflicht entstandenen bzw. möglichen Vorteile anrechnen lassen. Die Vorschrift soll eine Besserstellung des Schuldners im Vergleich zu der Situation bei tatsächlicher Durchführung des Vertrages verhindern.

Beispiel Wenn V in den vorstehenden *Beispielen* aufgrund der zerstörten Fensterscheiben die Fensterrahmen anderweitig einsetzen kann, muss er sich deren Wert anrechnen lassen. ■

VI. Ausnahme nach § 326 Abs. 3

382 Der Anspruch auf die Gegenleistung bleibt schließlich – ggf. gemindert – erhalten, wenn der Gläubiger gem. § 285 das stellvertretende commodum vom Schuldner verlangt (§ 326 Abs. 3).

Beispiel V verkauft dem K für 8000 € einen gebrauchten Pkw (Wert: 10 000 €), der vor Übergabe durch einen zufälligen Brand zerstört wird. Wenn V dafür eine Versicherungssumme (8000 €) erlangt, kann K diese nach § 285 fordern. Dann muss er aber den Kaufpreis zahlen. Dieser beträgt hier nach §§ 326 Abs. 3 S. 2, 441 Abs. 3 6400 € (= 4/5 von 8000 €). Nach Aufrechnung bekäme K also 1600 €. ■

E. Rückzahlungsanspruch aus §§ 346 Abs. 1, 326 Abs. 4

383 Hat der Gläubiger der nach § 275 ausgeschlossenen Sachleistung seine Gegenleistung bereits erbracht, kann er sie nach § 326 Abs. 4 zurückfordern, **soweit** er sie nach den Regeln des § 326 Abs. 1 bis 3 nicht zu erbringen brauchte.

Es handelt sich um eine eigenständige Anspruchsgrundlage, die ebenfalls automatisch, also **ohne Rücktrittserklärung** entsteht. Die Verweisung auf die Rücktrittsregeln in §§ 346 ff. nimmt den § 349 (Rücktrittserklärung) nicht in Bezug!

Allerdings ist der Rückgewähranspruch wie beim Rücktritt ausgestaltet, so dass der Gläubiger nicht nur die zu viel erbrachte Gegenleistung, sondern auch Nutzungen (§§ 346 Abs. 1) bzw. Wertersatz nach §§ 346 Abs. 2, 347 Abs. 1 verlangen kann.[61]

61 Vgl. oben unter Rn. 265 ff.

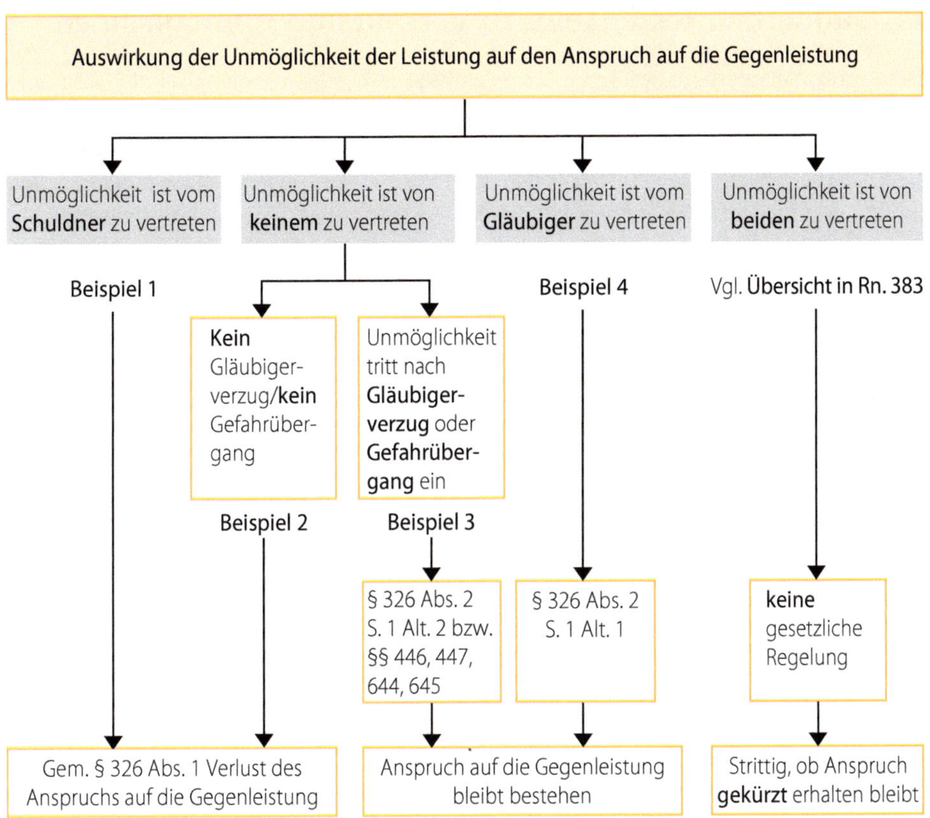

Beispiel 1 V verkauft an K sein Motorrad. Vor Übergabe an K wird es durch einen von V verschuldeten Unfall zerstört. Gem. § 326 Abs. 1 S. 1 verliert V den Anspruch auf den Kaufpreis.

Beispiel 2 Wie zuvor, doch hat ein Dritter den Unfall verschuldet. Auch hier erlischt der Kaufpreisanspruch des V nach § 326 Abs. 1 S. 1. V ist auf einen Schadensersatzanspruch gegen den Dritten zu verweisen.

Beispiel 3 Wie *Beispiel 2*; nur hatte V dem K das Motorrad schon zuvor vergeblich angeboten. Gem. § 326 Abs. 2 S. 1 **Alt. 2** behält V den Kaufpreisanspruch.

Beispiel 4 V bringt das Motorrad, wie abgesprochen, zu K. Kurz vor Ankunft des V fährt K mit seinem Auto rückwärts, ohne sich abzusichern, und mit erheblichem Tempo aus seiner Garage. Er stößt mit V zusammen, Das Motorrad wird zerstört. Gem. § 326 Abs. 2 S. 1 **Alt. 1** behält V den Anspruch auf den Kaufpreis.

Fazit: Hat einer von beiden die Unmöglichkeit zu vertreten, ist die Sache klar (Ist V schuld, muss K nicht zahlen; Ist K schuld, muss K zahlen). Anders kann es sein, wenn **keiner** schuld ist. Dann findet eine Risikoverlagerung auf den Gläubiger nur bei **Annahmeverzug** oder durch den **Gefahrübergang** statt!

F. Sonderfall: Beiderseits zu vertretende Unmöglichkeit

384 Der Ausnahmetatbestand des § 326 Abs. 2 S. 1 Var. 1 behandelt mit dem Fall der „weit überwiegenden" Verantwortlichkeit des Gläubigers einen Fall der beiderseits zu vertretenden Unmöglichkeit. Hat der Gläubiger der nach § 275 ausgeschlossenen Leistung den Befreiungstatbestand „weit überwiegend" zu vertreten, muss er seine Gegenleistung erbringen. Trifft ihn gar kein Vorwurf, wird er nach § 326 Abs. 1 S. 1 von seiner Gegenleistungspflicht frei.

385 Was passiert aber, wenn der Gläubiger hinsichtlich des Befreiungstatbestandes mitverantwortlich ist, aber nicht „weit überwiegend" (also mit einer Quote unter 80 %)?

Bei der Regelung des § 326 Abs. 2 S. 1 Var. 1 könnte es sich um eine grundsätzliche Wertentscheidung des Gesetzgebers handeln,[62] welche die beiderseits zu vertretende Unmöglichkeit **abschließend regelt**. Dann spielt eine Mitverantwortlichkeit des Gläubigers unter 80 % keine Rolle – er muss die Gegenleistung nicht erbringen.

Diese Ansicht führt aber im Ergebnis zu einem unflexiblen „Alles-oder-nichts-Prinzip". Zur Lösung des Problems werden verschiedene Vorschläge gemacht, die sich zunächst einmal im grundlegenden Lösungsansatz unterscheiden. Die eine Ansicht will dem Schuldner der gestörten Leistung den Anspruch auf die Gegenleistung im Grundsatz, **wenn auch gekürzt**, erhalten. Man könnte sie daher als **„Anspruchserhaltungstheorie"** bezeichnen. Umstritten ist dabei die Kürzungsmethode. Am einfachsten ist der Vorschlag, den Anspruch des Schuldners auf die Gegenleistung im Umfang seines Mitverschuldens analog § 245 zu kürzen.[63] Man könnte diese Ansicht als **„Kürzungstheorie"** bezeichnen. Gegen diesen Lösungsansatz spricht aber, dass er nur dann zu gerechten Ergebnissen führt, wenn die vereinbarten Leistungen gleichwertig sind.

Beispiel V verkauft K einen PKW (Wert 10 000 €) zum Preis von 10 000 €. Der Pkw wird vor Übergabe an K durch beiderseitiges Verschulden (je 50 %) zerstört. Nach der Kürzungstheorie kann V von K gem. § 433 Abs. 2 i.V.m. § 254 analog 5000 € verlangen.

Abwandlung: Hätte der Wert des PKW aber 11 000 € betragen, würde nach der Kürzungstheorie nicht berücksichtigt, dass dem K durch Verschulden des V ein Gewinn von 1000 € entgangen ist. ■

Um dieses ungerechte Ergebnis zu vermeiden, schlagen die Vertreter der Gegenansicht vor, dem V den Anspruch auf den Kaufpreis zwar in Ausnahme zu § 326 Abs. 1 in **voller Höhe** zu erhalten, diesen aber mit einem Gegenanspruch des K auf Schadensersatz aus §§ 280 Abs. 1, Abs. 3, 283 (berechnet nach der Surrogationstheorie und gekürzt nach § 254) zu verrechnen.[64] Diese Ansicht könnte man als **„Verrechnungstheorie"** bezeichnen.

Im vorstehenden *Beispiel* führt die Anwendung der Verrechnungstheorie in der Abwandlung zu folgendem Ergebnis: Dem Kaufpreisanspruch des V von 10 000 € steht ein Schadensersatzanspruch des K nach der Surrogationstheorie in Höhe von grundsätzlich 11 000 € (Wert der Sache als Surrogat für die zerstörte Sache) gegenüber. Dieser Anspruch des K ist nach § 254 um 50 % zu kürzen. Die Verrechnung beider Ansprüche (10 000 €–5500 €) ergibt einen Restkaufpreisanspruch des V in Höhe von 4500 €.

62 *Gruber* JuS 2002, 1066 ff.
63 So z.B. *Stoppel* Jura 2003, 224 (226).
64 Vgl. *Canaris* JZ 2001, 499 (511) m.w.N.

Für diese Ansicht spricht das gerechte Ergebnis, nämlich dass der Schaden des K nicht völlig unberücksichtigt bleibt. Gegen beide Ansichten spricht aber der dogmatische Ansatz, nämlich dass dem Schuldner der gestörten Leistung der Anspruch auf die Gegenleistung grundsätzlich erhalten bleibt. Nach dem Regel-Ausnahmeprinzip ist das Erlöschen des Anspruchs gem. § 326 Abs. 1 der Regelfall und die Anspruchserhaltung nach § 326 Abs. 2 die Ausnahme. Die Anspruchserhaltungstheorien fügen den in § 326 Abs. 2 geregelten Ausnahmen systemwidrig noch eine weitere hinzu.

In dogmatischer Übereinstimmung mit der Systematik des § 326 gehen die (hier sog.) **Anspruchserlöschenstheorien** davon aus, dass der Anspruch des Schuldners der gestörten Leistung nach § 326 Abs. 1 erlischt. Umstritten sind allerdings die daraus zu ziehenden Folgerungen.

Zu einen wird vorgeschlagen, dass an die Stelle des nach § 326 Abs. 1 erloschenen Anspruchs auf die Gegenleistung ein Schadensersatzanspruch des Schuldners der gestörten Leistung aus §§ 280 Abs. 1, 241 Abs. 2 wegen Rücksichtsnahmepflichtverletzung tritt, der wiederum nach § 254 zu kürzen ist.[65] Diese Ansicht könnte man als **„Theorie des gekürzten Schadensersatzanspruchs"** bezeichnen. Diese Ansicht gelangt, mit anderer Anspruchsgrundlage, zum gleichen Ergebnis, wie die oben dargestellte „Anspruchskürzungstheorie". Es sprechen daher gegen sie die gleichen Argumente.

Die **herrschende Ansicht** bleibt bei § 326 Abs. 2 S. 1 Fall 1 zwar ebenfalls an der 80-Prozent-Grenze stehen und verneint die Ausnahme bei niedrigerer Mitverantwortungsquote des Gläubigers.

Aus § 280 Abs. 1 folgt aber ein Schadensersatzanspruch des Schuldners der ausgeschlossenen Sachleistung gegen den Gläubiger, wenn die Leistungsbefreiung auch auf eine Rücksichtspflichtverletzung des Gläubigers zurückzuführen ist. Der Schaden liegt dann in der nach § 326 Abs. 1 S. 1 entfallenen Vergütung. Der Schadensersatzanspruch mindert sich um das Mitverschulden des Schuldners nach § 254 Abs. 1. Dass dieser Anspruch durch § 326 Abs. 2 S. 1 Var. 1 ausgeschlossen sein sollte, wird aus den gesetzlichen Regelungen nicht deutlich.[66]

Der Schadensersatz des Gläubigers aus §§ 280 Abs. 1, Abs. 3, 283 mindert sich ebenfalls nach § 254 Abs. 1, und zwar um die Quote seines eigenen Verursachungsbeitrages. Man könnte diesen Lösungsansatz als **„Theorie der Doppelkürzung"** bezeichnen.

Es stehen sich danach zwei (gekürzte) Schadensersatzansprüche der Parteien gegenüber.

Beispiel In der Abwandlung des *Ausgangsbeispiels* ergibt sich danach folgendes Ergebnis:

> Dem V steht nach §§ 280 Abs. 1, 241 Abs. 2 i.V.m. § 254 ein Schadensersatzanspruch in Höhe der Hälfte des nach § 326 Abs. 1 erloschenen Kaufpreisanspruchs, also 5000 € zu. Dem steht ein Schadensersatzanspruch des K aus §§ 280 Abs. 1, Abs. 3, 283 (berechnet nach der Differenztheorie) in Höhe des entgangenen Gewinns (1000 €), gekürzt nach § 254 um 50 %, also 500 € zu. Miteinander verrechnet ergibt sich noch ein Anspruch des V in Höhe von 4500 €. ■

65 Vgl. z.B. *Rauscher* ZGS 2002, 333 m.w.N.
66 Grüneberg-*Grüneberg* § 326 Rn. 15 m.w.N.

JURIQ-Klausurtipp

Wenn, wie im Normalfall, Leistung und Gegenleistung gleichwertig sind, brauchen Sie den Theorienstreit nicht zu entscheiden. Differieren Preis und Wert der Sache sollte man der Lösung die (hier sog.) **„Theorie der Doppelkürzung"** zugrunde legen, da sie sowohl vom Ergebnis, als auch vom dogmatischen Ansatz her am überzeugendsten zu begründen ist.

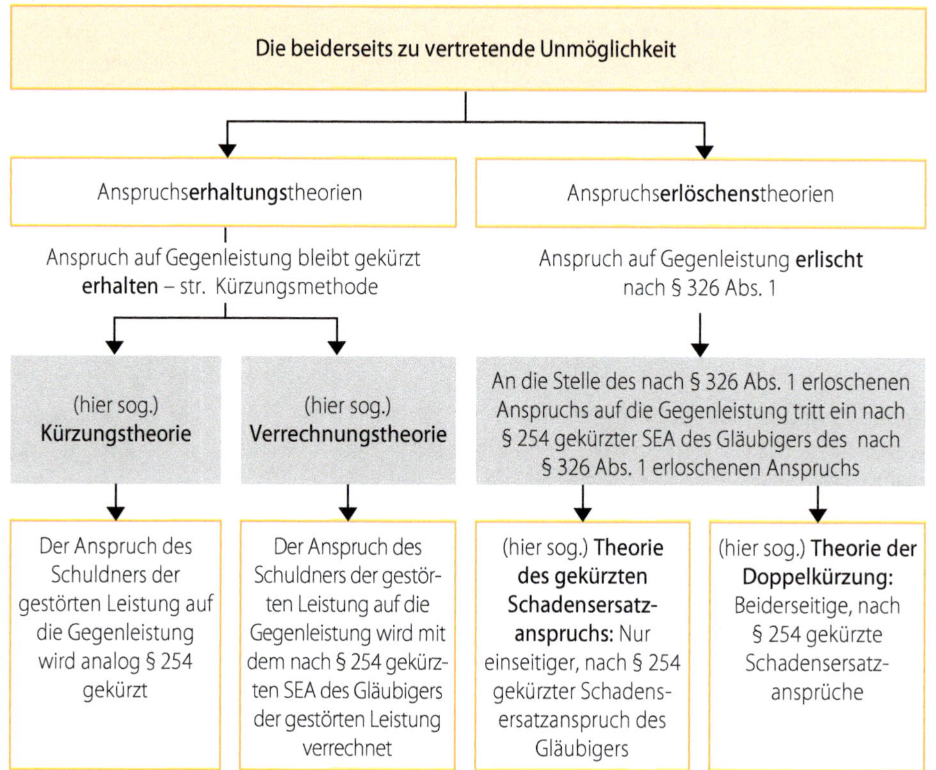

Beispiel V verkauft an K sein Motorrad (Wert 10 000 €) zum Preis von 11 000 €. Vor Übereignung an K wird das Motorrad durch beiderseitiges Verschulden zerstört. V ist zu 60 %, K zu 40 % schuld. Ansprüche des V?

A. **Kaufpreiszahlung, § 433 Abs. 2?**

I. **Nach Kürzungstheorie** nur 40 % des vereinbarten Preises, also **4400 €.**

II. **Nach Verrechnungstheorie** wird der volle Kaufpreis (11 000 €) mit dem nach **§ 254** gekürzten Gegenanspruch des K gegen V aus §§ 280 Abs. 1, 3, 283, 254 –40 % von 10 000 € (Wert des Motorrads) = 6000 € verrechnet. Restkaufpreisanspruch nach Verrechnung = **5000 €.**

III. **Nach Anspruchserlöschenstheorie:** Wegen § 326 Abs. 1 kein Kaufpreisanspruch des V mehr, *aber* …

B. **Schadensersatzanspruch des V gegen K aus §§ 280 Abs. 1, 254** in Höhe von 40 % des dem V durch die Pflichtverletzung des K entgangenen Kaufpreises = **4400 €**. Die Theorie von der Doppelkürzung ändert in diesem *Beispiel* am Ergebnis nichts. Da der Kaufpreis höher war als der Wert des Motorrads, hat K nach der Differenztheorie keinen verrechenbaren Schadensersatzanspruch erworben.

Fazit: Bei Unterschied zwischen **Wert** und **Preis** kommt die **Verrechnungs**theorie zu einem anderen Ergebnis. Dem V bleibt danach sein Verhandlungsgewinn anteilig erhalten!

G. Rücktritt nach § 326 Abs. 5

I. Bedeutung des Rücktrittsrechts aus § 326 Abs. 5

Im Falle der Leistungsbefreiung nach § 275 führt § 326 Abs. 1 S. 1 automatisch zum vollständigen (§ 326 Abs. 1 S. 1 Hs. 1) bzw. anteiligen (§ 326 Abs. 1 S. 1 Hs. 2) Wegfall der Gegenleistungspflicht. Nach § 326 Abs. 4 kann eine bereits bewirkte Gegenleistung nach den §§ 346–348 zurückgefordert werden, ohne dass es einer Rücktrittserklärung bedarf – § 349 findet über § 326 Abs. 4 gerade keine Anwendung. Das Gesetz sorgt also im Falle der Unmöglichkeit im Rahmen eines gegenseitigen Vertrages „automatisch" für eine Rückabwicklung. **386**

Warum ist dann aber in § 326 Abs. 5 überhaupt ein Rücktrittsrecht vorgesehen? Es erscheint auf den ersten Blick vollkommen überflüssig! Auf den zweiten Blick zeigt sich, dass das Rücktrittsrecht in zwei Fällen bedeutsam ist. **387**

1. Befreiung von einer Teilleistung nach § 275

Wie wir bereits gesehen haben, führt die Unmöglichkeit einer Teilleistung nach § 326 Abs. 1 S. 1 Hs. 1 nur zum teilweisen Entfallen der Gegenleistungspflicht (§ 326 Abs. 1 S. 1 Hs. 2 i.V.m. § 441 Abs. 3), also zu einer Minderung der Gegenleistung. Wenn nun aber der Gläubiger an der noch möglichen Restleistung gar kein Interesse hat, soll ihm über §§ 326 Abs. 5, 323 (Achtung: § 323 Abs. 5 S. 1, Abs. 6!) die Möglichkeit des Rücktritts vom ganzen Vertrag eröffnet werden. **388**

2. Befreiung von der Nacherfüllung nach § 275

Wenn der Schuldner schlecht, also mangelhaft, geleistet hat, hat er ebenfalls nur eine Teilleistung erbracht, zwar nicht bezogen auf die Menge, aber bezogen auf die geschuldete Qualität seiner Leistung. In diesem Fall soll der Gläubiger die freie Wahl zwischen Minderung (nach §§ 437 Nr. 2, 441 bzw. nach §§ 634 Nr. 3, 638) oder Rücktritt (nach §§ 437 Nr. 2, 323, 326 Abs. 5, 440) bzw. nach §§ 634 Nr. 2, 323, 326 Abs. 5, 636) haben. Der Gläubiger darf also frei wählen, ob er die minderwertige Sache behält und mindert oder ob er die Sache wieder zurückgeben will und den ganzen Vertrag rückabwickelt. Das Gesetz will hier keine Variante automatisch anordnen und lässt deshalb den in § 326 Abs. 1 S. 1, Abs. 4 vorgesehenen Mechanismus nach § 326 Abs. 1 S. 2 außer Kraft treten. **389**

Ist der Mangel von Anfang an oder durch einen nachträglich eingetretenen Umstand nach keiner der in § 439 Abs. 1 bzw. § 635 Abs. 1 vorgesehenen Varianten behebbar, ergibt sich die Minderungsmöglichkeit aus §§ 437 Nr. 2, 441, 326 Abs. 5, 323[67] bzw. nach §§ 634 Nr. 3, 638, 326 Abs. 5, 323) und das Rücktrittsrecht aus §§ 437 Nr. 2, 326 Abs. 5, 323 (bzw. nach §§ 634 Nr. 2, 326 Abs. 5, 323).

67 Achtung: Der Ausschlussgrund des § 323 Abs. 5 S. 2 findet gem. § 441 Abs. 1 S. 2 bzw. § 638 Abs. 1 S. 2 im Falle der Minderung keine Anwendung.

II. Voraussetzungen des Rücktrittsrechts

1. Gegenseitiger Vertrag

390 Wie sich aus §§ 326 Abs. 5, 323 ergibt, setzt das Rücktrittsrecht aus § 326 Abs. 5 einen gegenseitigen Vertrag voraus. In der Regel wird es sich um einen Kauf- oder Werkvertrag handeln.

2. Leistungsbefreiung nach § 275

391 Das Rücktrittsrecht aus § 326 Abs. 5 knüpft an die Pflichtverletzung „Nichtleistung", und zwar wegen Leistungsbefreiung nach § 275 an. Wie eben erörtert, kommen dabei die Befreiung von einer Teilleistung oder die Befreiung von der Nacherfüllungspflicht in Betracht.

Hinweis

Eine Besonderheit ist in den Fällen der Leistungserschwerung (§ 275 Abs. 2, Abs. 3) zu beachten: Liegen die Voraussetzungen von § 275 Abs. 2, Abs. 3 vor, erlischt die Leistungspflicht – anders als bei § 275 Abs. 1 – nicht kraft Gesetzes. Der Schuldner muss vielmehr die Einrede der Leistungsverweigerung erheben. Die Erhebung dieser Einrede durch den Schuldner ist auch (ungeschriebene) Voraussetzung des Rücktrittsrechts des Gläubigers aus § 326 Abs. 5. Denn anderenfalls könnte der Gläubiger verhindern, dass der Schuldner die Leistung trotz der Leistungserschwerung erbringt und sich damit die Gegenleistung verdient.

3. Kein Ausschluss nach § 323 Abs. 5

392 Ist der Schuldner von einer **Teilleistung** befreit, kann der Gläubiger gem. § 326 Abs. 5 i.V.m. § 323 Abs. 5 S. 1 vom (restlichen) Vertrag nur zurücktreten, wenn er an der noch möglichen Restleistung **berechtigterweise kein Interesse** hat. Dies ist im Einzelfall unter Berücksichtigung sämtlicher Umstände zu entscheiden.

Im Falle der **Schlechtleistung** hängt das Rücktrittsrecht nach § 323 Abs. 5 S. 2 davon ab, ob der Mangel erheblich ist oder nicht.

Hinweis

Achtung: Der Ausschlussgrund des § 323 Abs. 5 S. 2 findet gem. § 441 Abs. 1 S. 2 bzw. § 638 Abs. 1 S. 2 im Falle der Minderung keine Anwendung! Man kann also auch wegen unerheblicher Mängel mindern.

4. Kein Ausschluss nach § 323 Abs. 6

393 Beim Rücktritt spielt es generell keine Rolle, ob der *Schuldner* die objektiven Gründe für die Leistungsbefreiung auch zu vertreten hat.

Hat hingegen der *Gläubiger* das Leistungshindernis i.S.d. § 275 Abs. 1, Abs. 2 oder Abs. 3 ganz oder weit überwiegend zu verantworten oder befand er sich zum Zeitpunkt des Unmöglichwerdens im Annahmeverzug (§§ 293 ff.), ist ein Rücktritt gem. § 326 Abs. 5 i.V.m. § 323 Abs. 6 ausgeschlossen.

H. Übungsfall Nr. 2

„Ein Dackel mit O-Beinen“[68] 394

Gerhard Kaiser (K) möchte sich einen neuen Rauhaardackel anschaffen. Getreu seinem Motto „Ich kaufe bei Schmidt und nicht bei Schmidtchen!“ begibt er sich zu dem renommierten Dackelzüchter Werner Teckel (T).

Am 16. Juni ist es soweit: K sucht sich aus fünf kleinen, zwei Monate alten Rauhaardackelwelpen ein Tier aus, das ihm aufgrund seiner Lebendigkeit und sonstigen Wesens besonders gut gefällt. Er einigt sich mit T auf einen Preis von 500 € und nimmt das Tier am selben Tag gegen Barzahlung mit.

K ließ den Dackel in den folgenden Monaten aus Vorsorge mehrfach tierärztlich untersuchen. Am 11. Oktober stellte die behandelnde Tierärztin bei einer weiteren – ihrer achten – Untersuchung eine Fehlstellung des Sprunggelenks des rechten Hinterbeins fest, die zu einer übermäßigen, nicht rassegerechten O-Beinigkeit des Dackels führt. Die anderen Welpen des Wurfes weisen diese Fehlstellung nicht auf. Wie sich später herausstellt, beruht die Fehlstellung auf einem angeborenen, genetischen Defekt.

Bei der am 25. November im Auftrag des K durchgeführten Operation wurde die Fehlstellung des Sprunggelenks operativ beseitigt, indem am Schienbein des Dackels eine Lochplatte mit sechs Schrauben eingesetzt wurde, die dort verbleibt. Die Operation hat zur Folge, dass der Hund zweimal jährlich zur Kontrolle des schmerzfreien Sitzes der Platte und des Laufbildes tierärztlich untersucht werden muss. Es handelt sich dabei um eine typische Begleiterscheinung bei einem Eingriff wie diesem und nicht um die Folge eines Kunstfehlers des operierenden Tierarztes.

Die Tierarztkosten für die Operation am Schienbein betragen 1200 €.

K verlangt diese Kosten von T erstattet, der das Ansinnen empört zurückweist und meint, letztlich handele es sich um eine „Schönheits-OP“, die er nicht für sinnvoll halte. Er weist – zutreffend – darauf hin, dass er die vor dem Verkauf des Welpen üblichen Untersuchungen – auch durch den Zuchtwart – habe durchführen lassen, ohne dass sich Beanstandungen ergeben hätten. Röntgenuntersuchungen habe er allerdings nicht vornehmen lassen.

Muss T dem K die Operationskosten erstatten?

Ändert sich etwas an der Beurteilung, wenn K nach der Operation gegenüber T den Rücktritt vom Kaufvertrag erklärt, weil er angesichts der jährlich notwendigen Kontrolluntersuchungen nun doch lieber ein anderes Tier kaufen möchte?

68 Nach *BGH* Urteil vom 22. Juni 2005 (Az. VIII ZR 281/04) = NJW 2005, 2852.

395 **Lösung**

A. Anspruch aus §§ 437 Nr. 3, 90a S. 3, 311a Abs. 2

Dem K könnte gegen T ein Anspruch auf Erstattung der Operationskosten aus dem Gesichtspunkt des Schadensersatzes statt der Leistung wegen anfänglicher Unmöglichkeit der Nacherfüllung zustehen.

I. Anspruchsentstehung

1. Kaufvertrag

Der Anspruch auf Schadensersatz aus §§ 437 Nr. 3, 311a Abs. 2 setzt zunächst einen wirksamen Kaufvertrag zwischen K und T voraus. Laut Sachverhalt wurde zwischen den Parteien am 16. Juni ein Kaufvertrag über den von K ausgesuchten Rauhaardackelwelpen zu einem Preis von 500 € geschlossen, gegen dessen Wirksamkeit keine Bedenken bestehen. Ein wirksamer Kaufvertrag liegt also vor.

> **Hinweis**
>
> Prüfen Sie hier nicht, ob ein Verbrauchsgüterkauf vorliegt. Das ist hier nicht relevant und daher nicht zu erörtern!

2. Anfängliches Leistungshindernis i.S.d. § 275

Der Anspruch aus §§ 437 Nr. 3, 311a Abs. 2 setzt weiter voraus, dass T von seiner kaufvertraglichen Pflicht zur Nacherfüllung wegen eines bereits bei Vertragsschluss bestehenden Leistungshindernisses nach § 275 befreit ist.

a) Mangel

Eine Leistungsbefreiung von der Nacherfüllungspflicht setzt tatbestandlich voraus, dass zugunsten des K ohne das anfängliche Leistungshindernis überhaupt ein Anspruch auf Nacherfüllung entstanden wäre. Dies ist dann der Fall, wenn das Tier bei Gefahrübergang mangelhaft gewesen ist.

Die Frage der Mangelhaftigkeit bestimmt sich auch bei dem Erwerb eines Tieres nach den Vorschriften über den Sachkauf, wie sich aus § 90a S. 3 ergibt.

In Betracht kommt hier ein Sachmangel gem. § 434 Abs. 1, 3 S. 1 Nr. 2. Danach läge ein Mangel vor, wenn der Dackel bei Gefahrübergang keine Beschaffenheit aufgewiesen hat, die bei Dackeln der gleichen Rasse üblich ist und die K nach der Art des Tieres erwarten konnte.

aa) Beschaffenheitsabweichung

Bei dem Hund wurde eine Fehlstellung des Sprunggelenks des rechten Hinterbeins festgestellt, die zu einer übermäßigen O-Beinigkeit des Dackels führt. Laut Sachverhalt ist eine solche Fehlstellung bei Hunden dieser Rasse atypisch und nicht rassegerecht. Der Hund weist damit sowohl im Hinblick auf den genetischen Defekt als auch im Hinblick auf die daraus erwachsene Fehlstellung nicht die übliche Beschaffenheit auf, die K von einem Tier dieser Rasse erwarten konnte.

bb) Vorliegen bei Gefahrübergang

Der Gefahrübergang vollzog sich hier gem. § 446 S. 1 mit der Übergabe des Hundes an K am 16. Juni.

Ob die Fehlstellung bereits zum Zeitpunkt der Übergabe an K vorlag, geht aus dem Sachverhalt nicht hervor. Ihre Ursache liegt aber in einem genetischen Defekt, der seinerseits bereits bei Geburt des Tieres angelegt gewesen sein muss. Da dieser Defekt aufgrund seiner Auswirkungen auf das Wachstum des Tieres selbst einen Mangel i.S.d. § 434 Abs. 1, 3 S. 1 Nr. 2 darstellt, war das Tier bereits bei Übergabe mit einem Sachmangel behaftet.

> **Hinweis**
>
> Beachten Sie, dass es deshalb auf § 477 vorliegend nicht ankommt! In der Klausur sind (auch) überflüssige Ausführungen, falsche Ausführungen und führen zu Abzügen.

b) Anfängliches Leistungshindernis i.S.d. § 275

Weiter müsste der Nacherfüllungspflicht des T wegen des Mangels von Anfang an ein Leistungshindernis i.S.d. § 275 entgegengestanden haben. Dazu müssen beide Varianten der Nacherfüllung, die dem Käufer nach § 439 Abs. 1 grundsätzlich wahlweise zur Verfügung stehen, getrennt untersucht werden.

aa) Anfängliche Unbehebbarkeit durch Ersatzlieferung

Eine Behebung des Mangels durch Ersatzlieferung könnte hier als von Anfang an objektiv unmöglich i.S.d. § 275 Abs. 1 anzusehen sein. Eine Unmöglichkeit könnte man hier deshalb bejahen, weil zwischen K und T ein Kaufvertrag über ein ganz bestimmtes Tier geschlossen wurde und die Lieferung eines anderen Hundes aufgrund des Stückschuldcharakters nicht mehr als Nacherfüllung angesehen werden kann.

§ 439 Abs. 1 unterscheidet allerdings auch bezüglich der Ersatzlieferung nicht zwischen Stück- und Gattungsschuld. Vielmehr scheint der Gesetzgeber für beide Schuldarten eine Nacherfüllung durch Ersatzlieferung vorzusehen.

Eine teleologische Reduktion der Vorschrift im Falle der Stückschuld kommt nur dann in Betracht, wenn eine wortlautgetreue Anwendung nicht interessengerecht ist. Eine Ersatzlieferung muss jedenfalls dann ausgeschlossen sein, wenn dem Käufer keine Ersatzsache zur Verfügung gestellt werden kann, die mit dem Kaufgegenstand wirtschaftlich identisch ist und sein Leistungsinteresse befriedigt.[69] Entscheidend ist, ob der Kaufgegenstand aus der Sicht der Parteien austauschbar ist und eine Erfüllung auch durch einen Ersatzgegenstand erfolgen kann.[70] Haustiere, zumindest Hunde wie dieser Dackel, werden nach allgemeiner Lebenserfahrung aufgrund der emotionalen Bindung des jeweiligen Eigentümers jedoch nicht als vertretbare Sachen i.S.d. § 91, sondern als individuelle Lebewesen mit eigenem „Charakter" angesehen. Eine Nacherfüllung in der Form der Ersatzlieferung scheidet im vorliegenden Fall daher von Anfang an wegen objektiver Unmöglichkeit aus.

bb) Anfängliche Unbehebbarkeit durch Mängelbeseitigung

(1) Unmöglichkeit nach § 275 Abs. 1

Fraglich ist, ob auch eine Behebung durch Mängelbeseitigung unmöglich ist. Dies kann allerdings noch nicht automatisch damit bejaht werden, dass ein genetischer Defekt als solcher allgemein nicht beseitigt werden kann. Möglicherweise kann ein genetischer Defekt dann nicht mehr als Mangel angesehen werden, wenn seine äußerlichen Auswirkungen vollständig behoben werden, so dass allein auf die Behebbarkeit der äußeren Auswirkungen abzustellen ist.

Die bestehende Fehlstellung wurde hier operativ korrigiert. Allerdings wurde die Korrektur des äußeren Erscheinungsbildes des Hundes mit einem anderen Sachmangel „erkauft". Der Hund hat seit dem – fehlerfrei ausgeführten – Eingriff einen durch die am Schienbein verschraubte Platte künstlich veränderten Knochenbau. Dieser ist als solcher auch nicht rassegerecht. Die damit dauerhaft verbundenen gesundheitlichen Risiken für das Tier erfordern zudem regelmäßige tierärztliche Kontrolluntersuchungen.

Der Hund bleibt damit lebenslang nicht frei von Mängeln im Sinne der §§ 90a S. 3, 434 Abs. 1. Durch die Operation konnte der Hund daher nicht in einen vertragsgemäßen Zustand (§ 433 Abs. 1 S. 2) versetzt werden, wie es § 439 für die Mangelbeseitigung als eine der beiden Modalitäten der Nacherfüllung erfordert.[71] Da andere Maßnahmen als die durchgeführte Operation nach dem Sachverhalt nicht zur Verfügung standen, war eine den Anforderungen des § 439 Abs. 1 entsprechende vollständige Mängelbeseitigung nicht möglich.

Fraglich ist, ob dieser Umstand dazu führen darf, die Nacherfüllung nach § 275 Abs. 1 vollständig auszuschließen. Immerhin war die

69 *BGH* Urteil vom 7. Juni 2006 (Az. VIII ZR 209/05) = BGHZ 168, 64 = NJW 2006, 2839; Grüneberg-*Weidenkaff* § 439 Rn. 15.

70 *BGH* NJW 2006, 2839; Grüneberg-*Weidenkaff* § 439 Rn. 15.

71 *BGH* Urteil vom 22. Juni 2005 (Az. VIII ZR 281/04) = NJW 2005, 2852.

Operation zumindest dazu geeignet, die genetisch bedingte Fehlstellung des Sprunggelenks zu korrigieren und dadurch wenigstens zu einer Verbesserung des mangelhaften Zustandes beizutragen. Ließe man aufgrund einer solchen Verbesserungsmöglichkeit einen Anspruch des Käufers auf teilweise Nacherfüllung zu, so läge keine vollständige, sondern nur Teilunmöglichkeit vor. Es käme dann darauf an, ob T die von ihm zur (teilweisen) Mangelbeseitigung verlangte Maßnahme wegen Unzumutbarkeit mit befreiender Wirkung nach § 275 Abs. 2 verweigern konnte. Ist dies der Fall, gelangt man auch bei dieser Sichtweise zu dem Ergebnis, dass T hier aus Gründen des § 275 von seiner Nacherfüllungspflicht vollständig befreit ist.

Hinweis

Ein Leistungsverweigerungsrecht könnte sich ebenso aus § 439 Abs. 4 ergeben. Dabei führt die Verweigerung nach dem – strengeren – § 275 Abs. 2 hier zur Anwendung von §§ 437 Nr. 3 i.V.m. § 311a Abs. 2, während bei Verweigerung nach § 439 Abs. 3 der Anspruch auf Schadensersatz statt der Leistung systematisch aus §§ 437 Nr. 3, 280 Abs. 1, Abs. 3, 281, 440 herzuleiten ist.

Der *BGH* hat in seiner Entscheidung vom 22. Juni 2005[72] den Weg über § 275 Abs. 2 gewählt, möglicherweise um keine Aussage über den Maßstab für die Unverhältnismäßigkeit der Kosten i.S.d. § 439 Abs. 4 treffen zu müssen. Er beweist damit aber auch, dass der Anwendungsbereich des § 275 Abs. 2 keineswegs nur in seltenen (und meist grotesken[73]) Extremfällen eröffnet ist. Die Abwägung bei § 275 Abs. 2 bietet den großen Vorteil, dass dort nicht nur auf die entstehenden Kosten abgestellt wird. Die Vorschrift spricht vielmehr von „Aufwand" bzw. „Anstrengungen", so dass insbesondere auch zeitlicher Aufwand mitberücksichtigt werden kann. Außerdem spielt das Vertretenmüssen gem. § 275 Abs. 2 S. 2 bei der Abwägung eine maßgebliche Rolle.

(2) Unzumutbarkeit nach § 275 Abs. 2

Unzumutbar kann der Aufwand, den die Operation des Hundes erforderte, allerdings nicht schon deshalb sein, weil T die Operation nicht selbst vornehmen konnte, sondern einen darauf spezialisierten Tierarzt hätte suchen und damit beauftragen müssen. In der Praxis wird der Verkäufer in den meisten Fällen einen Dritten mit einer vom Käufer geforderten Mängelbeseitigung beauftragen müssen, da er meistens nicht über eigene Möglichkeiten hierzu verfügt. Würde man deswegen bereits einen unzumutbaren Aufwand gem. § 275 Abs. 2 annehmen, liefe das Mängelbeseitigungsrecht des Käufers in den meisten Fällen leer.[74]

Allerdings wäre es hier nicht damit getan gewesen, dass T den Hund bei einem Spezialisten hätte operieren lassen. Vielmehr erforderte die Operation regelmäßige tierärztliche Kontrolluntersuchungen zur Überwachung der Risiken, die eine am Schienbein des Hundes verschraubte und dort verbleibende Platte für die Gesundheit des Hundes zwangsläufig zur Folge hatte. Auch diese Kontrolluntersuchungen hätte der T selbst zu veranlassen gehabt, wenn er die Operation als (noch mögliche) Nacherfüllung im Sinne des § 439 schuldete.

Bei der Frage der Zumutbarkeit dieser Anstrengungen kommt es allerdings auch darauf an, ob T die anlagebedingte Fehlentwicklung des Knochenwachstums zu vertreten hatte (§ 275 Abs. 2 S. 2).

Zu vertreten im Sinne des § 275 Abs. 2 S. 2 hat der Schuldner Vorsatz und Fahrlässigkeit, sofern nicht aus dem Inhalt des Schuldverhältnisses, insbesondere aus der Übernahme einer Garantie, eine strengere Haftung zu entnehmen ist (§ 276 Abs. 1 S. 1).

72 *BGH* Urteil vom 22. Juni 2005 (Az. VIII ZR 281/04) = NJW 2005, 2852.

73 Man denke an den berühmten Ring, der auf einem Boot verkauft wurde und dem tollpatschigen Verkäufer ins Wasser fiel, bevor er dem Käufer das Eigentum verschafft hat.

74 *BGH* NJW 2005, 2852.

Eine Garantie für die Beschaffenheit des Hundes (§ 443) hatte T nach dem Sachverhalt nicht übernommen.

Ein Vorsatzvorwurf scheidet hier mangels Kenntnis des T aus. T hat die Fehlentwicklung des Hundes deshalb nur zu vertreten, wenn er für die Ursachen der Fehlentwicklung die Verantwortung zu tragen hat, weil er bei der Zucht die im Verkehr erforderliche Sorgfalt außer Acht gelassen und dadurch fahrlässig gehandelt hatte (§ 276 Abs. 2).

Gegen ein Verschulden des T im konkreten Fall spricht, dass nicht zu ersehen ist, wie er als Züchter den „Defekt" dieses einzelnen Welpen hätte vorhersehen und verhindern können. Nach dem Sachverhalt führte T die üblichen Kontrollmaßnahmen durch. Bei den übrigen vier Welpen des Wurfs, aus dem der vom K gekaufte Welpe stammt, ist keine entsprechende Fehlstellung des Sprunggelenks aufgetreten; die Knochen der anderen Hunde haben sich normal entwickelt.

T hat damit die als Züchter erforderliche Sorgfalt beachtet und die Fehlentwicklung dieses Hundes nicht fahrlässig verursacht.

Unter Berücksichtigung dessen besteht ein grobes Missverhältnis zwischen dem Interesse des K an einer Korrektur des äußeren Erscheinungsbildes des Hundes und dem Aufwand, den der K von dem T zur ohnehin nur teilweise möglichen Beseitigung des Mangels verlangte. Eine weitergehende Auswirkung des genetischen Defekts (etwa auf die Gesundheit des Hundes) ist nicht ersichtlich.

Die von K geforderte Mangelbeseitigung war für den T folglich unzumutbar.

c) Bestehen bei Vertragsschluss

Da der genetische Defekt von Anfang an bestand und nicht durch eine dem T noch zumutbare Nacherfüllung behebbar ist, stand der Pflicht zur mangelfreien Leistung aus § 433 Abs. 1 S. 2 schon bei Vertragsschluss ein anfängliches Leistungshindernis i.S.d. § 275 entgegen.

3. Verantwortlichkeit nach § 311a Abs. 2 S. 2

Der Anspruch aus § 311a Abs. 2 S. 1 ist nach § 311a Abs. 2 S. 2 ausgeschlossen, wenn T das Leistungshindernis bei Vertragsschluss weder kannte noch seine Unkenntnis zu vertreten hat (§ 311a Abs. 2 S. 2). Aus dem Sachverhalt ergibt sich, dass die Fehlentwicklung des Knochenwachstums für T nicht erkennbar war, bevor er den Hund an den K verkaufte. Dafür spricht nicht nur, dass er die vor dem Verkauf eines Welpen üblichen Untersuchungen – auch durch den Zuchtwart – hatte durchführen lassen, ohne dass sich Beanstandungen ergeben hatten, sondern auch, dass die Tierärztin des K, die den Hund kurz nach der Übergabe und danach noch mehrfach untersuchte, die Fehlstellung des Sprunggelenks erst vier Monate nach der Übergabe bei ihrer achten Untersuchung des Dackels bemerkte. Selbst wenn die in der Wachstumsphase allmählich sich entwickelnde Fehlstellung des Sprunggelenks im Zeitpunkt des Kaufs, als der Welpe zwei Monate alt war, etwa mit Hilfe einer Röntgenuntersuchung im Ansatz schon erkennbar gewesen sein sollte, wäre T zu einer solchen Untersuchung des Hundes „auf Verdacht" ohne greifbare Anhaltspunkte im Hinblick auf die strahlungsbedingten Risiken nicht verpflichtet gewesen.

II. Ergebnis

K steht gegen T kein Anspruch auf Erstattung der Operationskosten aus §§ 437 Nr. 3, § 311a Abs. 2 zu.

B. Anspruch aus § 347 Abs. 2 i.V.m. §§ 437 Nr. 2, 326 Abs. 5

Möglicherweise kann K von T im Falle eines Rücktritts die Erstattung der Operationskosten verlangen.

I. Anspruchsentstehung

1. Vertragliches Schuldverhältnis

Der Anspruch auf Aufwendungsersatz aus § 347 Abs. 2 setzt zunächst einen wirksamen Vertrag zwischen K und T voraus, der hier in Gestalt eines Kaufvertrages gegeben ist.

2. Ersatzfähige Aufwendungen

Zu einem Erstattungsanspruch aus § 347 Abs. 2 kann ein Rücktritt vom Kaufvertrag nur führen, wenn die Operationskosten ersatzfähige Aufwendungen i.S.d. § 347 Abs. 2 darstellen.

a) Notwendige Verwendungen i.S.d. § 347 Abs. 2 S. 1

Gemäß § 347 Abs. 2 S. 1 sind dem Rückgewährschuldner notwendige Verwendungen zu ersetzen. Verwendungen sind Vermögensaufwendungen, die der Sache zugute kommen, indem sie ihrer Erhaltung, Wiederherstellung oder Verbesserung dienen. Notwendig ist eine Verwendung dann, wenn sie zur Erhaltung oder ordnungsgemäßen Bewirtschaftung der Sache nach objektiven Maßstäben zur Zeit der Vornahme erforderlich ist.

Dazu gehören bei Tieren die Futter- und Stallkosten.[75] Die Aufwendungen für eine tierärztliche Behandlung wegen Krankheiten oder zum Zwecke einer Routineuntersuchung sind nach objektiven Maßstäben als notwendig anzusehen.[76] Im vorliegenden Fall diente die tierärztliche Behandlung aber nicht der Heilung einer Krankheit, sondern lediglich der kosmetischen Korrektur einer genetisch bedingten Fehlstellung am Hinterbein. Eine notwendige Verwendung scheidet damit aus.

b) Andere Aufwendungen i.S.d. § 347 Abs. 2 S. 2

Nach § 347 Abs. 2 S. 2 sind sonstige Aufwendungen nur dann erstattungsfähig, wenn T im Falle der Rückgabe des Dackels dadurch auch bereichert wird. Auf die objektive Werthaltigkeit der Aufwendungen kommt es nach § 347 Abs. 2 S. 2 nicht an, da diese Vorschrift bezüglich der Bereicherung ausdrücklich auf die Person des Gläubigers abstellt. Nach dem Sachverhalt hätte T den Dackel nicht einer tierärztlichen Operation unterzogen. Eine Bereicherung in Form ersparter Aufwendungen scheidet damit aus. Ob der Dackel durch die Operation eine für T nutzbare Wertsteigerung erfahren hat, ergibt sich aus dem Sachverhalt nicht. Von einer Bereicherung des T ist folglich nicht auszugehen.

II. Ergebnis

Ein Anspruch auf Erstattung der Tierarztkosten aus § 347 Abs. 2 scheidet somit im Falle des Rücktritts ebenfalls aus.

75 *BGH* Urteil vom 15. November 2006 (Az. VIII ZR 3/06).

76 *BGH* Urteil vom 15. November 2006 (Az. VIII ZR 3/06).

5. Teil
Die Rücksichtspflichtverletzung

A. Konkurrenz zu den Leistungsstörungsregeln

Die Verletzung einer Rücksichtspflicht ist eine Pflichtverletzung im Sinne des § 280 Abs. 1 S. 1. **396**
Wenn der Schuldner sie zu vertreten hat, haftet er auf Schadensersatz. Dabei ist wieder zwischen Schadensersatz „neben der Leistung" und Schadensersatz „statt der Leistung" zu unterscheiden, da §§ 280 Abs. 1, Abs. 3, 282 einen besonderen Anspruch für den Schadensersatz statt der Leistung wegen Rücksichtspflichtverletzung vorsehen.

Außerdem gibt es bei gegenseitigen Verträgen ein besonderes Rücktrittsrecht aus § 324, wenn Rücksichtspflichten verletzt werden.

Wenn Sie die genannten Tatbestände durchgehen, stellen Sie fest, dass weder der Anspruch **397**
auf Schadensersatz statt der Leistung (§ 282) noch das Rücktrittsrecht (§ 324) ein Fristsetzungserfordernis vorsehen. Vielmehr stellen beide Tatbestände darauf ab, dass dem Gläubiger ein Festhalten am Vertrag unzumutbar ist. Der Anspruch auf Schadensersatz **neben** der Leistung folgt direkt aus § 280 Abs. 1, ohne dass es auf eine zusätzliche Voraussetzung wie eine Abmahnung ankäme.

Angesichts dieser Unterschiede stellt sich die Frage, ob der Gläubiger im Falle einer schuldhaften Leistungspflichtverletzung auch auf diese Rechte zugreifen kann. Schließlich kann man in einer verschuldeten Verletzung von Leistungspflichten auch einen Verstoß gegen Rücksichtspflichten erkennen, weil der Schuldner ja zumindest fahrlässig gehandelt und damit die im Verkehr erforderliche Sorgfalt außer Acht gelassen hat.

Die Versuchung solcher Rückgriffe auf die Tatbestände der Rücksichtspflichten wird immer dann geweckt, wenn die – regelmäßig strengeren – Voraussetzungen der Schadensersatzansprüche bzw. Rücktrittsrechte wegen Leistungsverzögerung oder Schlechtleistung nicht erfüllt sind. Dadurch droht aber eine Aushöhlung der besonderen Regelungen des Leistungsstörungsrechts. Insbesondere das Fristsetzungserfordernis in §§ 281, 323 und die Notwendigkeit eines Verzugseintritts für den Anspruch aus §§ 280 Abs. 1, Abs. 2, 286 könnten umgangen werden, wenn stets „zur Not" auch die Regelungen über Rücksichtspflichtverletzungen Anwendung fänden. Deshalb ist im Falle einer schuldhaften Leistungspflichtverletzung ein Rückgriff auf die Regeln über die durch das schuldhafte Verhalten verletzte Rücksichtspflicht nicht möglich.[1] Die Leistungspflichtverletzung ist also ausschließlich nach den für sie geltenden Regeln zu beurteilen.

Beispiel Arzt A stellt seinem Privatpatienten B für Behandlungen 300 € in Rechnung. Ein Hinweis nach § 286 Abs. 3 S. 1 Hs. 2 auf die Möglichkeit des Verzugseintritts nach 30 Tagen nach Zugang der Rechnung unterbleibt. B zahlt den Rechnungsbetrag nicht, weil er Rechnungen grundsätzlich erst einmal „liegen lässt". Wenn A nun einen Rechtsanwalt mit der Beitreibung seiner Forderung beauftragt, kann A die Rechtsanwaltskosten für die verzugsbegründende Erstmahnung nicht aus §§ 280 Abs. 1, Abs. 2, 286 ersetzt verlangen.[2]

1 *BGH* Urteil vom 22. November 2005 (Az. VI ZR 126/04) unter Ziff. II 2 = NJW 2006, 687.
2 Vgl. oben unter Rn. 175.

Nun könnte man ja zu dem „Trick" greifen und bereits die schuldhafte Nichtleistung nach Rechnungszugang als Verletzung der Pflicht zur Rücksichtnahme auf die Interessen (rechtzeitige Zahlung) und Rechte (Honoraranspruch) des Arztes interpretieren. Dann würde der Anspruch auf Erstattung der Rechtsanwaltskosten unmittelbar aus § 280 Abs. 1 folgen, ohne dass es auf die weiteren Voraussetzungen des § 286 ankäme. Der Verweis des § 280 Abs. 2 auf § 286 wäre dann obsolet, so dass ein Rückgriff auf §§ 280 Abs. 1, 241 Abs. 2 ausgeschlossen ist. ■

398 Die Rücksichtspflichten werden nur verdrängt, soweit es um die Beurteilung der Folgen einer bestimmten Leistungsstörung geht.[3]

Davon ist der Fall zu unterscheiden, dass der Schuldner mehrere Leistungs- und Rücksichtspflichtverletzungen begeht, die selbstständig nebeneinander bestehen. Hier stehen die einzelnen Rechte in selbstständiger Konkurrenz nebeneinander.

Beispiel Verkäufer V übergibt dem Käufer K in seinem Laden die Kaufsache in mangelhaftem Zustand (= Leistungspflichtverletzung). K weist dies empört zurück und verlangt Neulieferung. K rutscht beim Verlassen des Ladens auf einer Bananenschale aus, die V immer noch nicht entfernt hatte (Rücksichtspflichtverletzung). ■

Hinweis

Als „Faustformel" für die Konkurrenz der Regeln über Leistungs- und Rücksichtspflichtverletzung können Sie sich Folgendes merken: Wann immer sich die Rücksichtspflichtverletzung lediglich als schuldhafte Herbeiführung einer Leistungspflichtverletzung darstellt (*Verzugsbeispiel* oben), gelten allein die Regeln über Leistungspflichtverletzungen und verdrängen insoweit die Tatbestände der Rücksichtspflichtverletzung.

3 *BGH* Urteil vom 22. November 2005 (Az. VI ZR 126/04) unter Ziff. II 2 = NJW 2006, 687.

B. Anspruch auf Schadensersatz neben der Leistung aus § 280 Abs. 1

Anspruch auf Schadensersatz neben der Leistung aus § 280 Abs. 1 399

PRÜFUNGSSCHEMA

I. Schuldverhältnis
- Vertrag mit Schutzwirkung zugunsten Dritter Rn. 403 ff.
- Gefälligkeitsverhältnisse und c.i.c. Rn. 417
- Haftung und Einbeziehung Dritter bei c.i.c. Rn. 420 ff.

II. Rücksichtspflichtverletzung
- Konkurrenz zur Anfechtung wegen arglistiger Täuschung Rn. 438 ff.
- Abbruch von Vertragsverhandlungen Rn. 443 ff.

III. Vertretenmüssen
- Reichweite von Haftungsausschlüssen Rn. 450 f.

IV. Ersatzfähiger Schaden
- Vertrag als Schaden Rn. 452

V. Art und Umfang des Schadensersatzes, §§ 249 ff.

I. Schuldverhältnis

400

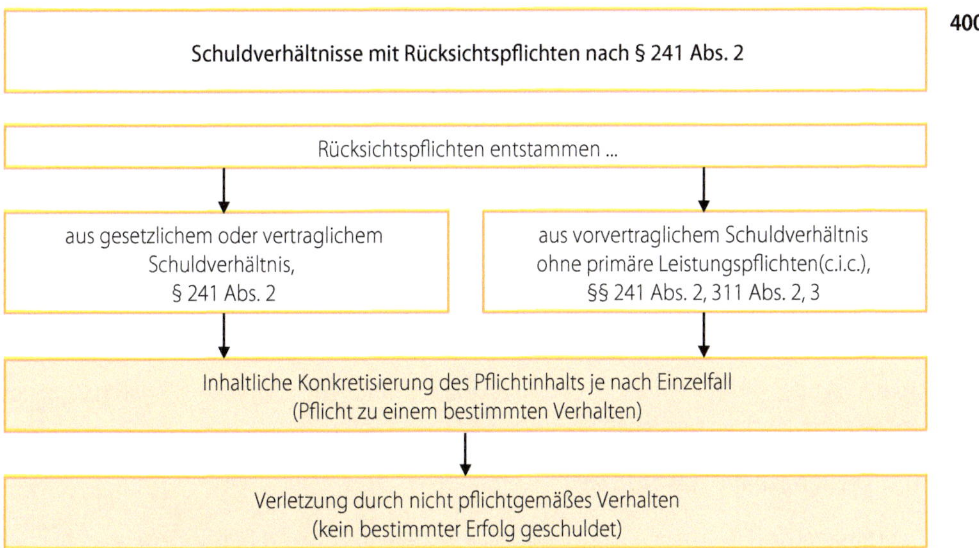

Der Anspruch auf Schadensersatz neben der Leistung wegen Verletzung einer Rücksichtspflicht aus § 280 Abs. 1 erfordert zunächst – wie immer – ein Schuldverhältnis. 401

Hier kommen vertragliche und gesetzliche Schuldverhältnisse in Betracht. Hier sind folgende Besonderheiten zu beachten: 402

1. Vertrag mit Schutzwirkung zugunsten Dritter

403 Rücksichtnahmepflichten können auch im Verhältnis zu Dritten bestehen, und zwar beim sog. „Vertrag mit **Schutzwirkungen zugunsten Dritter (VSzD)**". Diese Figur kann der **ergänzenden Vertragsauslegung** (§§ 133, 157) entnommen werden. Insoweit man den Willen der Parteien hier als überstrapaziert ansieht lässt sich die Rechtsfigur auf richterliche Rechtsfortbildung oder Gewohnheitsrecht stützen. In der Klausur sollte die dogmatische Herleitung sehr effizient abgearbeitet werden.

Der Vertragsschuldner hat die Leistung nach dem Vertrag so zu erbringen und derart Rücksicht zu üben, dass nicht nur der Vertragspartner, sondern auch bestimmbare Dritte nicht geschädigt werden.[4] Das hat zur Folge, dass einem einbezogenen Dritten im Falle der Schädigung ein eigener Ersatzanspruch als sekundärer vertraglicher Anspruch gegen den Schuldner zusteht. Damit kann der VSzD zu einer Kumulierung der Ansprüche mehrerer Geschädigter führen.

> **Hinweis**
>
> Der „Vertrag mit Schutzwirkung zugunsten Dritter" darf nicht mit dem (echten) „Vertrag **zugunsten Dritter (VZD)**" i.S.d. § 328 verwechselt werden. Beim Vertrag mit Schutzwirkung zugunsten Dritter steht der Anspruch auf die Leistung(en) allein dem Vertragspartner zu. Der Dritte ist nur in der Weise berechtigt, dass er bei Schlechtleistungen oder bei Verletzung von Rücksichtnahmepflichten vertragliche Schadensersatzansprüche geltend machen kann.[5]

Dieses Rechtsinstitut dient insbesondere dem **Ausgleich der Schwächen der deliktischen Ansprüche**. So kann hier das Verschulden von Erfüllungsgehilfen nach § 278 zugerechnet werden, das Vertretenmüssen wird vermutet und auch primäre Vermögensschäden sind ersatzfähig. Aus dem Umstand, dass dieses Rechtsinstitut von der Rechtsprechung als Ausfluss der ergänzenden Vertragsauslegung angesehen wird, folgt zugleich, dass eine Beschränkung auf die Verletzung von nicht leistungsbezogenen Nebenpflichten nicht die einzige Erscheinungsform des VSzD darstellen muss. So ist es möglich, dass der Dritte zwar keinen Anspruch auf Erfüllung – wie beim VZD – erwirbt, ihm jedoch Leistungsansprüche wegen Verletzung von Leistungspflichten zustehen sollen **(Einbeziehung Dritter in den Schutzbereich von Leistungspflichten)**.[6] Dritte können auch dergestalt vom VSzD profitieren, als Haftungsprivilegien aus dem Vertrag auf ihre Haftung anzuwenden sind (so z.B. § 548 Abs. 1).[7]

Ob ein rechtsgeschäftlicher Wille zur Einbeziehung Dritter angenommen werden darf, hängt von folgenden Voraussetzungen ab:

a) Leistungsnähe des Dritten

404 Der Dritte muss den Gefahren von Schlechtleistungen und Schutzpflichtverletzungen ebenso ausgesetzt sein wie der Gläubiger selbst, weil er mit der Leistung bestimmungsgemäß in Berührung kommt.[8]

---

4 St. Rspr., z.B. *BGH* Urteil vom 20. April 2004 (Az. X ZR 250/02) = NJW 2004, 3035; *BGH* NJW 1984, 356 ff.; Grüneberg-*Grüneberg* § 328 Rn. 14 m.w.N. auch zu abweichenden Konstruktionsvorschlägen.

5 Grüneberg-*Grüneberg* § 328 Rn. 13 und 15 m.w.N.

6 *BGH* NJW 1995, 51.

7 *BGH* NJW 2006, 2399.

8 Lorenz JuS 2021, 817 ff.

Beispiel 1 Mitwohnende Familienangehörige des Mieters in Bezug auf Mängel der Mietsache und in Bezug auf die Verletzung von Schutzpflichten (Verkehrssicherungspflichten) des Vermieters;[9] ■

Beispiel 2 Patient, wenn ein anderer den Behandlungsvertrag mit dem Arzt bzw. Krankenhaus geschlossen hat, z.B. Eltern für ihr – jedenfalls bei kleinen Kindern – krankes Kind oder eine Krankenkasse für ihr Mitglied;[10] ■

Beispiel 3 Personen, die mitbefördert werden (Flug-, Bahn-, Schiffsreise, Taxifahrt etc.), aber selbst den Beförderungsvertrag nicht geschlossen haben;[11] ■

Beispiel 4 Kreditgeber bezüglich mangelfreier Erstellung eines Wertgutachtens über ein Grundstück, das zum Zwecke der Erlangung von Krediten eingesetzt wird.[12] ■

b) Einbeziehungsinteresse des Gläubigers

Damit die Haftung für die betroffene Partei nicht unvorhersehbar ausufert, sind Einschränkungen geboten. Deshalb soll der Vertrag nur dann als Schuldverhältnis mit Schutzwirkung zugunsten Dritter (ergänzend) ausgelegt werden können, wenn der Gläubiger an der Einbeziehung des Dritten ein besonderes und erkennbares Interesse hat.[13] **405**

aa) „Wohl und Wehe"-Verhältnis

Früher hat die Rechtsprechung gefordert, dass der Gläubiger für das „Wohl und Wehe" des Dritten mitverantwortlich ist, indem er ihm selbst in gesteigerter Weise Schutz und Fürsorge schuldet.[14] Dies war insb. in Fällen der Drittbeziehung mit einem **personenrechtlichen Einschlag** gegeben (typisch für familen-, arbeits-, oder mietvertragliche Rechtsbeziehung). **406**

Beispiel 1 Mieter schuldet Fürsorge gegenüber seinen (mitwohnenden) Familienangehörigen, z.B. Ehepartner, Kinder. ■

Beispiel 2 Arbeitgeber schuldet Fürsorge gegenüber seinen Arbeitnehmern, und zwar über §§ 617, 618 hinaus. ■

Beispiel 3 **Kein** „Wohl und Wehe"-Verhältnis zwischen Verkäufer und Käufer, so dass der Kaufvertrag zwischen Verkäufer und dessen Lieferanten keine Schutzwirkungen zugunsten des Käufers begründet,[15] ebenso wenig der Vertrag zwischen Verkäufer und Transportunternehmen beim Versendungskauf.[16] ■

bb) Sonstige Gründe für Einbeziehungsinteresse

Die Rechtsprechung hat in der Folgezeit auch solche Konstellationen als ausreichend anerkannt, bei denen der Gläubiger ein besonderes Interesse an dem Schutz bestimm- **407**

9 St. Rspr. seit RGZ 91, 21, 24 und BGHZ 5, 378, 384.
10 *BGH* NJW 2022, 2269 (lesenswert!).
11 St. Rspr. seit RGZ 87, 64 f. und BGHZ 24, 325.
12 *BGH* Urteil vom 20. April 2004 (Az. X ZR 250/02) = NJW 2004, 3035; Urteil vom 26. September 2000 (Az. X ZR 94/98) = NJW 2001, 360 ff. = BGHZ 145, 187, 197; *BGH* NJW 1995, 392 ff. = BGHZ 127, 378, 380 f.
13 Grüneberg-*Grüneberg* § 328 Rn. 17, 17a m.w.N.
14 Grüneberg-*Grüneberg* § 328 Rn. 17, 17a m.w.N.
15 St. Rspr. seit BGHZ 51, 96.
16 *BGH* NJW 1978, 1577.

ter Personen hat.[17] Nicht ausreichend ist dagegen das bloß allgemeine Interesse, Dritte nicht zu schädigen.

Beispiel 1 **Gutachtenfälle:** Auftraggeber eines Wertgutachtens über ein Grundstück hat besonderes Interesse an Einbeziehung der Integritätsinteressen von Kreditgebern, wenn das Gutachten vereinbarungsgemäß zum Zwecke der Erlangung von Krediten eingesetzt werden soll.[18] Aber auch spätere Kaufinteressenten – mit grds. gegenläufigen Interessen – können einbezogen sein.[19] ■

Beispiel 2 Mieter eines Warenlagers hat besonderes Interesse an Einbeziehung der Eigentümer, wenn es sich bei den Waren um Sicherungs- oder Vorbehaltseigentum handelt.[20] ■

c) Erkennbarkeit

408 **JURIQ-Klausurtipp**

Die Erkennbarkeit prüfen Sie entweder gesondert unter einem eigenen Prüfungspunkt oder – wie in der Rechtsprechung üblich – gleich innerhalb der Punkte „Leistungsnähe" und „Einbeziehungsinteresse". Sie prüfen dann also „erkennbare Leistungsnähe" und „erkennbares Einbeziehungsinteresse".

409 Da der Vertrag mit Schutzwirkung zugunsten Dritter seine Wurzel in der ergänzenden Vertragsauslegung hat, müssen Leistungsnähe und Einbeziehungsinteresse des Gläubigers für die andere Vertragspartei erkennbar sein.[21] Dabei kommt es aber nicht darauf an, ob dem Schuldner die Person, die in den Schutzbereich einbezogen werden soll, namentlich bekannt ist.[22]

Die Erkennbarkeit ist stets anhand der jeweiligen Umstände des Einzelfalles genau und sorgfältig zu begründen. Der Inhalt und Zweck des Vertrages muss erkennen lassen, dass dem Interesse Dritter Rechnung getragen werden sollte. Die Parteien müssen den Willen gehabt haben, zugunsten dieser Dritten eine Schutzpflicht zu begründen.[23] Der Kreis der Einbezogenen beschränkt sich auf solche Dritte, in deren Interesse die Leistung und Rücksichtnahme des Schuldners nach der ausdrücklichen oder stillschweigenden Vereinbarung der Parteien zumindest auch erbracht werden soll.[24]

Tragender Gesichtspunkt für die Beschränkung des Kreises der einbezogenen Dritten ist in allen diesen Fällen das Anliegen, das Haftungsrisiko für den Schuldner kalkulierbar zu halten. Der Schuldner soll die Möglichkeit haben, sein Risiko bei Vertragsschluss zu kalkulieren und gegebenenfalls zu versichern.[25]

17 *BGH* NJW 1984, 355.
18 *BGH* Urteil vom 20. April 2004 (Az. X ZR 250/02) = NJW 2004, 3035; Urteil vom 26. September 2000 (Az. X ZR 94/98) = NJW 2001, 360 ff. = BGHZ 145, 187, 197; *BGH* NJW 1995, 392 ff. = BGHZ 127, 378, 380 f.
19 *BGH* NJW 2015, 2345 (Rn. 13).
20 BGHZ 49, 355; Grüneberg-*Grüneberg* § 328 Rn. 29 f. m.w.N.
21 St. Rspr., z.B. *BGH* NJW 1996, 2927, 2929 – „Nitrierofenfall" m.w.N.
22 *BGH* Urteil vom 20. April 2004 (Az. X ZR 250/02) = NJW 2004, 3035; *BGH* NJW 1998, 1059, 1062.
23 *BGH* NJW 2004, 3035.
24 *BGH* NJW 2004, 3035.
25 BGHZ 51, 91, 96; 138, 257, 262.

Die Erkennbarkeit ist bei den beispielhaft genannten „Wohl und Wehe"-Verhältnissen meist unproblematisch gegeben, da die geschützten Personen in diesen Fällen zwangsläufig von Pflichtverletzungen des Schuldners (z.B. Vermieters) betroffen sind und dieser diese Situation in der Regel ohne weiteres erkennen kann. In allen übrigen Fällen bedarf es einer sehr sorgfältigen Auseinandersetzung mit dem Sachverhalt.

Beispiel (Gutachtenfall) Als Dritte, die in den Schutzbereich eines Gutachtenauftrags zur Wertermittlung eines Grundstücks einbezogen sind, kommen nicht nur ein oder mehrere Kreditinstitute, sondern auch eine namentlich nicht bekannte Vielzahl privater Kreditgeber in Betracht, wenn der Gutachter nach dem Inhalt des ihm erteilten Gutachtenauftrags wusste oder damit rechnen musste, dass der Auftraggeber das Gutachten zur Erlangung von irgendwelchen Krediten verwenden werde, für die der Wert des Grundstücks als Sicherheit dienen soll.[26]

Der Kreis der in den Schutzbereich des Vertrages einbezogenen Dritten findet dort eine 410
Grenze, wo der Gläubiger Dritte in einer Weise in Kontakt mit der Leistung bringt, **mit der ein redlicher Schuldner nicht mehr rechnen muss.**[27]

d) Schutzbedürftigkeit des Dritten

Schließlich nimmt die ganz überwiegende Auffassung eine Einschränkung des Anwendungs- 411
bereiches des Vertrags zugunsten Dritter vor, wenn der Dritte keines vertraglichen Schutzes bedarf. Dies ist dann der Fall, wenn der Dritte wegen derselben Pflichtverletzung **einen gleichwertigen, vertraglichen oder vorvertraglichen (c.i.c.) Anspruch gegen den Gläubiger oder andere Personen** hat.[28]

Beispiel Der Untermieter kann keine Ansprüche wegen Mängeln oder der Verletzung von Schutzpflichten gegen den Vermieter seines (Unter-)Vermieters, also wegen Verletzung von Pflichten aus dem Hauptmietvertrag, herleiten.[29] Schließlich stehen ihm eigene Ansprüche aus seinem (Unter-)Mietvertrag gegen seinen (Unter-)Vermieter zu.

2. Vorvertragliche Rücksichtspflichten (sog. „culpa in contrahendo")

§ 311 Abs. 2 Nr. 3 bestimmt, dass Schuldverhältnisse auch durch bloße geschäftliche Kontakte 412
entstehen können. Es handelt sich dabei um rechtsgeschäftsähnliche Schuldverhältnisse **ohne primäre Leistungspflichten**. Sie verpflichten **nur zur Rücksichtnahme** auf die andere Person.

Dieses Schuldverhältnis kann in der Phase der Vertragsanbahnung oder Vertragsbeendigung entstehen. Entscheidend ist, dass ein geschäftlicher Kontakt bereits oder noch besteht.[30]

Beispiel Der Händler schuldet seinen Kunden nicht nur dann Rücksichtnahme, wenn sie seinen Laden betreten, sondern auch dann, wenn sie seinen Laden verlassen wollen. Auch dann besteht der geschäftliche Kontakt noch fort. Die berühmt-berüchtigten

26 So ausdrücklich der *BGH* NJW 2004, 3035.

27 *BGH* Urteil vom 20. April 2004 (Az. X ZR 250/02) = NJW 2004, 3035.

28 *BGH* Urteil vom 8. Juni 2004 (Az. X ZR 283/02) = NJW 2004, 3420; *BGH* NJW 1996, 2927, 2929 – „Nitrierofenfall"; Grüneberg-*Grüneberg* § 328 Rn. 18 m.w.N.

29 BGHZ 70, 327, 330 = NJW 1978, 883.

30 *Medicus/Lorenz* Schuldrecht I Rn. 5.

Gemüseblätter auf dem Boden des Ladens stellen in beiden Phasen eine gefährliche „Rutschfalle" dar und sind deshalb auch zum Schutz der sich verabschiedenden Personen zu entfernen. Dabei spielt es keine Rolle, ob sie etwas gekauft haben oder nicht![31] ■

a) Voraussetzungen des § 311 Abs. 2

413 § 311 Abs. 2 formuliert drei Tatbestände für das Entstehen eines Schuldverhältnisses im Sinne von § 241 Abs. 2:

aa) Aufnahme von Vertragsverhandlungen (§ 311 Abs. 2 Nr. 1)

414 Aufnahme von Vertragsverhandlungen meint den Beginn der Verhandlungen. Es genügen Vorgespräche, aber auch einseitige Maßnahmen einer Person, die eine andere Person zum Abschluss des Vertrages veranlassen sollen.[32]

Beispiele Verteilung von Werbeprospekten, Anzeigen etc. ■

bb) Vertragsanbahnung (§ 311 Abs. 2 Nr. 2)

415 Die Anbahnung des Vertrages ist der Aufnahme von Vertragsverhandlungen zeitlich vorgelagert. Hier geht es um die Konstellation, dass einem Verhandlungspartner zur Vorbereitung eines Vertragsschlusses die Möglichkeit gewährt wird, auf Rechtsgüter und Interessen des anderen Teils Einfluss zu nehmen.

Beispiel 1 Erreichung des Eingangsbereiches von Verkaufsräumen durch potentielle Kunden und natürlich Betreten der Räume selbst; ■

Beispiel 2 Probefahrt des Kunden eines Kfz-Händlers. ■

cc) Ähnliche geschäftliche Kontakte (§ 311 Abs. 2 Nr. 3)

416 Mit dem Auffangtatbestand des § 311 Abs. 2 Nr. 3 hat der Gesetzgeber klarstellen wollen, dass auch Kontakte, die nicht auf den Abschluss eines Vertrages abzielen, ein zur Rücksichtnahme verpflichtendes Schuldverhältnis begründen können.[33]

Beispiel 1 Person betritt Verkaufsräume eines Händlers, um sich die ausgestellten Waren interessehalber anzusehen, will aber aktuell nichts kaufen. ■

Beispiel 2 Abschluss eines nichtigen Vertrages.[34] ■

417 Fraglich ist, ob auch **reine Gefälligkeitsverhältnisse** unter den Anwendungsbereich dieser Norm fallen. Hier ist fraglich, ob jedes Gefälligkeitsverhältnis als „geschäftlicher Kontakt" i.S.d. § 311 Abs. 2 Nr. 3 verstanden werden kann. Eine geschäftliche Verbindung wird in diesen Fällen ja gerade nicht angestrebt. Problematisch ist daher, dass so verstanden der Anwendungsbereich der Norm derart verallgemeinert würde, dass sie entgegen ihrer gesetzgeberischen Intention nicht mehr einen vertragsähnlichen Haftungstatbestand, sondern eher eine allgemeine deliktische Haftung begründete. Damit würden die Besonderheiten der §§ 823 ff.

---

31 Beachten Sie nun die Neuauflage der „Rutschfälle" in *BGH* NJW–RR 2023, 95 (Weintraubenfall). Das bringt die Konstellation sicher wieder auf die Tische der Prüfer.

32 Grüneberg-*Grüneberg* § 311 Rn. 16.

33 Grüneberg-*Grüneberg* § 311 Rn. 18.

34 Grüneberg-*Grüneberg* § 311 Rn. 18.

jedoch nicht greifen. Aufgrund dieser systematischen Erwägungen und der Bezugnahme auf die Fälle des § 311 Abs. 2 Nr. 1 und 2 durch die Formulierung „ähnliche geschäftliche Kontakte" muss diese Tatbestandsvariante so ausgelegt werden, dass **Kontakte auf rein sozialer und damit eben nicht auf „geschäftlicher" Ebene kein Schuldverhältnis nach § 311 Abs. 2 begründen.**[35]

b) Parteien des vorvertraglichen Schuldverhältnisses nach § 311 Abs. 2

Parteien des vorvertraglichen Schuldverhältnisses sind grundsätzlich die Partner des in Aussicht genommenen Vertrages.[36] Dies ergibt sich eindeutig aus dem für Dritte geltenden Sondertatbestand des § 311 Abs. 3. 418

Deshalb treffen die Rücksichtspflichten aus dem durch die Anbahnung von Vertragsverhandlungen eines Vertreters begründeten gesetzlichen Schuldverhältnis regelmäßig den Vertretenen und nicht den Vertreter.[37] Die Zurechnung dessen schuldhaften Verhaltens richtet sich dann nach § 278. Man nennt den Vertreter im Stadium der Vertragsanbahnung auch „Verhandlungsgehilfen", wenn es um die Zurechnung dessen schuldhafter Rücksichtspflichtverletzungen (nicht seiner Willenserklärung!) nach § 278 geht.[38]

Beispiel Verhandelt ein Vertreter ohne Vertretungsmacht ohne Willen des Vertretenen einen Vertrag, wird dadurch ein Schuldverhältnis **zum Vertretenen** aus § 311 Abs. 2 begründet. Da der Vertretene von den Verhandlungen nichts weiß und den Vertreter nicht willentlich eingeschaltet hat, ist dieser kein Erfüllungsgehilfe des Vertretenen.[39] Der Vertretene muss sich deshalb etwaige Pflichtverletzungen des Vertreters nicht nach § 278 zurechnen lassen.

Die Verpflichtung aus § 311 Abs. 2 erfordert **unbeschränkte Geschäftsfähigkeit**, da die nicht voll geschäftsfähige Person ansonsten einer vertragsähnlichen Haftung unterworfen würde, was die §§ 104 ff. gerade verhindern wollen.[40] Dieser Gedanke ergibt sich auch aus § 682. 419

c) Verpflichtung Dritter nach § 311 Abs. 3

Gem. § 311 Abs. 3 kann ein Schuldverhältnis mit Pflichten nach § 241 Abs. 2 auch zu Personen entstehen, die nicht selbst Vertragspartei werden sollen. Das Gesetz erlaubt damit ausnahmsweise, dass **neben dem Vertretenen**[41] auch sein Vertreter für ein Verschulden bei Vertragsverhandlungen haftet. § 311 Abs. 3 S. 2 nennt dafür beispielhaft die Voraussetzung, dass der Dritte in **besonderem Maße** Vertrauen für sich in Anspruch genommen und dadurch die Vertragsverhandlungen oder den Vertragsschluss erheblich beeinflusst hat. 420

35 Grüneberg-*Grüneberg* § 311 Rn. 18.
36 Zur Einbeziehung Dritter siehe sogleich.
37 *BGH* NJW 1986, 586 ff.; BGHZ 88, 67 f. = NJW 1983, 2696.
38 *Lorenz* JuS 2007, 983, 984 unter Ziff. II 2b.
39 Vgl. oben unter Rn. 48 ff.
40 Grüneberg-*Grüneberg* § 311 Rn. 20.
41 Grüneberg-*Grüneberg* § 311 Rn. 66.

Hinweis

In den Fällen der Vertreterhaftung entsteht somit ein vorvertragliches Schuldverhältnis sowohl gegenüber dem Vertretenen (§ 311 Abs. 2) als auch gegenüber dem Vertreter (§ 311 Abs. 3). Der Vertretene haftet nur dann nicht, wenn der Vertreter nicht Erfüllungsgehilfe (= Verhandlungsgehilfe) des Vertretenen gewesen ist (§ 278), und zwar weil er keine Vertretungsmacht hatte und vom Vertreter auch nicht als sonstiger Verhandlungsgehilfe eingesetzt wurde.[42]

aa) Inanspruchnahme besonderen Vertrauens

421 Ein derartiger Sachverhalt kann gegeben sein, wenn der Vertragsvermittler mit Hinweis auf seine außergewöhnliche Sachkunde oder seine besondere persönliche Zuverlässigkeit dem Verhandlungspartner eine zusätzlich, von ihm persönlich ausgehende Gewähr für das Gelingen des in Aussicht genommenen Geschäfts bietet.[43] Das Vertrauen muss über das normale Verhandlungsvertrauen hinausgehen, das bei Anbahnung von Geschäftsbeziehungen immer gegeben ist oder doch gegeben sein sollte.[44] Das erforderliche Maß der Inanspruchnahme von Vertrauen ist (erst) erreicht, wenn der Dritte quasi die Gewähr für das ordnungsgemäße Zustandekommen des Vertrages übernimmt. Das Vertrauen muss der Dritte „für sich" in Anspruch nehmen, ausreichend ist also nicht, wenn sich das begründete Vertrauen auf die Person des Verhandlungsgegners bezieht. Solche Dritte werden als „Sachwalter" bezeichnet. Beachten Sie jedoch, dass Personen, die auf Grund besonderer beruflicher Sachkunde Einfluss auf Vertragsverhandlungen nehmen, ohne an diesen unmittelbar beteiligt zu sein, nach der Rechtsprechung nach den oben dargestellten Grundsätzen zum VsZD haften und nicht nach § 311 Abs. 3 S. 2 (z.B. Gutachten von Sachverständigen oder Wirtschaftsprüfern).[45]

Beispiel 1 Verhandlungen mit einem Vertreter, der Ehepartner oder Partner einer nichtehelichen Lebensgemeinschaft des anderen Teils ist und unter Hinweis auf sein Näheverhältnis für das Zustandekommen des Vertrages „bürgt". ■

Beispiel 2 Sachkundiger und erfahrener Auktionator im Rahmen der Versteigerung eines Kunstwerks für den Einlieferer (= Verkäufer). ■

bb) Eigenes wirtschaftliches Interesse

422 Die in § 311 Abs. 3 S. 2 genannte Konstellation ist nicht abschließend. Die zweite wichtige Fallgruppe des § 311 Abs. 3 sind die Fälle, in denen der Vertreter, Verhandlungsgehilfe oder Vermittler ein besonderes eigenes (unmittelbares) wirtschaftliches Interesse an dem geplanten Vertrag hat. Die Eigenhaftung tritt dann ein, wenn der Vertreter wirtschaftlich betrachtet quasi in eigener Sache tätig wird. Ein mittelbares Interesse, z.B. Aussicht auf Provision oder andere Entgeltzahlungen, genügen nicht.[46]

42 BGHZ 92, 164, 175; Grüneberg-*Grüneberg* § 311 Rn. 16.
43 *BGH* NJW 1990, 506.
44 *BGH* NJW-RR 1989, 110; *BGH* NJW 1990, 506.
45 Lorenz JuS 2015, 398.
46 Grüneberg-*Grüneberg* § 311 Rn. 61; BGH NJW 2002, 208 (212).

d) Begünstigung Dritter

Auch im Falle des vorvertraglichen Schuldverhältnisses können Dritte in den Schutzbereich der Rücksichtnahmepflichten einbezogen sein. Allerdings kann sich diese Einbeziehung mangels Vertragsschlusses **(noch) nicht aus einer ergänzenden Vertragsauslegung** ergeben. Eine Auffassung bejaht eine Einbeziehung „nach dem Rechtsgedanken des § 328".[47] **Nach Schaffung des § 311 Abs. 2 scheint es hingegen vorzugswürdig, diese Fälle unter § 311 Abs. 2 Nr. 3 zu subsumieren.** Im Ergebnis ist man sich darin einig, dass die Einbeziehung Dritter in die Schutzwirkungen des vorvertraglichen Schuldverhältnisses **dann geboten ist, wenn die jeweiligen Personen nach den oben unter Rn. 403 ff. genannten Grundsätzen auch in den Schutzbereich des später geschlossenen Vertrages einbezogen wären.** Anderenfalls hinge der vertragliche Anspruch von dem zufälligen Umstand ab, ob das schädigende Ereignis vor oder bereits nach Abschluss des angebahnten Vertrages eingetreten ist.[48] 423  

Beispiel[49] Die 14-jährige T begleitet ihre Mutter in den Selbstbedienungsladen des V. Nachdem ihre Mutter die Waren ausgesucht hat und sich im Kassenbereich befindet, rutscht T auf einem Gemüseblatt aus. Die Angestellten des V hatten vergessen, das Gemüseblatt zu entfernen. T erleidet eine sehr schmerzhafte Verletzung am rechten Knie, die eine längere, teilweise stationäre ärztliche Behandlung und einen operativen Eingriff erforderlich macht. T verlangt Schmerzensgeld.

Aufgrund der gegebenen Gesundheitsverletzung könnte der T gegen V ein Schmerzensgeldanspruch aus §§ 280 Abs. 1, 253 Abs. 2 zustehen. Als Schuldverhältnis kommt allein ein vorvertragliches Schuldverhältnis aus § 311 Abs. 2 in Betracht.

T selbst hatte keine Kaufabsichten, so dass zwischen V und T kein Vertrag angebahnt wurde. In Betracht kommt einzig ein vorvertragliches Schuldverhältnis durch einen „ähnlichen geschäftlicher Kontakt" i.S.d. § 311 Abs. 2 Nr. 3. Ein solcher Kontakt ist dann anzunehmen, wenn T in den Schutzbereich des später zwischen ihrer Mutter und V geschlossenen Kaufvertrages einbezogen wäre. Gerade weil die Schutz- und Fürsorgepflicht den maßgeblichen Inhalt des durch die Anbahnung von Vertragsverhandlungen begründeten gesetzlichen Schuldverhältnisses darstellt und der Vertragspartner diese Rücksichtnahme gleichermaßen vor wie nach Vertragsschluss schuldet, ist die Einbeziehung Dritter in dieses gesetzliche Schuldverhältnis nur folgerichtig. Es würde im Übrigen auch jeder vernünftige rechtfertigende Grund dafür fehlen, die vertragliche Haftung vom reinen Zufall abhängig zu machen, ob die Vertragsverhandlungen im Zeitpunkt der Schädigung schon zum endgültigen Vertragsschluss geführt hatten.

Für V war erkennbar, dass T durch die Verletzung von Rücksichtnahmepflichten in gleicher Weise beeinträchtigt würde wie ihre Mutter, die sie begleitete („erkennbare Leistungsnähe"). Ob T oder ihre Mutter als künftige Vertragspartnerin auf dem Gemüseblatt ausrutschen, ist lediglich eine Frage des Zufalls. Eine Einbeziehung der T entspricht auch den erkennbaren Interessen der Mutter. Die Mutter ist im Innenverhältnis für das „Wohl und Wehe" ihrer Tochter verantwortlich und durfte deshalb redlicherweise davon ausgehen, dass auch V der T gegenüber dieselbe Sorgfalt walten lässt wie ihr selbst gegenüber.

47 Grüneberg-*Grüneberg* § 311 Rn. 15.

48 So die ausdrückliche Begründung des *BGH* im berühmten „Gemüseblattfall" = BGHZ 66, 51 ff. = NJW 1976, 712 f.

49 Nach BGHZ 66, 51 ff. = NJW 1976, 712 f.

Schließlich ist T auch schutzbedürftig, da sie im vorliegenden Fall über keinen vertraglichen Anspruch gegen andere Personen verfügt.

T wäre damit in die Schutzwirkungen des später abgeschlossenen Kaufvertrages einbezogen gewesen. Damit ist auch eine Einbeziehung der T in die vorvertraglichen Schutzpflichten während der Anbahnung des intendierten Kaufvertrages zu bejahen.

V war der T damit ebenfalls zur Rücksichtnahme gem. § 241 Abs. 2 verpflichtet. Dabei macht es keinen Unterschied, wenn man diese Verpflichtung nicht aus einem „ähnlichen geschäftlichen Kontakt" i.S.d. § 311 Abs. 2 Nr. 3, sondern aus dem Rechtsgedanken des § 328 herleitet.

Indem die Mitarbeiter des V das Gemüseblatt nicht entfernten und V auch keine Warnhinweise aussprach, liegt eine Verletzung der aus § 241 Abs. 2 folgenden Schutzpflicht vor. Dabei muss V sich ein Verschulden seiner Mitarbeiter nach § 278 zurechnen lassen.

V ist der T im Ergebnis somit zur Zahlung eines angemessenen Schmerzensgeldes aus §§ 280 Abs. 1, 253 Abs. 2, 311 Abs. 2 Nr. 3 verpflichtet. ■

e) Beendigung des vorvertraglichen Schuldverhältnisses

424 Das vorvertragliche Schuldverhältnis wird mit dem Abbruch des Kontakts oder mit dem Abschluss des Vertrages beendet. Nach Abschluss des Vertrages entstehen die Pflichten auf der Grundlage des vertraglichen Schuldverhältnisses. Bereits entstandene Ansprüche aus c.i.c. bleiben selbstverständlich bestehen. Besteht nach Erfüllung der vertraglichen Ansprüche weiter ein geschäftlicher Kontakt, entsteht wieder das Schuldverhältnis aus § 311 Abs. 2 Nr. 3.

II. Rücksichtspflichtverletzung

425 Da Rücksichtspflichten **nie erfolgsbezogen, sondern immer verhaltensorientiert sind,** ist niemals ein bestimmter Erfolg, sondern immer nur ein bestimmtes Verhalten geschuldet. Die Rücksichtspflicht ist verletzt, wenn der Schuldner sich nicht in der gebotenen Weise verhalten hat.[50]

426 Im Falle eines nicht natürlichen Schuldners ist auf das Verhalten seiner Organe bzw. sonstigen Repräsentanten i.S.d. § 31 abzustellen.

427 Da auch Rücksichtspflichten „Verbindlichkeiten" i.S.d. § 278 darstellen, findet § 278 Anwendung.[51] Dieser rechnet (schuldhaftes) Verhalten bestimmter Personen zu, **so dass bei Rücksichtspflichtverletzung bereits auf der Prüfungsstufe „Pflichtverletzung" auf ein rücksichtsloses Verhalten der Hilfspersonen i.S.d. § 278 abgestellt werden kann (und muss).**[52]

428 Eine erschöpfende Darstellung aller Rücksichtnahmepflichten, die sich aus einem Schuldverhältnis nach seinem Inhalt gem. § 241 Abs. 2 ergeben können, ist nahezu unmöglich. Das folgt aus der Tatsache, dass sich diese Pflichten **nach dem Inhalt des jeweiligen Schuldverhältnisses richten** (vgl. § 241 Abs. 2) und die Festlegung dieses Inhalts den jeweiligen Parteien überlassen ist.

---

50 *Petersen* Allgemeines Schuldrecht Rn. 33; *Lorenz* NJW 2007, 1, 2 unter Ziff. II 1.

51 Grüneberg-*Grüneberg* § 278 Rn. 18; *Lorenz* JuS 2007, 983, 984 unter Ziff. II 2b.

52 *Lorenz* JuS 2007, 983, 985 unter Ziff. IV.

Folgende Fallgruppen sollten Ihnen bekannt sein:

JURIQ-Klausurtipp

In der Klausur empfiehlt es sich, ausgehend von § 241 Abs. 2 eine fallrelevante Pflicht auszuwählen, die möglicherweise verletzt worden ist. Sie stellen dann den Inhalt und Umfang dieser Pflicht – abstrakt – dar. Dann prüfen Sie, ob der Schuldner im vorliegenden Fall dieser Pflicht durch sein Verhalten gerecht geworden ist.

1. Schutzpflichten

Gläubiger und Schuldner haben sich bei Abwicklung des Schuldverhältnisses so zu verhalten, dass vorhersehbare Schäden für die Person, das Eigentum und sonstige Rechtsgüter des anderen Teils vermieden werden.[53] Dies deckt sich weitgehend mit der im Deliktsrecht anerkannten und als „Verkehrssicherungspflicht" bezeichneten Verhaltenspflicht.[54] Das bedeutet, dass Sie Verkehrssicherungspflichten nicht nur im deliktischen sondern auch im vertraglichen Bereich prüfen müssen. **429**

Es gilt der Grundsatz, dass derjenige, der eine Gefahrenlage – gleich welcher Art – schafft, grundsätzlich verpflichtet ist, die notwendigen und zumutbaren Vorkehrungen zu treffen, um eine Schädigung anderer möglichst zu verhindern.[55] Die rechtlich gebotene Verkehrssicherung umfasst diejenigen Maßnahmen, die ein umsichtiger und verständiger, in vernünftigen Grenzen vorsichtiger Mensch für notwendig und ausreichend hält, um andere vor Schäden zu bewahren. **430**

Dabei ist jedoch zu berücksichtigen, dass nicht jeder abstrakten Gefahr vorbeugend begegnet werden kann. Ein allgemeines Verbot, andere nicht zu gefährden, wäre utopisch und besteht so allgemein nicht. Pflichtbegründend wird eine Gefahr vielmehr erst dann, wenn sich für ein sachkundiges Urteil die nahe liegende Möglichkeit ergibt, dass Rechtsgüter anderer verletzt werden können. Deshalb muss nicht für alle denkbaren Möglichkeiten eines Schadenseintritts Vorsorge getroffen werden. **431**

Der im Verkehr erforderlichen Sorgfalt ist genüge getan, wenn im Ergebnis derjenige Sicherheitsgrad erreicht ist, den die in dem entsprechenden Bereich herrschende Verkehrsauffassung für erforderlich hält.[56]

Beispiel 1 Der mit dem Anstrich eines Wohnzimmers beauftragte Maler muss die Möbel vor Farbverunreinigungen durch geeignete Gegenmaßnahmen (Abdecken mit Folie, etc.) schützen. ■

Beispiel 2 Der Mieter eines Pkws schuldet seinem Vermieter die Beachtung der Verkehrsregeln, um so einen Verkehrsunfall und eine damit verbundene Schädigung des Mietwagens zu vermeiden. ■

53 So bereits RGZ 78, 240; Grüneberg-*Grüneberg* § 242 Rn. 35.
54 Grüneberg-*Grüneberg* § 280 Rn. 28.
55 St. Rspr. des *BGH* z.B. Urteil vom 8. November 2005 (Az. VI ZR 332/04) und vom 15. Juli 2003 (Az. VI ZR 155/02), jeweils m.w.N.
56 *BGH* Urteil vom 8. November 2005 (Az. VI ZR 332/04).

2. Aufklärungspflichten

432 Aufklärungspflichten verpflichten eine Person des Schuldverhältnisses, die andere Person über bestimmte Umstände zu informieren.[57] Dahinter verbirgt sich ein bunter Pflichtenstrauß: Je nach Lage des Falles können Aufklärungs-, Anzeige-, Warn- oder Beratungspflichten bestehen. Die Aufklärungspflicht überschneidet sich mit der Schutzpflicht, wenn es um die Warnung vor Gefahren geht, die das Integritätsinteresse einer Person bedrohen.

433 Grundsätzlich ist jeder selbst dafür verantwortlich, sich die für ihn wichtigen Informationen zu beschaffen. Deshalb ist zu klären, unter welchen Voraussetzungen eine Informationspflicht überhaupt besteht.

a) Informationsgefälle

434 Entscheidende Voraussetzung für eine Aufklärungspflicht ist das Vorliegen eines Informationsgefälles: Der Informationspflichtige verfügt über eine Information, die der andere Teil nicht besitzt, die für diesen aber wichtig ist.

b) Besondere Umstände

aa) Frage der anderen Person

435 Fragt eine Person nach bestimmten Informationen, verletzt die andere Person ihre Aufklärungspflicht, **wenn sie die Fragen bewusst oder aus Unachtsamkeit falsch oder unvollständig beantwortet.**[58] Dies steht nicht in Widerspruch zu § 675 Abs. 2, da diese Vorschrift die „aus einem Vertragsverhältnis, einer unerlaubten Handlung oder einer sonstigen gesetzlichen Bestimmung ergebende Verantwortlichkeit" unberührt lässt. Entgegen der Grundregel des § 675 Abs. 2 wird bei Verletzung einer Aufklärungs**pflicht** also auf Schadensersatz wegen fehlerhafter Information gehaftet.

Hinweis

Besonderheiten gelten dabei aber im Arbeitsrecht. Der Arbeitnehmer darf unter Umständen bestimmte Fragen des Arbeitsgebers sogar vorsätzlich falsch beantworten.[59]

bb) Besondere Relevanz der Informationen

436 Zur Begründung einer Aufklärungspflicht kann auch auf die Relevanz der Information abgestellt werden. Umstände, die für die Willensbildung des anderen Teils **offensichtlich von ausschlaggebender Bedeutung sind, müssen ungefragt offenbart** werden.[60] Dazu gehören vor allem solche Umstände, die den Vertragszweck vereiteln oder gefährden können.

Beispiel V verkauft sein Grundstück an K. Dieser möchte dort – wie er dem V auch mitteilt – seinen Lebensabend verbringen. V ist bekannt, dass das Grundstück in einigen Jahren von der Gemeinde für den Straßenbau benötigt wird und deshalb eine Enteignung

57 Grüneberg-*Grüneberg* § 242 Rn. 37.

58 BGHZ 74, 383, 392.

59 Vgl. Skript „Arbeitsrecht" Rn. 108 ff.

60 *BGH* NJW 1990, 975; *BGH* NJW 1980, 2460.

droht. Die Information, dass das Grundstück dem Käufer möglicherweise auf Dauer nicht zur Verfügung steht, vereitelt hier den intendierten Vertragszweck – nämlich das Verbringen des Lebensabends auf dem Grundstück. V ist deshalb zur Aufklärung über die ihm bekannten Pläne der Gemeinde verpflichtet gewesen.[61] ■

cc) Besonderes Vertrauensverhältnis

Informationspflichten können sich des Weiteren aus einer besonderen Vertrauensprägung des Schuldverhältnisses ergeben. 437

Beispiel 1 Auskunftspflicht eines Anlageberaters der Bank über Risiken eines Anlagemodells. Die Aufklärung des Kunden über die allgemeinen Risiken, wie etwa die Konjunkturlage und die Entwicklung des Kapitalmarkts, sowie die speziellen Risiken, die sich aus den besonderen Umständen des Anlageobjekts ergeben, muss unter Berücksichtigung des Wissensstandes des Kunden aus Sicht „ex ante“ vollständig und richtig sein.[62] Auf Selbstverständlichkeiten, die auch dem Laien ohne weiteres ersichtlich sind, muss der Berater nicht hinweisen.[63] Hier fehlt es an der Voraussetzung des „Informationsgefälles“ (siehe oben). ■

Beispiel 2 Umfassende und erschöpfende Belehrungspflicht des Rechtsanwalts zur Rechtslage und Risiken einer vom Mandanten ins Auge gefassten Vorgehensweise. ■

Beispiel 3 Beratungs- und Aufklärungspflicht eines Arztes über Risiken und Nebenwirkungen einer Heilbehandlung. ■

Hinweis

Da die Aufklärungspflicht aus dem – unbestimmten – Tatbestand des § 241 Abs. 2 zu entwickeln ist, geht es im Rahmen einer Klausurlösung um eine schlüssige und gut argumentierte Begründung für das von Ihnen als richtig empfundene Ergebnis. Die Argumentation, nicht das Ergebnis steht hier im Vordergrund. Zurückhaltung ist geboten, wo es um die Aufklärung über die Rechtslage (z.B. Nacherfüllung) geht. Sind am Vertragsschluss nur rechtliche Laien beteiligt ist größte Zurückhaltung geboten.

Genauso ist im Rahmen von § 123 Abs. 1 vorzugehen, wenn es um die Frage geht, ob eine Täuschung durch Verschweigen von für den Vertragsschluss relevanten Umständen vorliegt. Auch die Täuschung durch Unterlassen setzt das Bestehen einer Aufklärungspflicht voraus.

c) Konkurrenz der vorvertraglichen Aufklärungspflichtverletzung zur Anfechtung

Die Anfechtungsmöglichkeit nach § 119 und § 123 schließt die Haftung wegen vorvertraglicher Aufklärungspflichtverletzung grundsätzlich nicht aus. Beide Rechtsinstitute stehen dem Anfechtenden grundsätzlich parallel zur Verfügung.[64] 438

Geht es um **die fahrlässige Verletzung einer vorvertraglichen Aufklärungspflicht**, stellt sich die Frage, ob §§ 280 Abs. 1, 241 Abs. 2, 249 Abs. 1 zur Anwendung kommen können. 439

61 Nach *BGH* WM 1976, 401 ff.

62 *BGH* Urteil vom 21. März 2006 (Az. XI ZR 63/05) = NJW 2006, 2041; Urteil vom 9. Mai 2000 (Az. XI ZR 159/99).

63 *BGH* Urteil vom 21. März 2006 (Az. XI ZR 63/05) = NJW 2006, 2041.

64 Grüneberg-*Grüneberg/Ellenberger* § 119 Rn. 2.

Denn der Schadensersatz wird gem. § 249 Abs. 1 regelmäßig zur Rückabwicklung des Vertrages führen. § 123 Abs. 1 erlaubt aber nur bei Arglist eine Anfechtung, die über § 142 und §§ 812 ff. ebenfalls zur Rückabwicklung führt. Außerdem kommt eine Anfechtung wegen arglistiger Täuschung gem. § 124 Abs. 1 nur innerhalb eines Jahres ab Kenntniserlangung und maximal innerhalb von 10 Jahren (§ 124 Abs. 3) in Betracht. Der Anspruch aus §§ 280 Abs. 1, 249 Abs. 1 verjährt dagegen erst drei Jahre nach Kenntniserlangung (§§ 195, 199 Abs. 1) und nach einer Maximalfrist von teils ebenfalls 10, teilweise aber auch 30 Jahren (§ 199 Abs. 2, Abs. 3). Für die c.i.c. reicht die fahrlässige Verursachung wobei das Vertretenmüssen gem. § 280 Abs. 1 S. 2 vermutet wird.

440 Mit dem Argument, § 123 Abs. 1 werde anderenfalls ausgehöhlt und unterlaufen, lehnen **Teile der Literatur** eine Sanktionierung der fahrlässigen Aufklärungspflichtverletzung ab. Die Entscheidung des Gesetzgebers, dass nur die arglistige Täuschung zur Vertragsauflösung (über § 142 und §§ 812 ff.) führe, müsse respektiert werden.[65]

441 Die **h.M.**[66] will die Vertragsbeseitigung im Wege der Naturalrestitution auch bei fahrlässiger Verletzung einer Aufklärungspflicht gem. §§ 280 Abs. 1, 249 Abs. 1 zulassen. Maßgeblich sei die **unterschiedliche Schutzrichtung** der Institute. Dies zeigt sich an den tatbestandlichen Unterschieden: Die Anfechtung gem. § 123 Abs. 1 führe zur Beseitigung der abgegebenen Willenserklärung **(Schutz der freien Willensbildung)**. Aus §§ 280 Abs. 1, 249 Abs. 1 folge dagegen lediglich ein schuldrechtlicher Anspruch auf Vertragsbeseitigung oder Minderung, sofern tatsächlich ein Schaden entstanden sei **(Schutz des Vermögens)**.

Während die **herrschende Lehre** im Abschluss eines, in seiner konkreten Gestalt für den Getäuschten unerwünschten Vertrages einen ersatzfähigen Schaden sieht,[67] fordert die **Rechtsprechung** teilweise noch einen durch den Vertragsabschluss verursachten **Vermögensschaden.**[68] Beide Ansichten kommen aber nicht zu unterschiedlichen Ergebnissen, da der *BGH* jedenfalls dann einen Vermögensschaden bejaht, **wenn die dem Getäuschten gebührende Leistung zwar der dem Wert der Gegenleistung entspricht, aber für seine Zwecke unbrauchbar ist.**[69]

Hinweis

Konkurrenzprobleme stellen sich auch im Hinblick auf vertragliche Gewährleistungsregeln beim Kauf-, Werk- und Mietvertrag. Dies soll im Zusammenhang mit den besonderen Vertragstypen erörtert werden und wird dort behandelt.

65 Nachweise bei *Grigoleit* NJW 1999, 900, 901 „Neuere Tendenzen zur schadensrechtlichen Vertragsaufhebung".

66 Grüneberg-*Grüneberg* § 311 Rn. 24 m.w.N.

67 Grüneberg-*Grüneberg* § 311 Rn. 24; *Lorenz* ZIP 1998, 1053 ff.; *ders.* NZM 1998, 359 ff.; *Grigoleit* NJW 1999, 900 ff., jeweils m.w.N.

68 *BGH* (V. Zivilsenat) NJW 1998, 302 und NJW 1998, 898; gegen Notwendigkeit eines Vermögensschadens hingegen *BGH* (II. Zivilsenat), Urteil vom 31. Mai 2010 (Az. II ZR 30/09) unter Tz. 19 = NJW 2010, 2506 ff.

69 *BGH* Urteil vom 8. März 2005 (Az. XI ZR 170/04) = NJW 2005, 1579 ff.

3. Leistungstreuepflichten

Die Parteien eines Schuldverhältnisses haben weiter alles zu unterlassen, was den Leistungserfolg oder Vertragszweck beeinträchtigen oder gefährden könnte.[70] 442

Beispiel 1 Nicht sachgemäße Verwahrung der Kaufsache vor der Entgegennahme durch den Käufer. ■

Beispiel 2 Unberechtigte Kündigung oder Abmahnung. ■

Beispiel 3 Nicht gestattete Einziehung der abgetretenen Forderung durch den Zedenten. ■

4. Sonderfall: Grundloser Abbruch von Vertragsverhandlungen

Fraglich ist, ob auch der grundlose Abbruch von Vertragsverhandlungen eine – nur vorvertraglich denkbare – Pflichtverletzung i.S.v. §§ 241 Abs. 2, 311 Abs. 2 darstellt. Es geht dabei um Konstellationen, in denen der Vertrag zwar noch nicht abgeschlossen wurde, ein Vertragspartner aber im Vertrauen auf sein Zustandekommen bereits Aufwendungen getätigt oder vom Abschluss eines alternativen Vertrages abgesehen hat. Bricht der andere Teil die Vertragsverhandlungen nunmehr (grundlos) ab, stellt sich die Frage, ob er den entstandenen Schaden ersetzen muss. **Grundsätzlich steht es jedem bis zum endgültigen Vertragsschluss frei, vom Vertragsvorhaben wieder Abstand zu nehmen.** Das ergibt sich unzweifelhaft aus dem Grundsatz der Privatautonomie, zu der auch die Freiheit gehört, einen Vertrag nicht abzuschließen (sog. „negative Vertragsfreiheit"). 443

Insbesondere die Rechtsprechung bejaht eine Pflichtverletzung, wenn die Verhandlungen ohne triftigen Grund abgebrochen wurden und beim anderen Teil zuvor das Vertrauen geweckt oder unterhalten wurde, der Vertrag werde mit Sicherheit zustande kommen.[71] An das Vorliegen eines „triftigen Grundes" werden – im Hinblick auf den Grundsatz, dass es jedem bis zum endgültigen Vertragsschluss grundsätzlich freisteht, sich anders zu entscheiden – keine hohen Anforderungen gestellt: Ausreichend ist jede vernünftige Erwägung. 444

Schadensersatzpflichtig macht sich konsequenterweise auch derjenige, der von vornherein nicht die Absicht hatte, den Vertrag zu schließen und dennoch das Vertrauen des Gegenübers erweckt, der Vertrag werde mit Sicherheit zustande kommen.[72]

Demgegenüber wird vertreten,[73] es sei im Wege der Auslegung zu ermitteln, ob bereits ein bindender Antrag oder ein – inhaltlich möglicherweise beschränkter – **Vorvertrag** vorliege. Ergebe die Auslegung, dass eine solche Bindung nicht vorlag, müsse es richtigerweise bei dem Grundsatz bleiben, dass jeder das Risiko für im Hinblick auf den beabsichtigten Vertrag getätigte Aufwendungen selbst trage. 445

---

70 Grüneberg-*Grüneberg* § 242 Rn 27.

71 *BGH* vom 22. Februar 2006 (Az. XII ZR 48/03) unter Tz. 9 = NJW 2006, 1963; *BGH* NJW 1996, 1884, 1885 m.w.N.

72 *OLG Stuttgart* BB 1989, 1932 f.

73 *Medicus* BGB AT Rn. 106 ff.

Hinweis

Beide Auffassungen sind vertretbar. Bei formbedürftigen Verträgen kommt es auf die unterschiedlichen Auffassungen nicht an. Denn das Formerfordernis dient dem Übereilungsschutz. Dieser Schutz würde aufgehoben, wenn der grundlose Abbruch der Verhandlungen eine Schadensersatzpflicht nach sich zöge.[74] Zudem wird man nicht vertreten können, der andere Teil habe sich – obwohl das Formerfordernis noch nicht erfüllt ist – berechtigterweise auf das Zustandekommen des Vertrages verlassen.

III. Vertretenmüssen

1. Grundregel

» Wiederholen Sie an dieser Stelle noch einmal die Grundregeln zum Vertretenmüssen oben unter Rn. 19 ff. «

446 Die Verletzung einer Rücksichtspflicht führt zu einem Schadensersatzanspruch, es sei denn, der Schuldner hat sie nicht zu vertreten, (§ 280 Abs. 1 S. 2). Es gelten die allgemeinen Regeln der §§ 276 ff.

447 Das Vertretenmüssen bezieht sich hier auf die Rücksichtspflichtverletzung. Regelmäßig kommt es darauf an, ob der Schuldner die Pflichtverletzung vorsätzlich oder fahrlässig verletzt hat, § 276. Für das Verschulden seiner gesetzlichen Vertreter und der Erfüllungs- bzw. Verhandlungsgehilfen hat der Schuldner nach § 278 einzustehen. Denn auch Rücksichtspflichten stellen „Verbindlichkeiten" i.S.d. § 278 dar.[75]

448 War dem Schuldner nicht bekannt, dass eine bestimmte Verhaltenspflicht besteht, entfällt der Vorsatzvorwurf.[76]

449 Der Fahrlässigkeitsvorwurf ist aber in der Regel zu bejahen: Wer keine Rücksicht i.S.d. § 241 Abs. 2 genommen hat, lässt eben zumindest die im Verkehr erforderliche Sorgfalt außer Acht (§ 276 Abs. 2).[77]

Da es aber streng genommen darauf ankommt, ob dem Schuldner eine fahrlässige Verletzung der im Verkehr erforderlichen Verhaltenspflicht vorgeworfen werden kann, kann es Fälle geben, wo diese – feinsinnige – Unterscheidung zum Tragen kommt. Es geht um die **Fälle des entschuldbaren Rechtsirrtums**. Der *BGH* verneint gelegentlich trotz objektiv festgestellter Rücksichtspflichtverletzung ausnahmsweise den Vorwurf des Vertretenmüssens wegen fahrlässigen Verhaltens, wenn die tatsächlichen bzw. rechtlichen Voraussetzungen der Schutzpflicht für einen durchschnittlich sorgfältigen Schuldner in dieser Situation (noch) nicht erkennbar waren.[78]

74 *Medicus* BGB AT Rn. 106 ff.

75 Grüneberg-*Grüneberg* § 278 Rn. 18; *Lorenz* JuS 2007, 983, 984 unter Ziff. II 2b.

76 Vgl. oben unter Rn. 39.

77 *Lorenz/Riehm* Lehrbuch zum neuen Schuldrecht Rn. 182.

78 Z.B: *BGH* NJW 1995, 2631 (Warnschild gegen Lebensgefahr durch Hochspannung): Keine Erkennbarkeit, dass verwendete Warnschilder unzureichend waren, da diese nach der bisherigen Rechtsprechung „abgesegnet" wurden und der *BGH* erst in dieser Entscheidung die Sorgfaltsmaßstäbe erhöhte.

2. Besonderheiten beim Vertrag oder c.i.c. mit Schutzwirkung zugunsten Dritter

Beim Anspruch aus Vertrag mit Schutzwirkung zugunsten Dritter ist noch eine Besonderheit zu berücksichtigen: Gesetzliche oder vertraglich vereinbarte Haftungsbeschränkungen oder Verkürzungen der Verjährung gelten analog § 334 auch im Verhältnis gegenüber dem Dritten, da der Dritte nicht besser stehen darf als der Vertragspartner selbst.[79] Entsprechendes gilt für eine c.i.c. mit Schutzwirkungen zugunsten Dritter. 450

3. Besonderheiten bei der Vertreterhaftung gem. § 311 Abs. 3

Gesetzliche oder vertragliche Haftungsbeschränkungen können sich auch auf die Haftung wegen vorvertraglicher Pflichtverletzung erstrecken. Dies ist im Einzelfall Auslegungsfrage.[80] Schließt eine Regelung die Haftung auch wegen vorvertraglicher Pflichtverletzung aus, profitiert der Vertreter ebenfalls davon. Bei der Haftung Dritter ist anerkannt, dass deren Haftung nicht weiter gehen kann als die Haftung des Vertretenen.[81] 451

IV. Ersatzfähiger Schaden

Der wegen einer Rücksichtspflichtverletzung ersatzfähige Schaden ist wie immer nach der Differenzhypothese zu ermitteln.[82] 452

Die Feststellung eines ersatzfähigen Schadens bereitet bei der Verletzung von vorvertraglichen Aufklärungspflichten Schwierigkeiten, wenn die später vereinbarten Leistungen objektiv gleichwertig sind (siehe dazu oben unter Rn. 441).

Beispiel K erwirbt im Februar 2022 nach einer Beratung durch einen Angestellten der B-Bank Anteile an einem Investmentfond. Die Kurswerte der Fondsanteile sanken ab Ende 2022 erheblich. K wirft der Bank ein grobes Beratungsverschulden vor. Er behauptet, in dem Beratungsgespräch deutlich gemacht zu haben, ausschließlich an einer sicheren und risikolosen Geldanlage interessiert zu sein. Der Angestellte der Bank habe auf die Risiken der von ihm empfohlenen Anlage in Investmentfonds, insbesondere die Möglichkeit von Kursverlusten, nicht hingewiesen. Er verlangt von B Schadensersatz. Die B meint, es fehle bereits am ersatzfähigen Schaden, da die Fondsanteile damals ihr Geld wert gewesen seien.

Der *BGH* führt aus:[83]

„Nach ständiger Rechtsprechung des Bundesgerichtshofs ist der Anleger, der aufgrund einer fehlerhaften Empfehlung eine für ihn nachteilige Kapitalanlage erworben hat, in der Regel bereits durch deren Erwerb geschädigt. Wer durch ein haftungsbegründendes Verhalten zum Abschluss eines Vertrages verleitet wird, den er ohne dieses Verhalten nicht geschlossen hätte, kann sogar bei objektiver Werthaltigkeit von Leistung und Gegenleistung einen Vermögensschaden dadurch erleiden, dass die Leistung für seine Zwecke nicht voll brauchbar ist.[84] (…)

79 Grüneberg-*Grüneberg* 334 Rn. 2.
80 Siehe oben.
81 Grüneberg-*Grüneberg* § 311 Rn. 66.
82 Vgl. dazu im Skript „Schuldrecht AT I" Rn. 367 ff.
83 *BGH* Urteil vom 8. März 2005 (Az. XI ZR 170/04) = NJW 2005, 1579 ff.
84 *BGH* NJW 1998, 302 ff. = WM 1997, 2309, 2312; Urteil vom 19. Juli 2004 (Az. II ZR 402/02) = NJW 2004, 2971 ff.

Der Anleger ist bei der gebotenen wertenden Betrachtung von diesem Zeitpunkt an nicht lediglich dem – bei spekulativen Wertpapieranlagen erhöhten – Risiko eines Vermögensnachteils ausgesetzt, sondern bereits geschädigt. Dieser Beurteilung steht nicht entgegen, dass die Wertpapiere möglicherweise zunächst, solange ein Kursverlust nicht eingetreten ist, ohne Einbuße wieder veräußert bzw. zurückgegeben werden können. Denn bei einer Beratung schuldet das Wertpapierdienstleistungsunternehmen eine auf die Anlageziele des Kunden abgestimmte Empfehlung von Produkten.[85] Der Erwerb einer diesen Zielen nicht entsprechenden empfohlenen Wertpapierkapitalanlage lässt auch bei objektiver Betrachtung bereits den Vertragsschluss den konkreten Vermögensinteressen des Anlegers nicht angemessen und damit als nachteilig erscheinen."

V. Art und Umfang des Schadensersatzes (§§ 249 ff.)

1. Allgemeine Grundregeln

453 Art und Umfang des Schadensersatzes richten sich nach den §§ 249 ff.

Bei vorvertraglichen Pflichtverletzungen führt die Naturalrestitution nach § 249 Abs. 1 zu einer rücktrittsähnlichen Ausgestaltung.

Beispiel Bei Verletzung einer Aufklärungspflicht wird bei hypothetischer Betrachtung regelmäßig kein Vertrag zustande gekommen sein, so dass der Gläubiger gem. § 249 Abs. 1 Rückgewähr der Leistung zuzüglich etwaiger Nutzungen Zug-um-Zug gegen Rückgewähr einer schon von ihm in Empfang genommenen Gegenleistung sowie etwaiger Nutzungen verlangen kann. Im Ergebnis führt der Schadensersatzanspruch dann zu einer Rückabwicklung wie beim Rücktritt.

454 Alternativ gestattet der *BGH* beim Abschluss gegenseitiger Verträge auch eine **minderungsgleiche Schadensberechnung**, indem der Käufer geltend machen darf, den Vertrag nur zu niedrigeren Konditionen abgeschlossen zu haben, und zwar unabhängig davon, ob er die Bereitschaft des anderen zu einem solchen Vertragsschluss beweisen kann![86]

455 Schließlich kann der Gläubiger wie bei § 284 Ersatz nutzloser Aufwendungen verlangen, die er im Vertrauen auf den Erhalt der Leistung gemacht hat, ggf. Zug um Zug gegen Abtretung etwaiger Rückforderungsansprüche gegen Dritte (Makler oder Finanzamt).[87] Der Gläubiger muss sich den Wert anrechnen lassen, wenn er die getätigten Aufwendungen anderweitig verwerten kann (Vorteilsausgleich).

2. Besonderheiten beim Vertrag mit Schutzwirkung zugunsten Dritter

456 Beim Vertrag mit Schutzwirkung zugunsten Dritter muss sich der Dritte nicht nur Mitverschulden aus seiner eigenen Sphäre, sondern auch das Mitverschulden des ihn einbeziehenden Vertragspartners und dessen Erfüllungsgehilfen zurechnen lassen.[88] Dies ist gewissermaßen der Preis für die Begünstigung, die der Dritte durch seine Einbeziehung in das vertragliche Schutzverhältnis erfahren hat.

85 BGHZ 123, 126, 128 f.
86 *BGH* Urteil vom 6. April 2001 (Az. V ZR 394/99) = NJW 2001, 2875 ff.; Grüneberg-*Grüneberg* § 311 Rn. 57; a.A. *Lorenz* NJW 1999, 1001 f.
87 NJW-Spezial 2022, 35.
88 Grüneberg-*Grüneberg* § 254 Rn. 58.

VI. Verhältnis der vorvertraglichen Pflichtverletzung zu §§ 122, 179

1. Verhältnis zu § 122

§ 122 begründet eine Schadensersatzhaftung, wenn eine Willenserklärung nach § 118 oder wegen Anfechtung nach §§ 119, 120, 142 Abs. 1 nichtig ist. Der Anspruch **verlangt nicht, dass der Erklärende die Nichtigkeit bzw. Anfechtbarkeit seiner Erklärung zu vertreten haben muss.** 457

Hat der Erklärende es dennoch zu vertreten, besteht konkurrierend zu § 122 ein Ersatzanspruch aus culpa in contrahendo nach §§ 280 Abs. 1, 241 Abs. 2, 311 Abs. 2 bzw. 311 Abs. 3. Für den Anspruch aus culpa in contrahendo gilt die Begrenzung auf das Erfüllungsinteresse in § 122 nicht. Auch § 122 Abs. 2 findet keine Anwendung.[89]

2. Verhältnis zu § 179

§ 179 begründet eine Haftung des Vertreters, der einen im Übrigen wirksamen Vertrag ohne Vertretungsmacht schließt. Der Anspruch des enttäuschten Vertragspartners ist auf Erfüllung oder Schadensersatz gerichtet. Die Haftung des Vertreters aus culpa in contrahendo kann daneben begründet werden, wenn die besonderen Voraussetzungen des § 311 Abs. 3 vorliegen. 458

Ist der Vertreter ohne Vertretungsmacht mit Willen des Vertretenen in die Verhandlungen eingestiegen, muss sich der Vertretene das Verschulden des Vertreters nach § 278 zurechnen lassen. Er haftet dann selbst aus c.i.c. gem. §§ 280 Abs. 1, 311 Abs. 2.[90] 459

C. Schmerzensgeldanspruch aus § 253 Abs. 2 i.V.m. §§ 280 Abs. 1, 241 Abs. 2

Wird durch die Rücksichtnahmepflichtverletzung eines der in § 253 Abs. 2 genannten Rechtsgüter verletzt, steht dem Gläubiger neben dem Schadensersatz „neben der Leistung" auch ein Schmerzensgeldanspruch zu. 460

Hinweis

Teilweise wird vertreten, bei § 253 Abs. 2 würde es sich um eine selbstständige Anspruchsgrundlage handeln.[91] Nach **anderer Ansicht** stellt § 253 Abs. 2 keinen eigenständigen Entschädigungsanspruch dar. Die Vorschrift steht vielmehr in Abhängigkeit zu einem haftungsbegründenden Tatbestand. Die Vorschrift dient der Haftungsausfüllung, dies zeigt sich nicht zuletzt in der generellen Aufgabe der §§ 249 ff. Insoweit sollte die für die Vorschrift häufig gebrauchte Bezeichnung als „Schmerzensgeldanspruch" nicht missverstanden werden. In Musterlösungen zu Klausuren wird § 253 Abs. 2 nur sehr selten als eigenständige Anspruchsgrundlage dargestellt.

89 Grüneberg-*Ellenberger* § 122 Rn. 6; ausführlich zu § 122 *Faust* BGB AT § 23 Rn. 13 ff.
90 Grüneberg-*Ellenberger* § 179 Rn. 9; ausführlich zu § 179 *Faust* BGB AT § 27 Rn. 9 ff.
91 Vgl. dazu im Skript „Schuldrecht AT I" Rn. 417 ff.

D. Schadensersatz „statt der Leistung", §§ 280 Abs. 1, Abs. 3, 282

461 Schadensersatz „statt der Leistung" kann der Gläubiger verlangen, wenn ihm die Leistung wegen der Nebenpflichtverletzung **nicht mehr zuzumuten ist** (§ 282), wenn also ein Festhalten am Vertrag vom Gläubiger nicht mehr erwartet werden kann. Der Gesetzgeber dachte an Fälle, in denen Rechtsgüter des Gläubigers wiederholt beeinträchtigt werden.[92] In Klausuren kommt diese Anspruchsgrundlage nur sehr selten vor. Häufiger wird jedoch von Bearbeitern §§ 280 Abs. 1, 282, 241 Abs. 2 für den Schadensersatz neben der Leistung zitiert. Das ist leider grob fehlerhaft. § 282 gehört allein zum Schadensersatz statt der Leistung.

Beispiel Der Maler A zerstört während seiner Arbeiten immer wieder Einrichtungsgegenstände seines Auftraggebers. Dieser beauftragt daraufhin entnervt einen anderen Maler und verlangt von A die ihm dadurch entstandenen Mehrkosten. ■

Hinweis

Denken Sie daran, dass es einen Schadensersatz statt der Leistung **im vorvertraglichen Schuldverhältnis** nicht geben kann. Denn in diesem Stadium sind ja noch gar keine Leistungspflichten vereinbart!

E. Rücktritt, § 324

462 Bei Verletzung von Rücksichtnahmepflichten **im Rahmen eines gegenseitigen Vertrages** gewährt § 324 ein Rücktrittsrecht, und zwar ebenfalls unter der Voraussetzung, dass dem Gläubiger ein Festhalten am Vertrag wegen der wiederholten Rücksichtnahmepflichtverletzungen nicht zuzumuten ist.

92 BT-Drucks. 14/6040, S. 141.

F. Übungsfall Nr. 3

„Mantel gestrichen voll" 463

Rechtsanwalt Redlich (R) beauftragt den Maler Manfred Meister (M) mit dem Neuanstrich seiner Büroräume.

Als die Rechtsanwaltsgehilfin Claudia Donner (D) morgens gerade ihr Büro betritt, um ihrer täglichen Arbeit nachzugehen, stößt der Geselle Sebastian Gunkel (G) in einer Drehbewegung einen Eimer Farbe um, der sich ohne weitere Sicherung oben auf seiner Leiter befindet. Die Farbe schwappt auf den Mantel der D, für dessen Reinigung 75 € anfallen. G war von M sorgfältig ausgesucht und im Rahmen des Üblichen überwacht worden. Zum Unfallzeitpunkt befand sich M in einem Nebenraum beim Anstreichen.

Hat D gegen M einen Anspruch auf Erstattung der anfallenden Reinigungskosten in Höhe von 75 €?

Lösung 464

A. Anspruch aus §§ 280 Abs. 1, 241 Abs. 2

I. Anspruchsentstehung

D könnte gegen M einen Anspruch auf Schadensersatz aus §§ 280 Abs. 1, 241 Abs. 2 wegen Verletzung einer auch ihr gegenüber geschuldeten Rücksichtspflicht zustehen.

1. Schuldverhältnis

Eine Rücksichtspflicht nach § 241 Abs. 2 setzt ein bestehendes Schuldverhältnis voraus. In Betracht kommt hier eine Rücksichtspflicht aus vertraglichem Schuldverhältnis. Zwar hat D mit dem Malermeister M selbst keinen Vertrag geschlossen. Sie könnte jedoch in den Schutzbereich des Vertrages zwischen R und M einbezogen sein. Dies ist dann der Fall, wenn dem Vertrag zumindest im Wege ergänzender Vertragsauslegung Schutzwirkungen zugunsten Dritter entnommen werden können und D zum begünstigten Personenkreis gehört.

Mangels ausdrücklicher Vereinbarung kommt nur eine Einbeziehung im Wege ergänzender Auslegung in Betracht. Eine derartige Einbeziehung setzt eine erkennbare Leistungs- und Gläubigernähe sowie Schutzwürdigkeit der D voraus.

a) Leistungsnähe

D muss zunächst mit der von M geschuldeten Leistung in Berührung kommen und den Gefahren von Schutzpflichtverletzungen ebenso ausgesetzt sein wie der R.

Der Sachverhalt zeigt, dass Angestellte, die in den Räumen des R arbeiten, den Gefahren einer Schutzpflichtverletzung durch M und seinen Erfüllungsgehilfen ebenso ausgesetzt sind wie R selbst. Die erforderliche Leistungsnähe liegt damit vor.

b) Gläubigernähe

Erforderlich ist außerdem ein besonderes Interesse des R an der Einbeziehung der D in den Schutzbereich des mit M geschlossenen Vertrages.

Grundsätzlich wird dies bei Schutzpflichtverletzungen nur bejaht, wenn der Gläubiger für das Wohl und Wehe des Dritten einzustehen hatte. Eine familienrechtliche Beziehung liegt hier nicht vor. Bei einem Arbeitsverhältnis (§ 611a) besteht regelmäßig auch keine emotionale Bindung zwischen Arbeitgeber und Arbeitnehmer. Der Arbeitgeber ist dem Arbeitnehmer jedoch zu einer besonderen Fürsorge verpflichtetet, wie sich aus §§ 617, 618 ergibt. Diese Regelungen sind nicht abschließend, so dass das nötige Schutzinteresse des R zu bejahen ist.

c) Erkennbarkeit

Für M war auch erkennbar, dass Schutzpflichtverletzungen seinerseits die Angestellten des R ebenso treffen können wie den R selbst. Schließlich wurden die Arbeiten in den Kanzleiräumen durchgeführt, bei denen sich typischerweise Mitarbeiter des Rechtsanwalts aufhalten. D gehört als Rechtsanwaltsgehilfin zu den Personen, mit deren Aufenthalt in den Büroräumen M rechnen musste.

d) Schutzwürdigkeit der D

Die Schutzwürdigkeit der D fehlt, wenn sie wegen des Sachverhalts, der die Schutzpflichtverletzung begründet, einen inhaltsgleichen, vertraglichen Anspruch gegen den R oder andere Personen hat.

Vorliegend könnte sich ein Anspruch der D gegen R aus §§ 280 Abs. 1, 618 ergeben. Der Arbeitgeber ist dazu verpflichtet, den Arbeitsplatz so einzurichten, dass keine Gefahren für die Rechtsgüter des Arbeitnehmers entstehen, § 618. Diese Pflicht wurde jedoch nicht verletzt, da von der Beschaffenheit der Räume selbst keine Gefahr ausging. Es liegt vielmehr eine extern geschaffene, außerhalb des Arbeitsverhältnisses liegende Gefahr vor. Die Schutzwürdigkeit der D ist daher zu bejahen.

e) Zwischenergebnis

Die D war folglich in den Schutzbereich des Vertrages zwischen M und R einbezogen, so dass M auch ihr gegenüber Rücksicht zu nehmen hatte.

2. Pflichtverletzung

Nach § 241 Abs. 2 war M bei Ausführung der Arbeiten auch dazu verpflichtet, auf die Rechtsgüter der D Rücksicht zu nehmen.

Ein rücksichtsloses Verhalten des M selbst ist allerdings nicht ersichtlich. Insbesondere kann er ohne greifbare Anhaltspunkte für eine Sorgfaltswidrigkeit nicht verpflichtet sein, seine Gehilfen lückenlos zu überwachen.

Allerdings hat sich der G rücksichtslos verhalten, als er den Eimer ungesichert auf der Leiter abstellte, da von einer solchen Arbeitseinrichtung vorhersehbare Gefahren für das Eigentum Dritter ausgehen und diese Anordnung ohne weiteres durch zumutbare Gegenmaßnahmen wie etwa dem Umstellen des Farbeimers auf den Boden oder Absperren der näheren Umgebung verhindert werden kann.

Das sorgfaltswidrige Verhalten des G muss sich M wie eigenes zurechnen lassen, wenn G sein Erfüllungsgehilfe ist, § 278 S. 1.

Erfüllungsgehilfe ist, wer nach den tatsächlichen Gegebenheiten des Falles mit dem Willen des Schuldners bei der Erfüllung einer diesem obliegenden Verbindlichkeit als dessen Hilfsperson tätig wird. Zur Erfüllung der dem M obliegenden Malerarbeiten hat er sich seines Gesellen G bedient. Damit ist G mit Willen des M in dessen Pflichtenkreis tätig geworden. G ist folglich sein Erfüllungsgehilfe, und zwar auch im Hinblick auf die bei Ausführung der Arbeiten geschuldete Rücksichtnahme. Das Verhalten des G muss sich M deshalb nach § 278 zurechnen lassen.

3. Vertretenmüssen, § 280 Abs. 1 S. 2

Der Anspruch auf Schadensersatz ist gem. § 280 Abs. 1 S. 2 ausgeschlossen, wenn der Schuldner die Pflichtverletzung nicht zu vertreten hat. Zwar fällt dem M hier eigenes Verschulden nicht zur Last. Er muss sich jedoch das Verschulden seiner Erfüllungsgehilfen nach § 278 zurechnen lassen. G hat die Verhaltenspflicht fahrlässig i.S.d. § 276 Abs. 2 verletzt, da er die im Verkehr erforderliche Sorgfalt außer Acht ließ. Ein besonnener und vernünftiger Maler muss erkennen, dass bei einem ungesicherten Aufstellen des Eimers bestehende Schutzpflichten verletzt werden und ein anderer Umgang zum Schutz Dritter geboten ist.

4. Ersatzfähiger Schaden

Der ersatzfähige Schaden ist mit Hilfe der Differenzhypothese zu ermitteln. Danach ist zu fragen, wie die D ohne den zum Schadensersatz verpflichtenden Umstand im Vergleich zur realen Lage stünde. Bei ordnungsgemäßer Sicherung wäre der Mantel mit hinreichender Wahrscheinlichkeit nicht beschädigt worden. Im Vergleich zur realen Lage stellt die Beschädigung folglich einen ersatzfähigen Vermögensschaden dar.

5. Art und Umfang des Schadensersatzanspruches

Art und Umfang des Schadensersatzes bestimmen sich nach §§ 249 ff.

Gemäß § 249 Abs. 1 kann D von M eine Reinigung des Mantels oder nach § 249 Abs. 2 S. 1 Ersatz der dafür erforderlichen Reinigungskosten in Höhe von 75 € verlangen. Ein anspruchsminderndes Mitverschulden der D nach § 254 ergibt sich aus dem Sachverhalt nicht. Gleiches gilt hinsichtlich eines analog § 334 zu berücksichtigenden Mitverschuldens des R.

II. Ergebnis

Der D steht gegen den M damit ein Anspruch auf Ersatz ihrer Reinigungskosten in Höhe von 75 € zu. Der Anspruch ist gem. § 271 Abs. 1 sofort zur Zahlung fällig. Einreden sind nicht ersichtlich.

B. Anspruch aus § 831

D könnte gegen M außerdem einen Anspruch auf Schadensersatz aus § 831 haben.

I. Anspruchsentstehung

1. Verrichtungsgehilfe

Dazu müsste G zunächst Verrichtungsgehilfe des M sein. Verrichtungsgehilfe ist, wem von einem anderen, in dessen Einflussbereich er allgemein oder im konkreten Fall tätig wird und zu dem er in einer gewissen Abhängigkeit steht, eine Tätigkeit übertragen worden ist. Der Geselle G ist als Angestellter dem aus § 106 GewO folgenden Direktionsrecht des M unterworfen und daher weisungsabhängig für den M tätig. G ist daher grundsätzlich während seiner Tätigkeit für den M als Verrichtungsgehilfe anzusehen.

2. Objektiv unerlaubte Handlung des Gehilfen

Außerdem müsste G in Ausführung seiner Verrichtung eine objektive, unerlaubte Handlung begangen haben. Eine widerrechtliche Sachbeschädigung durch ein Verhalten des G wurde oben bereits festgestellt. Dabei handelte G auch in Ausführung seiner Tätigkeit als Malergeselle des M. Damit liegt im Ergebnis eine widerrechtliche Rechtsgutsverletzung vor, die eine unerlaubte Handlung nach § 823 Abs. 1 bei Verrichtung darstellt.

Hinweis

§ 831 setzt nicht voraus, dass der Verrichtungsgehilfe schuldhaft gehandelt hat (wiederum im Unterschied zu § 278). § 831 normiert einen Fall der Haftung für vermutetes Auswahl- oder Überwachungsverschulden des Geschäftsherrn.

3. Haftungsausschluss nach § 831 Abs. 1 S. 2

Die Haftung ist jedoch ausgeschlossen, wenn sich der Geschäftsherr nach § 831 Abs. 1 S. 2 entlasten kann. Dies ist laut Sachverhalt der Fall, da M den G sorgfältig ausgewählt und überwacht hat.

Es besteht daher kein Anspruch aus § 831.

Hinweis

Diese schwach ausgestaltete Haftung für Verrichtungsgehilfen ist einer der Gründe für das Entstehen der Rechtsfigur des Vertrages mit Schutzwirkung zugunsten Dritter.

Online-Wissens-Check

Was sind die Voraussetzungen für den Vertrag mit Schutzwirkung zugunsten Dritter?

Überprüfen Sie jetzt online Ihr Wissen zu den in diesem Abschnitt erarbeiteten Themen. Unter **www.juracademy.de/skripte/login** steht Ihnen ein Online-Wissens-Check speziell zu diesem Skript zur Verfügung, den Sie kostenlos nutzen können. Den Zugangscode hierzu finden Sie auf der Codeseite.

Sachverzeichnis

Die Zahlen verweisen auf die Randnummern.